中国村庄这十年

乡村振兴百村调研报告选编

杨秋生　牛扎根　编著

中国出版集团有限公司
China Publishing Group Co., Ltd.

研究出版社

图书在版编目 (CIP) 数据

中国村庄这十年：乡村振兴百村调研报告选编 / 杨秋生, 牛扎根编著. -- 北京：研究出版社, 2023.5
ISBN 978-7-5199-1467-7

Ⅰ.①中… Ⅱ.①杨…②牛… Ⅲ.①农村—社会主义建设—研究报告—中国 Ⅳ.① F320.3

中国国家版本馆 CIP 数据核字 (2023) 第 067966 号

出 品 人：赵卜慧
出版统筹：丁　波
责任编辑：寇颖丹

中国村庄这十年
ZHONGGUO CUNZHUANG ZHE SHINIAN
乡村振兴百村调研报告选编
杨秋生　牛扎根　编著

研究出版社　出版发行
（100006　北京市东城区灯市口大街 100 号华腾商务楼）
北京建宏印刷有限公司　新华书店经销
2023 年 5 月第 1 版　2023 年 5 月第 1 次印刷
开本：710 毫米 ×1000 毫米　1/16　印张：19.5
字数：386 千字
ISBN 978-7-5199-1467-7　定价：88.00 元
电话（010）64217619　64217652（发行部）

序

沧桑巨变奋进歌

——写在《中国村庄这十年》即将出版之际

　　记录村庄发展，讲好村庄故事。编者通过对各地近30个村庄的调研，全方位记录村庄发展痕迹，彰显村庄十年来的巨大变迁。

　　本书以全面推进实施乡村振兴战略为背景，以纪实的表现手法，全方位展示改革开放以后，特别是近十年来我国村庄的发展变化，是该书的显著特点。纪实的前提是真实，唯有真实，才有力量。无论是对鄱阳湖畔南昌市进顺村的调研，还是出自长江之滨张家港市永联村的报告；无论是对南方海口施茶村的推介，还是对北国大连后石村的介绍，纪实的文字、翔实的事例、直观的数字随处可见，字里行间彰显认真与严谨。

　　巧用今昔对比，是该书的另一特点。有比较才有鉴别，《中国村庄这十年》以时间为线索，通过今昔对比，记录村庄发展变化，展现了十年来乡村在经济、文化、社会发展等方方面面取得的可喜成绩。山西振兴村转型十年来，村集体资产总额从100多万元增加到现在的30亿元，村民人均年收入从0.65万元增加到5.36万元；享有"陕西第一村"美誉的东岭村（集团），2011年总产值为200万元，2020年总产值突破1200亿元……一串串对比鲜明的数字，在调研文章中俯拾即是。这些数字留存了村庄十年间发展奋进的闪光痕迹，诠释了天翻地覆的深刻内涵。

　　《中国村庄这十年》，抓住了事物的本质特征，突出了村庄发展的不同特色，为不同地域、不同类型的村庄提供了可资借鉴的鲜活范例。所谓特色就是人无我有，人有我优，人优我特。山西晋城皇城村资源型村庄产业转型的创新实践；山西长治振兴村在改革创新中不断转型升级，推进乡村全面振兴；江苏江阴华西村发展集体经济，实现共同富裕；浙江萧山航民村和河北武安白沙村集体经济下的产业振兴与共同富裕；浙江奉化滕头村坚持生态兴村，村庄让城市更向往；辽宁大连后石村因地制宜做好产业融合大文章；江西南昌进顺村抓好循环产业，突破发展瓶颈；四川成都战旗村有效配置资源，促进产业发展；等等。这些鲜活的村庄发展案例，无一不彰显出村庄改革创新、锐意进取的改革精神与不同发展模式。尺有所短，寸有所长，这些村庄因地制宜、因时制宜，扬长避短地选准发展路径，激活了内生动力，增强了竞争能力。该书以广阔的视野、独特的视角，准确地把握不同类型村庄的发展特色，并通过调研的方式进行全方位展示，将为我国不同地域、不同资源禀赋的村庄发展提供很好的借鉴。

值得一提的是，反映和讴歌十年来的中国村庄发展变化，该书并没有停留在展示、叙述和数据的叠加上，而是注重其经验的挖掘与提炼、理性的思考和分析，从而起到画龙点睛之效果。纵观每一篇调研，都有经验与启示方面的内容，为读者提供了思辨的空间和启迪的力量。

党的十八大以来的十年，是全党、全国各族人民在以习近平同志为核心的党中央坚强领导下，攻坚克难、砥砺奋斗的十年，是各个领域不断发生重大变革、实现重点突破、取得重大成就的十年。十年来经过全党全国各族人民持续奋斗，我们实现了第一个百年奋斗目标，在中华大地上全面建成了小康社会，历史性地解决了绝对贫困问题，完成了我国"三农"工作重心向全面推进乡村振兴的转移。《中国村庄这十年》以大量的事实表明，党的十九大以来，实施乡村振兴战略，使我国农村发生了亘古未有的变化。我们坚信，在党的二十大精神引领下，全面推进乡村振兴、加快推进我国农业农村现代化建设、实现高质量共同富裕的愿景定能如期实现！

中央农村工作领导小组办公室原主任 段应碧
2023年4月

目 录

在改革创新中不断转型升级的振兴篇章

——山西省长治市振兴村调研

奋进新征程，建功新时代。在新发展阶段，要全面完整准确贯彻新发展理念，着力构建新发展格局。立足村庄发展的微观视角，面对新形势、新任务，加强与国家发展大局同频共振，积极转换发展动力、转变发展方式、赶上发展机遇，不断培育新的增长点、抢占新的制高点，实现融合发展、高质量发展，已成为乡村振兴的新起点。

一、振兴村基本情况

振兴村位于山西省东南部长治市上党区振兴新区境内，地处太行山西麓、上党盆地南缘，是享誉三晋的煤铁之乡，总面积6.6平方公里，农业人口2309人，下设1个集团企业、5个子公司。2012—2022年，村民人均年收入由8500元翻了6倍多，达到53600元；由原来的一个小山村，兼并了三个自然村，流转四个村土地；人口由865人增长至10倍多，变为8900人；职工由200人翻了10倍，达到2000人；职工人均可支配收入翻了6倍，达到65900元；固定资产总值由4.3亿元，达到25.9亿元，翻了6倍多；工农业生产总值由8535万元，增长到4.5286亿元，增长约431%；上缴国家税金由1535万元，增长到1.1208亿元，增长630%；村集体收入由690万元，翻了10倍，达到6900万元。解决辖区内及周边村剩余劳动力3000余人，煤业、农业、旅游、培训等多元产业吸引2000多名外来人员就业。振兴村先后获得全国文明村镇、国家AAAA级旅游景区、国家五星级企业（园区）、中国美丽休闲乡村、全国乡村旅游重点村、全国乡村治理示范村、全省先进基层党组织、山西省特色小镇、山西省村级集体经济发展"十佳村"等荣誉称号。

作为一个曾经依靠煤炭资源致富的村庄，振兴村没有满足于现状，一直居安思危，超前谋划，依靠党建引领，积极转变发展方式，践行新发展理念，转换增长动力，调整产业结构，依托得天独厚的自然资源和文化资源等优势，大力发展乡村文化旅游业，不断推进乡村全面振兴，书写了创新发展的转型升级新篇章。

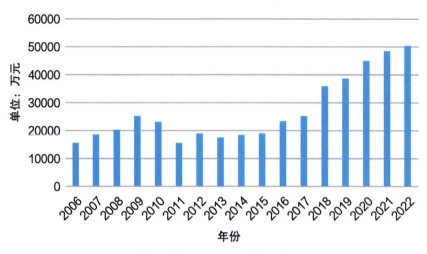

○ 振兴村2006—2022年总产值情况

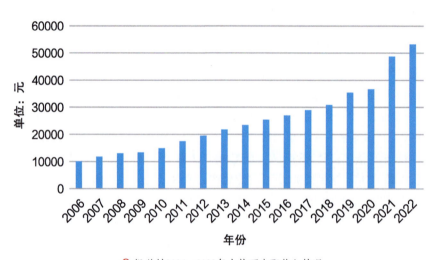

○ 振兴村2006—2022年人均可支配收入情况

　　振兴村家家住新房、人人有事做，就业均等、医疗互助、教育免费、养老优厚、社会福利五大社会保障机制，夯实了小康生活的基础，实现了环境生态化、农村城市化、生活保障化、服务功能化、就业均等化，走上了"宜居、宜业、宜商、宜游"的共同富裕之路。

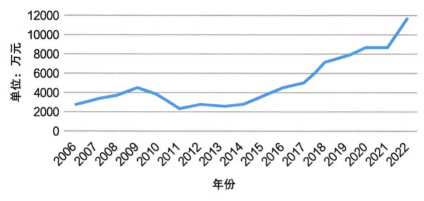

振兴村2006—2022年上缴税金情况

二、创新党建，牵手科技谋发展

（一）分级管理，创新党建新模式

在长期发展实践中，振兴村不断创新党建工作方法，夯实党建基础，延伸党建工作触角，成功探索出一条以党组织建设为引领、充分发挥党员先锋模范作用、坚持绿色发展、加快转型升级步伐的乡村振兴之路。

近年来，振兴村创新实施"三包四推五培"党建模式："三包"，即村党委包村、包企业，支部包组、包项目，党员包户、包班组；"四推"，即从优秀职工和群众中推选劳动模范，从劳动模范中推选党员，从党员中推选中层管理人员，从中层管理人员中推选决策层；"五培"，即把员工和群众培养成劳动模范，把劳动模范培养成积极分子，把积极分子培养成党员，把党员培养成先锋，把先锋培养成管理人员。同时，振兴村还在不断总结创新中，形成一套"党委抓大事，支部办实事，党员做好事"的党建模式。

党委抓大事，在"决策"上出实招。如，建设初心广场、初心园、党群生活馆、家风家训馆、百家姓馆、中国村志馆、展览馆、村史馆、综治中心、便民服务中心、新时代文明实践所和村级活动场所等，均是党委决策。

支部办实事，在"民生"上下功夫。为了让百姓生活得更有质量、更有保障、更有尊严，在实现全村就地入城、就地就业、就地入学、就地就医、就地养老的基础上，确保"就业均等机制、医疗保障机制、教育免费机制、养老保障机制、社会福利机制"等五大社会保障机制的正常运转。

党员做好事，在"本色"上不动摇。每年10月18日为乡村振兴日，每月18日为振兴学习日。持续开展党委领导亮身份、做示范，"两委"干部亮承诺、转作风，党员代表亮行动、树形象的"三亮三做"活动。

在振兴村，一个党员就是一面旗帜，一面旗帜就应该做到18个"不准"。振兴村党委还用百分制考核管理党员，有效激发了广大党员干事创业热情，理想信念更加坚定，为民服务的宗旨意识更加牢固。

（二）牵手科技，构建云端党建平台

2019年7月，振兴村党建生活馆在全省第一家引进5G技术，推出了涵盖党委、党支部、党小组以及党员的5G通信产品和信息化应用，每天为全体党员和村民代表提供通信服务，打造了"一中心、一平台、一品牌"。"一中心"就是基层党建工作指挥中心，"一平台"就是基层党建云平台，"一品牌"就是建设全国一流智慧党建品牌。设置了智慧党建五大板块，分别是W（我）支部、知天下、云课堂、便民宝、发布厅。增添了智慧党建六个栏目，分别是学习、新闻、政务、生产、生活、电商。建立了智慧党建大数据"三库五档"，分别是党委、党支部、党小组数据库，基层党员、"两委"干部、企业干部、机关干部、积极分子学习档案。

通过"云端精准推送学习资源"，智能搜索、选课，引导党员根据自身实际和工作需要，实现自主性和灵活性学习，利用业余时间开展自学，提升了学习的舒适度、便捷度。通过VR体感平台，让广大党员干部和群众感受当年红军爬雪山、过草地的长征之路以及巧渡金沙江、飞夺泸定桥的艰难险阻等，历史再现使得红色党建教育"活起来"，真正实现"有网络覆盖的地方，就有党建"。

（三）务实党建深化党史学习教育

自党史学习教育开展以来，振兴村紧紧围绕"学党史、悟思想、办实事、开新局"总要求，在做好规定动作的基础上，创新形式，通过不断丰富党史学习教育内容，引导广大党员干部切实把党史学习教育成果转化为推进工作、为民服务的生动实践，推动党史学习教育走"新"更走"心"。

结合党史学习教育阶段性学习重点，采取"线上+线下"的学习模式，线上充分利用振兴党群馆内党员云课堂、党史学习屏、党建学习电子宣传栏、基层党建大数据分析平台等互联网资源，全方位、多角度让党员干部接受教育。线下通过集体学、自主学、研讨交流等形式，每周列出学习清单，每月制订主题学习计划，把控节奏、把握步骤，确保学有所思、学有所悟、学有所得。

振兴村还非常注重将党史学习教育同推动工作、为民服务、解决实际问题有机结合起来，以"我为群众办实事"实践活动为落脚点，用心用情用力解决群众的困难事、烦心事。振兴村组织广大党员干部进村入户，推出"上门服务""帮办代办"等便民服务活动；解决村民就地就业，保障村民的收入分配；组织志愿者参与文明实践活动，对村内环境卫生进行集中整治；组织群众每周六、日进行民俗文化展演，丰富群众文化生活，提升文化旅游品质。确保安全生产、项目建设、党风廉政、民生实事、信访维稳、垃圾分类、环境卫生等各项工作顺利推进。

三、让山居变别墅，建设"三美"乡村

（一）以企带村民居美

振兴村原名关家村，600多名村民一直生活在落差100米的山坡与山沟里，行路难、吃水难、上学难世代困扰着村民，恶劣的自然条件让老百姓辛辛苦苦一年下来，兜里也攒不下几个钱，是十里八乡有名的穷村。"山高石头多，出门就爬坡，吃水比油贵，吃粮没着落"，这句村民自编的顺口溜就是当时生活的真实写照。

2007年，随着煤炭市场形势的好转，一直亏损的村办煤矿有了积累。以牛扎根为"班长"的村党支部一班人，经过多次争论和探讨，终于达成以企带村建设新农村，把群众从山沟沟里搬出来的共识，向新农村建设迈出了第一步。

2008年，振兴村依托振兴集团投资8.5亿元，对郜则掌村、关家村、向阳村三个自然村进行了整体整合搬迁。3年间，新建别墅式住宅和单元楼共569套，同时还配套学校、卫生院、宾馆、超市、公园、广场、会堂等，三个自然村2000多人从破旧的土房搬进窗明几净的新房。通过修路、改河、迁坟396座、挖山填沟和整合传统文化古迹等行动，拉开了新农村建设的序幕。为确保农耕文明传承、传统民居保护和现代功

❶ 振兴民居

能开发达到和谐统一，新农村建设之初，村里就定下"三不"原则：对原有生态植被不破坏、对原有山水景观不改变、对原有古建遗迹不拆迁。

经过十多年的建设，目前已建成了智慧党建、现代农业、文旅康养、教育培训、研学旅行五大板块，成为一个功能齐全、交通便利、生态优美，且有深厚文化内涵的特色乡村。

（二）环境整治生态美

近几年，振兴村从生态环境、民居建设、景点挖掘、文化传承等多方面入手，精心打造、匠心独运，努力建设民居美、生态美、生活美的"三美"乡村。

护绿与植绿并重，突出山村相依的生态美。振兴村实施了三大绿化工程，一是山坡植绿工程。规划建设了"五个千亩"种植基地：千亩干果经济林、千亩道地药材、千亩小杂粮、千亩优质小米和千亩有机蔬果，既实现了山坡绿化，也催生了绿色经济。二是身边增绿工程。对村内主干道路、大街小巷全面绿化，并建起牡丹园、芍药园、月季园三座花卉园，村里及周边绿化总面积达到2000余亩。三是庭院披绿工程。振兴村大力倡导庭院绿化，为村民提供葡萄及藤蔓植物幼苗，并免费指导种植。目前，全村绿化覆盖率达到62%，绿化总投资达到6500万元。

规划与功能同步，突出完善便利的生活美。农户实现了就业医疗保障化、日常做饭燃气化、冬季取暖供热化、用电照明光伏化、垃圾处理无害化和道路硬化、院内绿化、村中亮化，统一供热、统一供气、统一供水、统一供电，通网络宽带、通数字电视、通程控电话的"八化四供三通"目标。

保护与恢复并举，突出古今对话的和谐美。为确保农耕文明的记忆和传统文化的传承，在新农村建设中，坚持保护与恢复并举，将一些相对完整的古建院落保护下来，并对一些重要历史遗迹进行了恢复重建。目前，振兴村共保护恢复古建院落9处，旧址重建融佛、儒、道三教合一的槐荫寺1座，新建具有北方民居特色的茅草屋3座，新建极富古典风格的振兴坛和振兴

❶ 格桑花海

阁各1处。并将古建院落和新建民居开发为民俗酒店，实现在保护中开发，在开发中传承，在传承中超越其价值的目的。

走进现在的振兴村，就如同走进一座美丽的花园。山上苍松滴翠，村内别墅林立，亭台楼阁点缀其间，古风神韵相映成趣。房屋依山而建，整齐划一又不失协调自然。村民脸上幸福的笑容，装点了美丽乡村五彩斑斓的生活。

（三）乡村建设生活美

2010年起，振兴集团每年投入乡村建设和产业转型资金1亿元以上，先后建起抗战主题广场、孝廉公园、花间堂、槐荫寺、农民艺术馆、工人文化宫等人文景点。2018年，建成乡村振兴人才培训中心，振兴小镇入选国家AAAA级旅游景区。2019年，建成初心园，成为振兴村村级活动场所和村民文化教育新阵地。2020年，振兴小镇建成5G云智慧中心，全力打造"一张网、两中心、三红色、五景区、六应用"平台。2021年，建成上党印象步行街和现代农业体验园。实现智慧旅游、智慧农业、智慧康养、智慧教育等板块的融合，让生活的地方变成了旅游景区，让年轻人在家门口就能就业创业。

一点一滴整治乡村环境，一举一动彰显振兴作为。振兴村按照区委区政府的工作部署，聚焦交通沿线、街巷道路、房前屋后、田间地头等重点区域，开展"六清"（清垃圾、清污水、清沟渠、清违建、清杂物、清残垣断壁），整治"六乱"（乱搭乱建、乱堆乱放、乱扔乱倒），教育引导广大群众养成良好卫生习惯和健康文明生产生活方式，营造人人参与、家家支持的浓厚氛围。

在振兴村，还有一支环卫志愿者队伍，队员们日复一日，年复一年，用自己的满腔热情默默付出，扮"靓"振兴。组织党员干部群众持续开展环境卫生整治，给广大村民营造一个干净整洁的生活环境。对清理完毕区域进行每日复检，在巩固现有成果的基础上，细化目标任务，压实责任，倒排工期，创造"干净、整洁、有序"的人居环境，为美丽振兴"增颜值""提气质"，擦亮乡村旅游对外"窗口"。

四、经济全面转型，实现由"黑"转"绿"

（一）实施"三变"聚合力，内联外引增活力

一直以来，振兴村走的都是以企带村的发展路径。如何盘活村集体资产，让村民真正融入村庄发展，经村"两委"与村民共同协商，决定从现有集体土地入手，成立经济联合社。2018年7月30日，振兴村召开了经济联合社成立暨第一届股东代表大会，共确定股东577人，选出股东代表7人，理事会成员3人，监事会成员3人，并进行了经济联合社成立揭牌仪式。从此之后，振兴村集体经济发展走上前台。

1.资源变资产，盘活集体资源。经济联合社成立之初，首先积极引导农户把承包土地、林地的经营权转化为股权,入股鑫源农产品专业合作社土地共计6331亩,村民每年可获取1500元的保底收益,按股分红另算。其次整合利用各类资源资金,包括闲置的各类房产设施、集体建设用地等,以自主开发、合资合作等方式发展相应产业,建成各类游乐设施36处。同时,振兴村与马刨泉文化旅游开发有限公司就荒山开发达成协议,确定荒山由景区开发,景区送10%的旅游股份给振兴村村民,鼓励家家搞旅游,极大地激发了全体村民参与文化旅游发展的积极性和主动性。截至目前,振兴村年接待游客超过100万人次,旅游综合收入达到5000余万元。

2.资金变股金,拓展股份合作范围。通过开发资源、盘活资产、综合服务等方式,整合利用集体积累资金、政府帮扶资金等,以入股或者参股农业产业化龙头企业、邻村合作、村企共建等形式,发展村集体经济。同时,对全村资源进行全面开发、产业化经营,通过集中开发、公开招投标,以及采取股份合作的形式,形成了资源变资金、资金变股金、家家来参与、人人能分红的良好局面。

3.村民变股民,促进产业兴旺。鼓励联合社的每位成员积极发展休闲农业和乡村旅游,支持每位股民开办农家乐,在自家小院上做文章、在小摊小吃上下功夫,让家乡的味道香飘万里,让地道的传统工艺走出太行,从而实现人人搞旅游、户户来赚钱,全村群众都能分享旅游红利的目标。

(二)优化煤业搞旅游,由黑转绿开新局

1.转换动能,蓄势绿色发展。"煤海虽广,总有尽时;赢得未来,唯在转型",这是振兴人的共识。由于能源结构的改变,振兴村人意识到未来不能再靠煤发展。振兴村主动转变增长方式、积极谋求多元发展,延伸煤炭产业链条,实现能源的循环开发和清洁利用。同时,依托当地生态优势,发展观光农业和商贸物流。

振兴村背倚大雄山,四周群山环绕,生态环境优美,与天下都城隍、南宋五凤楼紧紧相邻,与河南红旗渠、壶关太行山大峡谷咫尺相望,自然风光独具风韵,当地素有"王莽赶刘秀""马刨神泉、止渴救主"的汉文化传说,存有"马刨泉""翠岩寺"等遗迹,雄山书院至今流传着三阁老讲学传经、教化村民的故事,古韵深厚。

振兴村依托当地龙头企业,以村企共建、以企带村的形式,先后建起多个景点,规划建设雄山观景台、蝶恋花海景区、鹊桥、拓展训练基地等休闲娱乐设施,修通11.6公里景区环山路,从山上远眺,美丽振兴尽收眼底。

在"绿水青山就是金山银山"的发展理念指引下,振兴村率先调整产业结构,依托得天独厚的自然资源和文化资源等优势,以"特"为先、以"文"为魂、以"旅"为径,从生态环境、民居建设、景点挖掘、文化传承等多方面入手,精心打造、匠心独运,大力发展乡村文化旅游业,开拓"新的可能性",为三产融合共致富奠定了基础。

2. 借景生财开拓旅游项目。发展一个成熟的景区需要20年,对乡村旅游这项工程,振兴村有充足的信心和耐心,把目光放到了15年之后,要求月月有进步,一年一变样。转型,是振兴的出路,也是振兴人不断突破发展瓶颈、培育经济新增长点坚持不懈的"功课"。

2018年,振兴村在北京、太原设立了招商引资办事处、长治接待处,招商引资和争取上级资金达1.5亿元,使得一批大项目、好项目先后落户,为振兴村的旅游发展注入了源源不断的活力。

随着人流、物流的聚集,振兴村紧扣乡村振兴主抓手,加紧产业发展战略布局,逐步形成多点支撑、多业并举、多元发展的绿色产业发展新格局。

接着,振兴西火田园综合体项目正式列入山西省重点项目,特色小镇项目正式入库"千企千镇工程","一事一议"美丽乡村示范村建设振兴村绿化项目获得财政奖补,中药材标准化种植基地项目建成;农业综合开发乡村振兴战略试点项目和优质蔬菜连栋大棚建设项目按进度得到正常续建;"美丽乡村"建设村民图书室及文体活动室、申报"山西省美丽宜居示范村"、振兴村公交车停靠站项目、山西省改善农村人居环境示范村、振兴村党建馆(村史馆)主体工程、30套民宿别墅项目装修和68家农家乐小木屋修建全部如期完成。

2019年,振兴村自筹资金修建了1公里长的横向路,又修建了三条纵向路,全村道路实现了三纵三横,拉大了框架,流转来的6000多亩土地正邀请山西农业大学规划高标准农田,发展休闲体验农业。

2020年,全国首家村志收藏馆重建后开馆,收藏全国村志1800余册,纳千家之风,集众家之长。

随着春节嘉年华活动的连续举办,以及拓展训练、夏令营、冬令营、冰雪世界等新项目的落地,该景区游客量不断攀升。

与此同时,从丰富旅游产品和旅游营销策划出发,振兴村大型活动丰富多彩、高潮迭起:从春节嘉年华到正月十五元宵灯会,从二月十五根祖文化旅游节到五月端午健步行,从九九重阳文化旅游节到迎国庆系列活动,形成"季季有看头、长年不断线"的文化风景线。

立足当下游客资源,振兴村积极构建夜游、夜赏、夜食、夜购、夜宿"五夜"产品体系,重点打造了"振兴不夜村"项目,通过灯光秀和民俗表演,让游客们在看夜景、赏民俗的同时,感受振兴村的无限活力。

上党印象步行街是振兴村继大力发展文化旅游之后,推出的又一个商业创意。"国潮"建筑整齐地矗立在道路一侧,每隔数十米还会有一个国潮小舞台。步行街将

"食"这一重要文化引入旅游体系，形成集吃、住、行、游、购、娱于一体的全方位旅游业态。2021年春节假期，振兴村接待游客人数突破30万人次。

如今的振兴村，已然成为一处自然风光秀丽、历史人文厚重、城镇建筑独特、景观别具特色、度假功能完善的特色乡村旅游景区。

3. 转型升级"旅游+"唱主角。农旅相融、工旅结合、商旅互促，经济发展活力十足。振兴村借助品牌效应，依托高效农业种植基地，发展农产品加工制造业和餐饮服务业，实现了三产融合。

农旅相融，提升农业品质。振兴村为了让农业能更好地服务于旅游发展，成立了长治县振兴鑫源农产品专业合作社。按照农业观光、农事体验、蔬果采摘、农艺博览等功能，采用"公司+农业+农户"的形式，统一规划、分片承包、自主经营。目前，已建设特色化农庄6处、规模化种植基地3处、农艺博览园3处，丰富了种植内容，提升了农业品质，推动了旅游发展而且充分调动了农民的参与性、积极性，拓宽了农民增收的渠道。紧扣旅游产业链条，积极发展农产品加工制造业，新增加振兴手工粉皮、手工粉条、手工豆腐、豆腐皮、豆干、香醋、振兴酒、矿泉水、葵花油、小米、小杂粮等20余个品类。目前，振兴已形成多点支撑、多业并举、多元发展的产业发展格局。

工旅结合，催热乡村建设。乡村旅游集聚大量人流、信息流和资金流，使更多目光开始转向乡村。振兴村旅游搭台，经济唱戏，积极推进小景点、酒庄、城镇住宅的开发建设。景区的秋千园、拓展训练基地、跑马场、民俗酒店、步行街等均由企业投资建设。其中，上党印象步行街容纳的160余家商户已全部营业。

商旅互促，带动餐饮住宿。为确保乡村旅游的乡村特色、丰富旅游产品体验，振兴村推出吃农家菜、住农家屋、购农产品、体验农事活动等旅游项目，鼓励农民建设农家乐166户、民俗酒店6处、民俗养生会所9处，可同时容纳3000人培训、2000人就餐、1000人住宿。所有餐饮全部以纯绿色原生态的菜品制作，有效吸引了周边旅客，已成为振兴村一大主导产业。同时，开通了长治市区至振兴村的公交班车和旅游直通车，成立了物流中心和快递服务站，建起了游客接待中心。

乡村旅游的发展，把好山、好水、好土地、好气候变成了能赚钱的资源，让村容村貌大变样的同时，也让村民获得实实在在的收益。整个村落都成了景区，村民成了员工。景区为了扶持创业经营者，还为40多户商户免去三个月房租，当了十几年煤矿工人的村民也跟着转型做起了景区的饭店老板，形成"全村互动抓旅游、家家户户都赚钱"的村庄景区融合发展新局面。

转型不停步，创新有活力，前进有动力。振兴村跳出农村看农村、跳出农业看农业，一个个高成长、高附加值，发展空间大、市场前景广的产业项目落地开花，为经济发展注入了新动能，也让振兴村更有信心打造好"上党后花园，振兴不夜村"的旅游品牌，做大振兴小镇培训、发挥教育医养+旅游产业优势，让广大村民分享产业转型的红利。

（三）创新培训增长点，构建人才聚宝盆

2018年10月18日，山西省首个乡村振兴人才培养教育平台——"太行乡村振兴人才学院"（现改为乡村振兴人才培训中心）正式揭牌成立。振兴村为此投资6000万元，与长治职业技术学院合作，致力于打造乡村振兴理论探索、实践研学和人才培养"三位一体"的一流乡村培训学院。

近年来，山西大力推进"人人持证、技能社会"建设，振兴村抢抓机遇，聚焦人才培养，围绕产业、人才、文化、生态等主题，整合多方资源，打造乡村振兴人才培育基地。

在办学过程中，振兴村着力构建校企合作新模式，抢占产教融合新高地。围绕办一流乡村教育的目标，力争办成基础教育与职业教育相匹配、初等教育与高等教育相衔接、课堂教学与户外实践相融合、学生毕业与学生就业同步的乡村教育综合体。

2022年，人才培训中心虽然受到新冠疫情影响，但全年培训依然达到5950人次，涉及农村领头雁、基层治理、党员骨干、人大代表、政协委员、非公有制经济、乡村振兴、税务系统、商业保险、5G智慧、金融系统、高考备考骨干教师、应急管理、燃气安全、无人机等15类。

五、打造和美乡村，共享发展成果

（一）"四联"机制确保风清气正

振兴村秉承平安植根于振兴、和谐融于发展，持之以恒打造平安振兴的理念，构建矛盾纠纷统一受理、统一分流、统一督办、统一归档的"四统"制度，做到预防为主，不躲避矛盾、不上交矛盾；在关键节点、重要活动期间实行"社会治安联防、工作力量联勤、突出问题联治、群众参与联创"的"四联"机制，形成"党政领导、中心牵头、部门协调、村企联动、群众参与"的乡村治理工作格局，社会风气良好，村民关系和谐，未发生一起重大治安刑事案件、越级上访和非法宗教等事件。

（二）"五级联包"推进一站式服务

为把乡村治理"五级联包"责任制落到实处，以支部为单位，设立老年党小组、青年党小组、妇女党小组，每月坚持开展一次活动，创新村民自治制度，推出了村干部履职行为规范"十八个不准"，制定了振兴村村规民约，推行了"六制一体"乡村治理机制，创新实施了村干部坐班制、村级例会制、例会排名制、末位约谈制、工作督查制和年终奖惩制，议事形式更接地气。成立振兴便民服务中心和综治中心，实行"一站式"服务，实现"最多跑一次"，打通了服务群众的"最后一公里"。根据办公职能不同，设立党群服务室、人民调解室、心理咨询室、扫黄打非办、新时代文明实践所、财务室、扶贫办、村委监督室、产权改革办、经济联合社、老年人日间照料中心等20多个村委服务站，大大提高了乡村治理办事效率，确保"小事不出村，大事不出区"。

（三）文明创建促进村庄和谐

在社会治理创新工作中，振兴村以党建为引领，以创建"全国文明村"为契机，统筹资源、靶向施策。在加大宣传力度的同时，实行常态化巡逻。建设智慧安防系统，安装60套视频监控设备，做到"全区域""全时段"覆盖，实现了智慧宣传、智慧安防。特别是在新冠防控工作中，做到了不见面宣传到位，为居家隔离管理提供了便利。

（四）"2+10"模式形成维稳合力

振兴村还创新"2+10"模式，即依托便民服务中心和综治中心，开展综治、法治、扫黑除恶、信访、矛盾纠纷排查调处、网格化管理、禁毒戒毒、平安创建、出租房屋及流动人口管理、特殊人群服务管理等10项工作，整合各部门力量形成推进基层维稳的合力。并借助"网格化"，及时掌握村庄动态，做到了全方位、无盲点监控管理，实现了村内社会治理网格全覆盖、服务零距离、治理精细化。

（五）红色文化引领最美家风

文化是立村之本、立家之根。现在的振兴村，红色文化处处彰显，各地游客都会来此追寻红色足迹，传承红色精神，分别有红色收藏室、红色文化广场、抗日战争主题广场、解放战争主题广场、孝廉公园、上党战役展览室、南下干部纪念室等。在赓续红色血脉中，村里先后建起社会主义核心价值观服务站、雷锋志愿者服务站，形成了自身的文明乡风建设体系。

振兴村每年定期开展各类传承民俗文化和传统文化的特色活动，邀请各类专家学者举办国学讲座，开展孝德孝星评选活动，通过推荐、评选，选出"好媳妇""好公婆""十佳孝星""孝行典范"等。特别是每年的"九九"重阳节，将邻近村里的近千名老人都请来，进行免费体检，发放慰问品，拍全家福，举办长街宴，让中华民族爱老敬老的美德扎根在每位村民心中。

振兴村以"三色"文化影响教育村民：先后推出了以体验农耕文明、民俗特色为主的"金"色文化；以传承革命精神、先烈遗志为主的"红"色文化；以牢记传统美德、历史根脉的"古"色文化。通过这些文化的渗透与传播，不仅让村民始终牢记先辈勤劳俭朴、敬业持家的光荣传统，也使之成为振兴人永远向前的精神传承。

此外，振兴村还充分利用初心园、太行乡村振兴人才学院、新时代文明实践所等主要场所，连续举办五届春节嘉年华、十届根祖文化旅游节、十届粽情与你健步行登山活动、五届康养避暑文化旅游节、十届重阳文化旅游节等活动，有力地传承和弘扬了中华传统文化、革命红色文化和地方特色文化。

（六）多项福利，全方位保障民生

想百姓、爱百姓、为百姓，就会多为百姓办实事。多年来，振兴村的民生投入从未停步。免费教育，免费供暖、供水，免费公交车，免费发放米面油，用电、用气补助到位。每年重阳节为60岁以上的老人每人发放1200元养老金，70岁以上的老人每人发放1500元养老金，并进行两次免费体检。对4500多名本村村民和外来务工人员，均发放米、面、油、瓜子、花生等春节、中秋节福利。

教育方面享受的福利更多，振兴村投资6900万元建起幼儿园、小学和中学，周边11个村的孩子均在此上学，在全国高薪聘请年轻学历高的老师，学校近千名师生的服装、食宿全免费，考上大学的学生凭入学通知书报销学费。

在医疗方面，除新农合之外，针对重大疾病，振兴村成立了村民医疗互助会，村民住院产生费用，可以申请二次报销，最多能报销30万元。2019~2022三年期间大病累计报销685人，报销金额336万元，兜牢了大病保障安全网。

"加快产业转型升级，加速新旧动能转换，振兴村有优势、有潜力、有基础。"在2023年3月6日举行的上党·振兴高质量转型发展大会上，长治市上党区委书记张驰在讲话中肯定了振兴村的成绩。他说，振兴新区振兴村始终坚持党建引领，聚焦壮大村集体经济、提升群众生活品质，先后投资13.5亿元，完成115个文旅转型升

⊙ 振兴村开展文化活动

级和百万元以上民生项目,成功创建国家AAAA级旅游景区、五星级企业园区,获得全国美丽乡村示范村、全省先进基层党组织等荣誉称号,成果丰硕、成绩喜人。经过多年的探索和打磨,振兴不夜村、上党印象步行街等已成规模。2023年"两节"期间,日接待游客突破万人次,中央电视台等国家级新闻媒体多角度报道了振兴春节嘉年华活动,引发社会关注和强烈反响。

产业多、人气旺的振兴村正在追求由表及里、形神兼备的全面提升。谈到振兴村今后的发展方向,振兴新区党委书记牛扎根充满信心地讲道:面对煤炭资源逐年减少的现状和企业转型发展的重任,振兴村一是要提升提质提效,加快转型发展步伐;二是要共建共富共享,壮大村集体经济。坚持项目为主,培育特色优势产业。一产以高科技农业体验为主,二产以提升文旅产品为主,三产以休闲度假为主。坚持转型为纲,推动产业不断升级。重点培育避暑康养、特色民宿、研学旅行、教育培训、农业观光、乡村旅游六种业态。坚持实干为要,做强新兴产业品牌。加快发展直播带货、数字农业、智慧物流新兴产业,培育产业集群,实现共同富裕。

六、思考与启示

(一)能人治村,是振兴村发展的关键

振兴村是一个典型的能人治村模式。"一定要让村民过上好日子"是牛扎根书记从未改变的信念,带头人的综合素质,决定治村的成功与否。能人治村中人的因素

是村庄善治与发展的决定性力量。"能人"牛扎根本身个人素质出众，一心求治，是振兴村实现善治的一个重要条件。他14岁时父亲去世，初中一年级便辍学，少年时打过铁、放过羊、烧过砖、编过筐，年轻时吃过苦，使他养成了坚韧不拔的性格特点。1973年5月，参加农村基层工作。1984年，29岁的牛扎根当选为村长，1985年当选为党支部书记，此后他在振兴村一干就是38年。他怀有社会公平的理想，并且信念坚定、工作能力突出，群众威望高。即使是现在，他依旧勤勉工作，每天5点钟起床，工作到深夜，可谓宵衣旰食，深受村庄居民的尊敬。牛扎根有很深的乡土情结，也有深远的社会主义理想，他始终希望建设一个富裕、公平、有序的振兴村。五十年来，只要村里企业经营有了效益，村集体收入有了盈余，他便会积极主导改善农村居民生活条件，完善居民的社会福利水平。村办企业的股份制改造使牛扎根一夜之间成了乡镇企业家，一个乡里人眼中的"富人"。但他始终没有忘记自己党员的身份，始终全心全意为村庄谋发展。在村庄搬迁过程中，牛扎根个人出资300万元，一次性补齐了50户居民的搬迁安置费用差额。在他不计个人得失的行为感召下，很多村民搁置争议，出钱出力，推动了搬迁改造工程的顺利实施。很多村民都对牛书记心怀感激：如果没有牛书记的不懈坚持，我们不会率先住上新村，享受到比城里人更好的社会福利。

多元化的构建，决定带头人的治村能力。与全国其他村庄不同的是，村书记牛扎根的身份处于企业、村庄、政府的交汇点。他拥有政府干部、村干部、企业家的

❶ 振兴村书记牛扎根（左二）带领村领导班子在海南儋州考察项目

身份，可以和各个方面说上话，可以协调来自各个方面的利益，处理三方的矛盾。2015年，他正式以乡镇干部身份从西火镇退休，本来想专心经营企业的牛扎根，又被返聘为振兴新村管委会的书记，恢复了政府干部身份，并身兼振兴村书记，不是他贪恋权力，而是村庄、企业、政府各方都需要他，他是能够协调处理好多方关系的最佳人选。

奉献意识，决定带头人的治村格局。牛扎根矢志不渝地推进乡村振兴，是由其奉献意识、公德心决定的。一方面是情结，在年轻时由情怀支撑，带动村民致富，改善生产生活条件；另一方面，随着经济发展水平不断提高，摊子越铺越大，沉淀成本越来越高，居民的收入水平与生活水平存在刚性差距，要求只升不降，逼迫村委会千方百计寻找新的收入来源维持原有生活条件。这也是煤矿资源枯竭，村书记迫切寻找新产业、加速产业转型的原因——他需要新的收入来源，维持住村里较高的居民生活与基础公共设施服务的水平。

特别是在2010年7月，长治市、县两级政府从发展的角度，提出以企业优势带动新农村建设，以"中心村"示范区推动城乡一体化进程的发展思路，围绕振兴村建立起了新型农村城镇化试验区——振兴新区。新区由三个行政村组成，如果单纯算账面的话，三个行政村集体的收入完全不足以支持2000万元的日常支出。振兴村是一个典型的北方资源型强村，从经济到行政管理，均依赖煤矿产出，而煤矿的产出是牛扎根入股的股份公司的，也就是说，村里用的钱是从煤矿来的。所以煤矿资源即将枯竭，他比所有人都着急。

共同富裕的目标，是乡村振兴的共识。牛扎根一直有一个公平社会的情结。1981年初，振兴村开办煤矿，有收入，但收入不高。2001年煤炭市场持续低迷，煤矿亏损出让时，村支书牛扎根组织69户村民集资516万元，由镇里竞购下煤矿部分经营权。2004年煤炭市场形势好转，煤矿经历多次改制，牛扎根又动员每家每户和矿工集资入股，交纳资源价款，在激烈的市场竞争中几番周折将股份从最初的20%逐步扩大到60%。然而，煤炭这种行业，现在离不开，将来靠不住，要确保村庄发展有新出路，振兴村一方面要做好节能减排，完善煤矿产业链，提高煤矿技术含量，另一方面要提早谋划、及早布局，推动振兴转型发展。随着一系列改革开放政策的落实，牛扎根带领村民"撸起了袖子"，开启了"让乡亲们过上好日子"的创业历程。振兴集团拿出煤矿40%的收入投资乡村建设和转型产业，从开办洗煤厂、建材厂、搞运输、商贸，到发展现代农业、文化旅游、培训教育，无数次转型尝试，跌倒再爬起，转型路径越来越清晰。

（二）用好民主议事制度，是治理有效的关键

乡村实现有效治理，需要党组织与村委会顺民心、应民意，满足村民的现实需要，解决村民的实际困难。这就需要建立起一个收集村民诉求并及时反馈的机制，这样才能够既得到群众拥护，又干出实事。在振兴村自治模式中，村民诉求反馈机制既包括了每三年一次的村"两委"改选换届，也包括了日常生活中村民（代表）大会制度。在振兴村，村民大会、振兴集团董事会分别是村庄、企业进行利益调解、分配、妥协的平台机制，而身兼村书记与董事长的牛扎根，则是村企共建中联结企业与村庄的纽带。

以振兴村搬迁改造为例，为了能够实现整村搬迁，振兴村"两委"近二十多年来共召开了四次全体村民参加的群众大会，以及不计其数的各类村民代表小型会议。第一次全体村民大会召开于1984年，当时牛扎根带领村委会提出了一个十五年发展规划，计划要用三个五年的时间把旧村搬迁到山下。当时村里群众60%同意，40%反对，结果十五年搬迁规划就此搁浅。失败的原因在于，三个村民小组中有一个小组不愿意承担搬迁产生的经济成本，于是计划就此作罢。第二次全体村民大会召开于1993年，随着村办煤炭企业发展势头较好，企业经济效益可以出资分担搬迁的资金成本，但村民小组之间又在搬迁土地问题上产生了不可调和的分歧，于是搬迁计划第二次作罢。经过10年的时间进行反复工作，2003年召开了第三次全体村民大会。三个村民小组之间的用地矛盾得到解决，但企业与农户在搬迁成本费用承担上存在分歧，于是计划又被搁置了。到2006年，随着居民收入提高，大部分村民有经济能力承担更多搬迁产生的费用，加上企业注资，少量政府财政项目资金支持，以及村主任牛扎根自掏腰包补齐差额，村庄终于有条件实施搬迁。

前后花了20多年的时间，开了四次全体村民大会，振兴村"两委"才把群众、股东、干部之间的矛盾协调处理好。搬迁工作前后经历了多次反复，遇到各种各样的复杂矛盾，很多矛盾在当时看来是无法协调的，但通过村民、股东各自的会议议事机制，各方可以把自己的利益诉求摆到台面上来谈判。有了会议议事机制，即使困难被暂时搁置下来，等到情况好转又可以继续谈，直到问题得到各方的拥护支持而顺利化解。这样来看，振兴村的能人治村并不是牛扎根个人的能人专制，而是他能运用好已有的村民民主议事制度实现村民共治。在村"两委"会议的机制下，牛扎根带领"两委"干部，协调各方、化解矛盾，既得到了群众拥护，又能团结各方力量做出实绩，为村庄发扬民主实现有效自治提供了重要的实践经验。

资源型村庄产业转型的皇城实践

——山西省阳城县皇城村调研

自党的十八大以来，我国乡村产业贯彻落实"创新、协调、绿色、开放、共享"的新发展理念，新产业、新业态、新动能不断涌现，创新创业活力强劲，带动产业结构、质量和效益不断改善和提升，产业持续向"双中高"迈进，呈现出新气象、新模式和新特征。产业转型升级是新发展理念和绿色发展要求下对村庄产业结构调整和可持续发展的必然要求。

❶ 皇城相府

一、皇城村基本情况

皇城村位于山西省晋城市阳城县，是一座拥有400多年辉煌历史的城堡式村落，是辅佐康熙皇帝执政半个世纪之久的一代名相陈廷敬的故乡。村庄地处华阳山麓、樊溪河谷，村域面积2.5平方公里，全村有372户956人。30多年来，皇城村依托地下丰富的煤炭资源和地上遗存的"皇城相府古建群"文化资源，从煤炭产业起步，到开发旅游，再到进军高科技领域，走出了一条兴村富民的腾飞之路。村集体企业皇城相府集团有煤炭、旅游、制药、制酒、房地产等6个产业板块，员工6000余名，资产总额80多亿元。2021年，全村共实现经营收入39.53亿元，利润3.29亿元，上缴税金7.24亿元，所有景区共接待近78万人次，村民人均年收入超过6万元，过着"少有所教、壮有所为、老有所养、病有所医"的幸福生活，构建了一个社会主义现代化和谐美丽的乡村都市。近年来先后被授予"中国历史文化名村"、"全国文明村"、"中国传统村落"、"全国乡村治理示范村"、全国"一村一品"示范村镇等称号。

二、四次转型，构建村域产业新格局

自1984年至今30多年里，皇城村在两任领导班子的带领下，坚持"煤炭工业立村、文化旅游兴村、科技人才强村"的发展战略，成功实现了农业向工业转型，黑

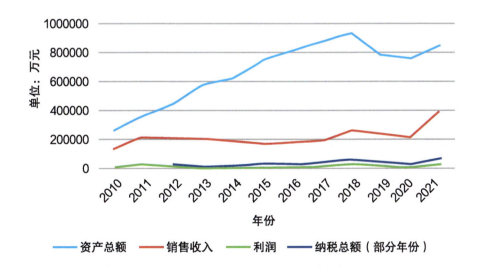

⚙ 2010—2021年皇城村集体经济发展情况

色向绿色转型，向高新技术和现代服务业进军以及一村发展到五村合作共赢的四次转型。

（一）传统农业向资源型工业转型

山西是煤炭大省，皇城村地下也有着丰富的煤炭资源。1984年，皇城村决定投资500万元，建一个年产15万吨、全省一流、拥有现代化采煤设备的村办煤矿。对于一个当时账面还不足5万元的农业村来说，这无疑是一个大胆的决策。从立项到获得煤矿开采许可证再到筹措资金，皇城村领导班子经过多方努力，终于在1991年建成投产了年生产能力30万吨的皇联煤矿，成为阳城建矿史上速度最快、质量最好、投资最省的典范。

随后，皇城村通过低成本扩张、风险抵押入股等方式，把地方国营皇城煤矿的所有权和经营权全权收购到皇城村胜达实业有限公司，同时大刀阔斧地改革了采煤方法，将一个年产9万吨的矿井生产能力提升到40万吨。煤炭产业本身就经历了一个深度发展转型跨越的过程。皇城村的煤炭产业经过四次兼并重组，到2004年，煤炭产量已经达到了114万吨，实现营业收入3亿元，解决了3000多名农村剩余劳动力的就业问题。但是皇城村并不满足于单纯的煤炭采掘，而是进一步发展利润更大、效益更显著的煤化工产业。2006年，皇城相府集团依托当地的无烟煤资源，在晋城市北留化工工业园区新建一个年产18万吨合成氨、30万吨尿素的煤转化项目。2007年成立了皇城村自己的煤炭销售中心。到了2009年，在山西全省煤炭资源整合过程中，皇城村又依靠"皇城相府"这块"金字招牌"，取得了全省唯一村级经济组织兼并主体资格，成功兼并了4个矿井，使矿区面积从原来的16.3平方公里增加到29.4平方公里，核定年生产能力315万吨，并配套建有300万吨洗煤厂，进一步筑牢了"以煤为基"的发展基础。

煤炭一直是皇城相府集团的产业支柱，所占份额超过60%。2015年，新一届皇城村领导班子提出了对煤炭产业实行更加严格的管理，提质扩量，复采配采，精洗细选，延伸链条，平稳运行，创新增收，延长矿井使用寿命和服务年限。进入"十四五"以来，在煤炭产业消费增幅下降、总量增幅空间变小、重点消费区域向中西部转移的大背景下，皇城煤炭产业提能增效、科学管理，确保收益稳步增长。特别是2021年，在煤炭行业生产、消费和物流多重压力之下，皇城煤炭充分利用自身优势，把握市场有利时机，扩能增效，达到了销售收入同比增长119%，利润同比增长近500%的空前高度。

煤炭产业的成功，也使皇城村实现了传统单一农业向工业的转型，启发着皇城人对加快经济发展、促进农民增收的思考，也为文化旅游业和高科技产业发展奠定了坚实的经济基础。

（二）黑色经济向绿色经济转型

到1997年，皇城村凭借煤炭资源成为晋城市的首富村。但随着经济的发展，生态环境恶化、产业结构单一等问题也日益凸显出来。煤炭毕竟是资源消耗性产业，一些地区也出现煤炭资源挖完后很快"由富返贫"的教训，皇城村开始谋划新产业，将目光投向在村里沉睡了近400年的康熙帝师、清代名相陈廷敬的乡居故第——皇城相府建筑群。

为了把这一珍贵的历史文化遗产保护和开发好，皇城村通过举办名相陈廷敬暨皇城古建、陈廷敬诗学等一系列高规格的学术研讨会，确立了陈廷敬清代著名政治家、思想家、理学家、诗人以及中国字典创始人的历史地位，肯定了皇城相府"中国北方第一文化巨族之宅"和"东方第一双城古堡"的历史价值。从1998年开始，皇城村以"修旧如旧"为原则，积极对其修复修缮，在顺利实现举村搬迁的前提下，历时3年多完成了一个投资过亿元、总建筑面积10万平方米的古迹保护与旅游开发工程，使皇城相府成为晋城市唯一的国家AAAAA级旅游景区。

旅游业是高投入的资金密集型产业，尤其是旅游开发初期，大量的资金投入是发展的必要条件。皇城村得益于工业发展的资金积累，坚持高定位、大手笔，投入了大量资金到相府景区的开发中。比如，投资1200万元为村民修建现代化居民小区，成功地完成了原相府居住村民的搬迁工作；投资2000万元修建3公里的穿山运煤专线，实现了运煤公路与旅游公路的分离；一次性支付给《康熙王朝》摄制组赞助费280万元，为开发初期的景区宣传造势；投资800余万元对皇城相府景区东西两座山及周边环境进行全面绿化；等等。

从开发古村落文化旅游开始，皇城村不断拓展旅游业的广度与深度。在修复了皇城相府后，又斥巨资开发了九女仙湖，兴建了生态农业园，建起三、四、五星级接待宾馆，兴办起家庭旅舍和家庭餐馆，建成了商业一条街，形成了人文景观、自然景观、生态农业相互配套，吃、住、行、游、购、娱等功能齐全的旅游景区。

2014年开始，皇城村重点对旅游领域进行结构优化，重新配置资源。2016年，抓住国家大力实施乡村振兴战略的时机，高起点规划，高品位设计，投资3040万元筹办"阳城县首届农业嘉年华"，开全省举办此类活动的先河，如今活动已连续举办4届，成为皇城另一块旅游招牌。推动旅游与文化的融合，积极与山西文旅集团联手打造以"实景演艺+体验融入"为核心创意的《再回相府》旅游实景夜游体验项目，是全国首部"明清院落实景穿越剧"，成为旅游经济新的增长点；合作拍摄《一代名相陈廷敬》电视剧，2018年9月10日起在中央电视台八套播出，进一步提升了皇城相府的美誉度和知名度。

游客多起来，村里又召开村民代表大会，发动大家开家庭宾馆。2016年开始，

❶ 旅游演艺项目

动员全村70%的农户办起了"农家旅店"。为提升品位，将全村家庭宾馆统一编号管理、统一收费标准、统一安排人员，还给每户发放了3万元的补助金用于改造升级。皇城村家庭宾馆带动周边村发展起300多个"农家乐"，仅此一项户均年增收2万多元，为旅游扶贫、全面小康作出了贡献。通过农旅融合发展，延伸了旅游产业服务链，由单一旅游到"旅游景点+宾馆酒店+文化演艺+农家乐"，形成了游、购、娱、吃、住、行"一条龙"产业链条，一个"升级版"的皇城大旅游格局已经形成，每年接待中外游客200多万人次，旅游综合收入近3亿元，使旅游产业成为全村的富民产业、绿色产业。"皇城相府"商标被评为"中国驰名商标"。

（三）传统产业向高科技产业和现代服务业转型

在成功实施"煤炭工业立村"和"文化旅游产业兴村"战略后，皇城又把目光瞄向更高的目标，相府药业、酒业、新能源等产业的启动，揭开了发展高新技术产业的新篇章。

皇城相府药业股份有限公司是皇城村早在2003年就转型的一个高新技术产业，经过多年的发展壮大，现有固体制剂、原料药合成、中药前处理及提取、口腔速溶膜剂、保健食品和矿物质纯净水六大生产系列。2016年起，在新领导班子的决策下，药业公司进行转型发展，以研究开发儿童及中老年高端用药为方向，同时积极利用

"互联网+"模式开拓市场，现有国药准字号品种16个，健字号产品3个，国内独家产品3个，年产值近2亿元。2016年，药业公司正式在新三板上市，成为晋城市首家新三板挂牌企业。

酒业是皇城产业新版图的另一重要组成部分。皇城村主打差异化策略，确定蜂蜜酒为皇城酒业的主打品牌和主攻方向。2018年，皇城相府集团投资近6亿元，建设占地约65亩的新酒厂，集工业旅游和生产于一体，建成后是我国规模最大的蜂蜜酒生产基地和全国养生酒的领军品牌。相府酒业已拥有两项蜂蜜酒国家发明专利，已经建成全国范围内首条具有自主知识产权的规模化蜂蜜酒生产线。

在向高新技术产业进军的同时，皇城村坚持把现代服务业作为富民之路。近10多年来，先后兴办起房地产、物流贸易、园林花卉等服务业，成立皇城相府国际旅行社，建成相府宾馆（三星）、相府贵宾楼（四星）、相府庄园酒店（五星），扶持发展300余个家庭旅馆、家庭餐馆和个体工商户，形成一条吃、住、行、游、购、娱等功能齐全的完整产业链，带动全村及周边村3000多名农民实现就业增收。

（四）一村独秀向五村合作发展转型

一个村的发展空间有限，皇城村富裕了，周边村庄缺乏经济支撑，丰富的旅游资源得不到开发，经济依然相对落后。合作共赢、组团发展是皇城村未来发展的需要，也是富裕起来的皇城人责无旁贷的社会责任。2018年4月，皇城村与周边的郭峪、史山、沟底、大桥四村签订了"五村一体化发展合作协议"。皇城村牵头并投入建设与管理资金，其他四村提供村庄现有资源，皇城相府文化旅游公司成立郭峪古城、海会书院两个旅游分公司，制定了《皇城相府国际旅游区概念规划》《郭峪古城业态策划》等建设规划。按照规划，"大皇城"将以皇城相府国家AAAAA级旅游景区为核心，将周边几个村庄居民统一搬迁安置在规划的生活居住区内，连片开发皇城相府、郭峪古城、湘峪古堡、樊山、海会寺等旅游景点，集中打造一个总面积23平方公里的旅游度假区。依托皇城相府国家AAAAA级文化生态旅游景区的品牌效应，以先进帮后进，以先富带后富，探索创新"五村一体化"连片发展的"大景区、大产业、大旅游"模式，通过组织共建、产业共创、资源共有、人才共育、文化共铸、生态共治，共同推进乡村"五大振兴"，促进了新时代"农林文旅康"新业态的融合发展，带动周边四村的小康建设迈上了发展快车道，走出了一条乡村区域共建共享一体发展的新道路。

连片开发的过程中，在对其他四村村民的搬迁安置、土地收益、子女上学等问题进行妥善处理之后，皇城村又投资3亿多元，在史山、大桥的交界处修建"皇城相府游客接待中心"，将游客统一分流，换乘景区的小公交和观光车，去往皇城相府、相府生态园、九女仙湖、郭峪古城、海会寺、观光小火车、橡树湾、相府蜜酒厂

● 九女仙湖景区

等众多景点。此举将"大皇城"所有旅游资源捆绑打包一并展示，既丰富了皇城相府的观光内涵，又推介了兄弟村庄的旅游产品，一幅融合发展、开放共赢的新皇城发展画卷正徐徐展开。

三、转型发展推进全面振兴

产业兴旺的皇城，以企业反哺村庄，以村集体经济推动乡村振兴，真正做到了生态宜居、乡风文明、治理有效和生活富裕。

（一）生态绿色发展

皇城村是以煤炭产业为经济支柱的小山村，但是没有环境污染问题。矿山是翠绿的，河水是清澈的，村子里很难找到裸露在外的黄土。皇城村把村属的四个煤矿全都建成了花园式矿山，使煤炭企业和旅游景点和谐统一。为推进生态文明建设，早在2000年，皇城村就聘请陕西省建筑设计院对全村进行整体规划，同时开始了生态建设四大工程：绿满皇城工程、瓦斯利用工程、环境整治工程、生态园林工程。对东西两山进行全面绿化，投资5000多万元，绿化荒山2100亩，植树100余万株，绿化面积占全村总面积70%以上，从而把全村建成了四季常青、三季有花的农村，使之既具有人文景观的特点，又具有生态园林休闲度假区的特色。

2018年，确立了"五村一体化"合作发展之后，皇城村先后斥巨资拆"双违"，共建樊溪五村污水处理站和垃圾填埋处理厂，进一步夯实和优化了人居环境。同时对五村生态环境统一整治，进行环境美化、绿化、亮化，使生态景观绿化达到6000多亩，生态覆盖率达到80%以上，深度拓展美丽乡村连片建设。如今的"大皇城"，生活污水管网直达处理站，生活垃圾热解处理回收发电，森林绿化全覆盖无死角，变成处处是景点、村村是景观的开放、宜居、花园式乡村。

（二）文化传承发展

文化是皇城发展的根基。皇城村深入利用陈廷敬文化资源来服务村庄发展，2016年制定了《关于进一步加强文化建设的实施方案》，对村里和集团下属企业开展文化建设的原则、思路以及主要工作任务等提出了具体要求。挖掘出陈廷敬文化的时代性，加入了社会主义核心价值观的培育内容，成为皇城村新的文化资源。为深入展示宣传陈廷敬的"德、才、勤、廉，做人、做事、做官"等良好的家风家训和"恪守清勤"的优秀传统文化，皇城村修建"陈廷敬纪念馆"廉政教育基地，得到山西省委、省纪委高度评价，中纪委官网、省纪委官网都进行了专版宣传。

为丰富村民和职工的精神文化生活，村里每两年举办一届樊溪河畔农民运动会，由原来的五村扩展到周边两县三镇十一村；连续举办四届阳城县农业嘉年华；徒步赛、新春庙会等活动更是常办常新。

2018年，皇城村投资1亿多元建成总面积1.2万多平方米的太岳干部学院，在师资队伍、课程设置、管理体制等方面不断创新，成为皇城村培养自己的人才队伍和对外交流的重要平台。为充实后备力量，利用"干部学院""皇城讲习所"，设立格局商学院皇城分院，为皇城相府集团分行业、分类型、分层次培养一批管理优良、业务良好的骨干力量。

（三）制度创新发展

皇城村制度建设的关键是坚持民主管理体制。村里制定了自治章程，核心是做到"六个统一"，即村建统一规划、干部统一使用、人员统一调配、就业统一安排、经营统一管理、福利统一发放。2016年起，皇城村新一届领导班子修订完善和重新制定了《皇城村党委重大事情民主决策制度》《皇城村和皇城相府集团新上项目会商制度》《两委干部和集团领导行为规范》《领导干部分工负责实施办法》《皇城相府集团招投标监管方案》《皇城相府景区管理运行操作规程》等切实可行的规章制度。在民主决策的前提下，皇城村新一届领导班子又在全村和集团推行了"六大创新"，从干部管理、目标管理、规章制度管理、经济运行管理、财务管理、村务管理等六个方面创新管理模式。依靠民主决策制度，在用人、工程立项、大额资金投放等重大事项上，依照有关程序，让社会知情，由多数人表决，增加了决策的科学性，大大减少了失误的概率。

（四）产业兴旺实现共同富裕

"为了让全体村民充分享受到集体经济发展的成果，村党委在实践中逐渐摸索出一套既能调动村民积极性，又能让村民共同富裕的分配制度。"皇城村党委书记、村委会主任陈晓拴说，在初次分配时，注重效率，采取工资、奖金、股金分红相结合的办法，从管理层到普通员工一律实行"基本工资+绩效工资"；二次分配则体现公平原则，把村集体的可支配收入分为三块，除了扩大再生产之外，全部用于支持村级公益事业和增加村民收入。

皇城村成为远近闻名的幸福村，幸福生活已经成为皇城村村民安居乐业的新常态。"村集体每年给每个村民供应粮油、肉、蛋、菜等价值8000余元的各类生活补贴。"陈晓拴说，"一村富了不算富，带动周边村庄走向共同富裕才是真正的富裕。"从2018年，皇城村与周边四村签订了"五村一体化发展合作协议"，系统整合周边旅游资源，构建五村旅游产业联盟，形成"1+4"连片发展的"大旅游"格局，在产业上合作帮扶。现在郭峪村、史山村、沟底村、大桥村四村全部实现了米、面、油等基本生活福利用品足量定额统一供应，实现了集中供气、供暖、供水、供电定额管理全覆盖。皇城村村民实行的是集体领导下的福利分配制度，每人每年分到的现金福利近万元。同时，全村青壮年劳动力全部实现就业，或是开起了家庭旅馆，或是从事个体工商。在皇城人人有事干、有钱挣，即使存在收入差距，群众心里也平衡，确保了全村的和谐稳定。村里还建立了教育助学金、奖学金、儿童营养费、老年生活补贴、大病医疗救助、老弱家庭帮扶、重要节日慰问等多种关爱机制；幼儿

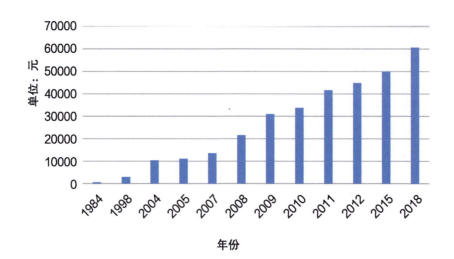

◑ 1984—2018年部分年份皇城村人均纯收入

园、中小学、卫生所、休闲广场、运动场、银行、超市、老年活动中心一应俱全。

如今的皇城村，吸引了几千名外地人在此工作和生活，原先仅有800人的小山村变成了一座拥有5000多人的美丽乡村。皇城村村民人均年收入达到了6万元，还带动2000多名周边村民进入景区工作，3000多名周边村民从事旅游相关行业。

四、思考与启示

（一）集体经济是资源型村庄转型发展的基石

皇城村坚持发展壮大集体经济，带领村民共同致富，组织起来搞生产、闯市场、谋发展，一步步从小到大。如今村集体20多个企业，村民户户有股份、家家是股东、人人得分红。

走集体经济的道路，在统一的集体规划下实行公共管理，有关部门负责实施，村民负责监督。这样可以对资源进行有效整合，组织资源开发和协调资源利用，同时又能够组织农民、服务农民，实现科学化、多元化、高效化的发展。

（二）有效衔接是可持续发展的保障

能人带动，主要依靠拥有先进理念和成功经验的个人和村集体的带领，在先进思想的指导下，与时俱进、锐意创新，规划村集体的发展。能人依靠自身的聪明才智

🔴 相府药业在新三板上市仪式（右一为陈晓拴）

和敢为人先的吃苦耐劳精神获得深厚的群众基础，其发展理念使村民信服，并形成高度的认同感。

皇城村的两任带头人，都是能人带动的典型。原党委书记张家胜从20世纪80年代初担任村庄带头人直到2015年，勇于开拓、敢为人先，通过发展煤炭产业，使村集体富起来；发展旅游产业，开发和保护皇城相府文物的旅游资源；随后为了可持续发展壮大，开始进军高科技产业，最终形成多元化的产业结构。在具体的运作过程中，他责任心强、知人善任、无私奉献、一心为民，将皇城村汇聚成一股强大的合力。

现任党委书记陈晓拴，在皇城困难之际，仓促接手全村管理事务，他携手"两委"班子与村民一起，迎来了皇城可持续发展的"赶考"之路。在多方征求意见，综合分析的基础上，他和"两委"班子理顺发展思路，带领皇城再出发。

首先，从多点开花到"稳"字当头。上任之初，面对村民们对未来的担忧，陈晓拴当即明确了"稳定压倒一切"的战略。即在保证生产安全、资金安全和政治生态安全的情况下，确保各项产业平稳健康发展。"煤炭产业是基础，要稳产能、降成本；旅游产业是品牌，要拓发展、扩项目；皇城相府药业要保上市、找产品。此外，房地产业要去库存、保交房，其他企业要进行整合……"陈晓拴思路清晰地罗列着。短时间内，一条条具体措施、一项项具体规定、一个个细化方案相继出台，皇城再出发的"集结号"嘹亮吹响。据统计，陈晓拴上任第一年，全村全集团营业收入达到18.55亿元，增长7.3%，实现了稳中有进、稳中向好。

其次，立足三大产业，引领转型升级。"过去，集团注重多元发展，但'多点开花'隐藏的是产业比例不协调的隐患。"在陈晓拴看来，探索一条新的发展道路势在必行。改变的切入点从"做减法"开始，最终确立了主攻煤炭、旅游、高新技术三大板块，旅游、药业、酒业三大转型产业的"三三"发展战略。

陈晓拴说，煤炭作为村里的基础产业，要积极与下游企业合作，提高煤炭的转化率，不断做好煤复采工作，提高煤炭资源回收率，延长矿井寿命。

"皇城相府是我们的金字招牌，旅游业就是我们最大的品牌。"陈晓拴介绍道，在旅游产业上，一方面积极借势发展，上项目、扩规模、增人次；另一方面加强与全国高水平旅游企业的合作，大力发展"旅游+娱乐""旅游+商品""旅游+体验"，形成一条游、购、娱、吃、住、行的完整产业链条。

皇城相府药业作为晋城市首家新三板挂牌企业，也是整个集团高新产业的主力军。近年来，他们以研究开发儿童和中老年高端用药为发展方向，同时积极利用"互联网+"模式开拓市场，转型效果初步显现。2018年，皇城相府药业完成产量1670万盒，营业收入近2亿元。

此外，陈晓拴还按照现代企业管理的要求，对皇城相府集团的管理制度和纪律进行了大刀阔斧的改革，让"规矩"在各项事务中发挥作用。

经过几年的发展，皇城村在陈晓拴的带领下，实现村集体经济飞速发展，形成了健康持续的产业体系新支柱，打造出一流的现代企业集团。

从皇城村的班子衔接之后产业强势发展的现状，我们积累了村集体经济发展过程中，新老班子有效对接的成功经验。一是产业与发展理念的可持续性。许多经济发展较好的村，多是老一代带头人艰苦奋斗创实体，踏踏实实以孺子牛精神拼出来的，真实反映了时代发展进程，是我们学习的榜样。新的领导人和领导班子，应该完美传承这种孺子牛精神。二是与时俱进，在发展基础上奋力创新。时代在发展，产业在更新，技术在进步，如果一直固守着老一代的传统产业，对目前发展是不利的。所以，新的领导人和领导班子，应结合本村实际，敢于和勇于创新，用全新的理念和科学的管理方式，提升产业发展水平，发展新产业、新业态和新动能，才是村集体经济做大做强的关键，也是在市场发展过程中立于不败之地的法宝。

（三）村企互动是村庄协调发展的动力

皇城村的成功，离不开科学的管理体制和运营机制，在其经济做大做强的同时，也完成了经济管理体制的改革，建成了集煤炭开采、旅游开发、生物制药、生态农业于一体的集团公司——皇城相府集团。村委会作为集团公司的董事会，村书记任集团公司的董事长兼总经理。集团下属各个分公司的领导由总公司任免，具体经营由各个分公司自己开展，公司的管理运营严格按照现代企业规范的要求进行。这样就在体制上实现了所有权与经营权的分离，把微观决策权交给企业的经营者。同时，村企之间存在着良性的互动。企业将一部分利润反哺村庄，通过基础设施建设、提供就业机会、生活福利保障等形式，为村庄发展和村民生活水平提高作贡献。

以村企互动的模式来发展村庄，有利于规避小农经济的相对落后性，让村企能够在市场化的企业发展过程中，持续保持竞争力。同时，企业高度专业化和成熟化的运作模式，有利于改造传统农业农村，将先进生产要素导入农村，实现传统农业向现代农业转变，提高农业综合生产能力；有利于培育新型农民，加快转移和吸纳富裕农民的步伐，实现农民的就地转移；有利于加快新知识、新文化、新观念的引进和传播，提高农民的整体素质；有利于改变农村面貌，加大对基础设施等的投入，增加公共产品的供给，在硬件和软件上促进农村面貌的改善。

（四）求新求变是村域产业做大做强的关键

当山西许多因煤而富的村镇还在靠山吃山时，皇城村的领导班子已经清醒地认识到调整产业结构势在必行，他们积极寻找迭代产业，把目光转向了旅游业。当山西许多地方在旅游开发的过程中，对旅游资源与产品的概念混淆不清，或把资源直接推入市场，或仅初级开发就推入市场时，皇城人则树立了不做则已，要做就要做好做大做强的理念。

新领导班子紧扣时代脉搏，拓展皇城的旅游资源。2016年，抓住国家大力实施乡村振兴战略的时机，高起点规划，高品位设计，筹办"阳城县首届农业嘉年华"，开山西省举办此类活动的先河。为适应网络时代，谋划了皇城"互联网+旅游"这篇大文章，开通微博、微信平台，实现了通过官网和官方微信在线预订门票、餐饮、住宿和旅游纪念品等服务，扩大网络销售成果。

（五）产业融合发展是村庄发展的新起点

很多资源型村庄在发展过程中往往不注意产业结构的多元化调整，随着资源、市场等因素的制约，逐渐不适应发展方向，发展空间受到制约。皇城村的转型实践证明资源型村庄在第二产业之外，还可以通过深入挖掘当地旅游资源和农业资源，发展特色农产品、休闲旅游和康养等新兴产业，做到一二三产业融合发展。这些新兴产业往往属于第一、三产业，依靠资源型村庄资金、人才的先发优势，不仅有利于改变当地农村的产业结构，而且弱化了经济发展对资源的依赖性，改善了当地的生态环境，是资源型村庄转型发展的有效途径。

⊙ 白沙村全貌

村集体经济下产业振兴与共同富裕的探索实践

——河北省武安市白沙村调研

习近平总书记指出："共同富裕是社会主义的本质要求，是中国式现代化的重要特征。"河北省武安市白沙村以村集体经济为引领，以产业振兴为基础，实现村域范围内的共同富裕，全面小康。

一、白沙村基本情况

白沙村位于河北省武安市东南15公里处，坐落于鼓山脚下，太行山余脉的盆地之中。白沙村村域面积4.68平方公里，居民720户，2904人。全村现有集体企业30多家，形成了工、农、牧、贸、旅多业并举、多元发展的城镇发展格局。2020年，全

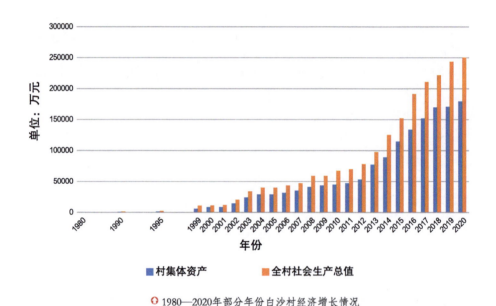

◎ 1980—2020年部分年份白沙村经济增长情况

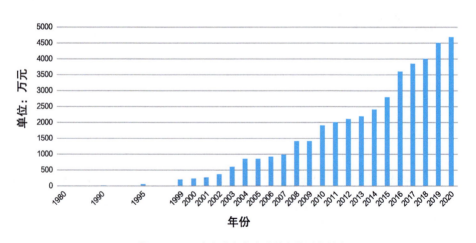

◎ 1980—2020年部分年份白沙村上缴国家税金

村实现社会生产总值25亿元，集体资产达18亿元，企业实现利润5.3亿元，上缴国家税金0.47亿元，集体可支配收入4.5亿元，村民人均可支配入4.6万多元，是一个"住房城市化、就业全民化、生活福利化、环境生态化、养老集体化"的社会主义美丽乡村。近年来先后获得"全国先进基层党组织""全国民主法治示范村""全国休闲农业与乡村旅游示范点""全国文明村""全国乡村治理示范村""中国美丽休闲乡村"等诸多国家级荣誉。

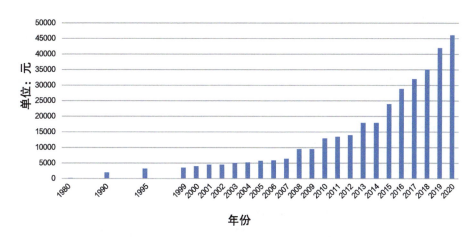

❶ 1980—2020年部分年份白沙村人均可支配收入

二、白沙村产业振兴之路

（一）以资源为依托发展产业

白沙村的产业发展起步早。1971年，村里就组织村民打石子供应邯郸钢厂和周边的施工单位。1975年，村里购入了一台粉碎机，正式开启了机械化作业进程。

1983年，村里购置了第二台粉碎机，1985年又增加了一台。粉碎机打石子挣来的钱被用于扩大再生产，到了1989年，村里已经有了6台粉碎机。1991年，白沙村确立了以石料产业作为村里的经济支柱产业的策略。

由于看准了建材行业的市场需求，白沙村的石料厂由小到大，其产品由最初销往周边的矿区，逐步扩大到整个邯郸地区的一些建筑单位。1997年，村委会又投资60万元新增了9台粉碎机。2003年，为改变单兵作战状况，白沙村对村里的粉碎机进行了统一收回，管理权和经营权都归村里所有，同时设立了白沙建材总厂，下设两个分厂，并将原来的承包单位变成了各机组。同时，村里派人不断引进先进设备和先进工艺，大胆采用矿山工程机械，使白沙村的石料厂产量大幅度提升。

石料厂的成功，使白沙村负责人和村民尝到了资源变现的甜头，村里开始筹备开发另一资源型企业——铁矿厂。从1990年寻找矿源开始，到1996年，矿产资源才正式生产。2000年，地下资源产业成为白沙村的主导型产业，村里一鼓作气新开了3个矿井。2003年，白沙村的集体收入达到3000万元。2004年村里借款1300万元，开始筹建一个资源型深加工企业——焦化厂。2005年，厂子顺利投产，成为白沙又一个大型企业。2008年焦化厂通过创新管理，争抢机遇，顶住了金融危机的侵袭，成为白沙村集体企业中的主导企业。

白沙村靠近鼓山东麓，村北是一个独立的名为火焰山的粉砂状砂岩石山体。2010年，凭借火焰山资源，一个占地2.3万多平方米的活性石灰厂——白沙火焰山工业有限公司正式开工。2013年，公司投资4700万元的活性旋转窑白灰厂二期工程动工，标志着村办企业向活性清洁生产迈出重要步伐。2019年，新上了机制砂厂、免烧砖厂，白沙几乎每年都有新项目，上企业、搞转型。

白沙村的资源型企业，从一台粉碎机起步，相继建起了石料厂、石灰厂、铁矿厂、焦化厂、免烧砖厂、活性氧化钙厂，不仅成为白沙的支柱产业，而且打响了白沙品牌，为白沙的产业发展奠定了深厚的基础。

（二）以民生为导向拓展产业

工业是白沙的支柱产业，随着白沙村集体经济的迅速壮大，村委会思考的是，如何用工业发展成果反哺百姓。从民生出发，白沙村开始用工业反哺农业，村里的种养殖业从起步到不断壮大，逐渐形成了成规模、成体系的现代产业。

服务民生，白沙首先想到的是让乡亲们不掏钱就能吃上猪肉。2004年，白沙村筹建了一个占地14亩的养猪场，引进了100头肉质口感好的"斯格尔"瘦肉猪。最初，村里想的是猪的数量够全村百姓吃就行。然而令人意想不到的是，母猪的繁殖能力很高，当年就为村里繁殖了六七百头小猪崽。到了第二年，猪场的养猪数量竟自然增长到了1000多头，猪场自然而然地走向了市场。看到了养殖业的发展潜力，白沙村在2005年成立了武安市益源牧业有限责任公司，加大投资，把一向冷落的养殖业也搞起来。白沙确定了新的养殖业发展目标：扩大养猪场，再建养牛场。村里将14亩的养猪场扩建为68.6亩。为了提高猪场的经济效益，村里特别注意优质猪种的选配，定期实行优胜劣汰，提高出栏猪的数量和售价，确保猪场的经济效益稳步上升。养猪场从最初的100头瘦肉猪发展到后来的几万头，从最初的供本村村民食用，到对口销往天津、河南、河北等地。养猪场为白沙产业拓展奠定了基础。2011年，白沙投资1000万元新建现代化养鸡场。之后，投资4亿元建成了20万头生猪生产、育肥、屠宰、分割、养殖基地。

"无农不稳。" 20世纪末，村委会定下了用工业反哺农业的基调。村里先后引进种植了香菇、油葵、花椒、果树、中药材等，但出现了销售、水土不服等问题，经济效益不太显著，可以说是走过一些弯路。2009年，白沙村的新民居建设、绿色生态布局、文化产业建设等基础设施相继告捷，这一年全村的工农业生产总值达到5亿余元，年集体收入达到6760万元。雄厚的经济实力让白沙村有了发展现代农业的信心。10月，村里与河北农业大学强强联合，实施了现代农业科技园和废矿复绿项目。其中科技园区占地500亩，以大棚绿色蔬菜为主导，以农业科技化为方向，实行高投入和集团化管理。村里累计投资3000多万元建起了60多座现代化日光温室和春秋大棚进行有机蔬菜种植。在蔬菜品种的培育环节，充分选择优质、高效、营养丰富的优良品种；在生产培植和操作环节，全部采用有机元素作为培养基，充分利用生物技术实现病虫害的防治；在产品销售环节，实施精品选择、粗细加工、精品包装，统一质量检测，统一标识销售。同时，以综合园区为核心，带动全村2000多亩耕地的种植业生产，进而辐射带动全镇的农户和耕地。白沙村的农业科技园区产品成为远近闻名、有口皆碑的绿色品牌。2019年底，又将全村所有土地集中流转，采取"党委+支部+合作社+农户"的模式运行，农业向产业化、规模化、现代

🔴 废矿坑变成旅游公园

❶ 白沙农业项目

化迈进。

生态立村，大力发展乡村旅游业。按照小城镇规划布局，经过数年建设，累计投资超4亿元，打造了七纵、五横、四园、两亭、一场的都市化村庄，修建了环村人工湖、惠通桥、万清园、红色文化广场等工程。如今的白沙，山上如诗如画的景观与村边碧波荡漾的如意湖、朝阳湖、占地500亩的现代农业科技采摘园、占地百亩的植物园、百果园、樱花园以及全省条件最好的文体中心形成了一个有机整体，生态旅游优势得到了彰显。目前，白沙旅游公司已与北京、山东、山西、河南和河北等地的20多家旅行社签约旅游团队项目。2014年，白沙村被评为"全国休闲农业与乡村旅游示范点"，每年有10多万人前来参观学习、休闲旅游。

农业品牌战略。白沙村在农业产业发展的基础上，以建设农业园区为基础，全方位打响白沙村品牌。在农业园区内，先后建成了现代化村域粮食储备库，全进口设备的米面加工厂、小米加工厂、红薯粉生产厂、酒厂等农产品加工企业，既解决了周边农产品销售难题，又满足了本村及周边居民的需求，还创出了白沙农产品品牌，拓展了产品外销渠道，一举多得。

三、产业振兴推进共同富裕

如同多数以做强集体经济为主的村庄一样，白沙村将企业利润用于民生改善和村民的共同富裕。

（一）旧村改造，改善村民生活环境

虽然村里富裕了，村民的生活条件也改善了，但大多数村民还住在脏乱差的平房里，村民还没有换房居住的经济能力。

2003年，白沙决定由村集体主导，实施旧村改造工程。为了动员村民主动搬迁，村里甚至要求开发商在建设楼房时，必须确保每户都能分到用于存放农具的储物间。另外村里给村民提供拆迁、生活、用水电暖等补贴，解决村民的后顾之忧。

到2020年，白沙村实现全村720户村民全部住进了楼房和别墅。白沙村实行的是福利化分房的制度，确保了全体村民都住进了通双气、有车库和储物间、有宽带和数字电视的新楼房，人均住房面积达到52平方米。实行平房改楼房后，村庄占地由630亩缩小到410亩，腾出的土地被用来发展旅游、特色种植等项目，既改善了村民居住环境，又能给村集体增加收入。

（二）兴建公共事业，完善社会福利

随着集体经济的发展，白沙村不断加大教育、文化等公共服务设施投入，让村民既富口袋，又富脑袋。村里的文化教育事业也赶上了城市的水平。村里投资6000多万元，建设了白沙教育园区，分为幼儿部、小学部、初中部，拥有整洁的校园、高素质的师资队伍、设备齐全的实验室、功能齐全的运动场，不仅让本村孩子享受优质的基础教育，还吸引了很多外村的孩子前来就读。学校对村民子女从幼儿入托到九年义务教育免收一切费用。

为了丰富村民的文化娱乐生活，白沙村建起了河北省首家农村数字化电影院、首家设施完备的广播电视中心、首家藏书超过3万册的农村图书阅览室……2019年，投资7000万元的白沙人民体育馆落成，馆内设有健身房、儿童游泳馆、成人游泳馆、台球馆、乒乓球馆、篮球馆、射击场等。

白沙的村民享受"九免费、八补助"17项福利。（1）每人每年免费供应200斤白面、50斤大米；（2）过春节每人免费供应3斤鸡蛋、3斤肉、3斤鱼、10斤油、1瓶酒，每户一盒对虾；（3）免费参加新农合；（4）从2009年开始，全村18～60岁村民，村集体每年为每人出资500元免费参加社会养老保险；（5）60岁以上老人每年免费两次体检；（6）每周免费放映两次数字电影；（7）数字电视节目免费收看；（8）村民子女从幼儿入托到初中毕业一切费用全免；（9）免费为每户订阅一份《邯郸晚报》；（10）对考入大专以上院校的学生一次性奖励补助5000～

10000元；（11）对原住旧房拆迁除按标准补偿外，搬入新楼的每户再补6万～9万元；（12）60岁以上村民每人每月享受200元生活补贴；（13）生活用电集体补助40%；（14）婚礼操办补助1万元，小孩过满月操办补助1万元，亡故埋葬操办补助2万元；（15）每人每月300元体育馆健身卡；（16）供暖、制冷费用全部免费；（17）每人肉、菜不间断发放。

（三）完善就业与收入保障

白沙实行的是"广就业、工资制、福利化"的政策。村民九成以上在村办企业上班，村里适龄劳动力实现100%就业。白沙追求的是分配公平化、公共服务均等化，虽然村办企业都属于集体所有，但坚持不分红，而是将企业利润用在公共服务和社会福利上。

四、白沙村产业振兴推动共同富裕的思考

（一）乡村振兴，关键在人

村里的"能人"像头雁，是乡村振兴的领路人。好的带头人不仅能够以自己的智慧引领村庄发展的方向，而且能以自身的品性德行带动一个领导班子。治村的

❶ 侯二河书记带领"两委"班子看望村民

"能人"，一要带领农民致富，让农民有获得感、幸福感、安全感；二要有公心，能发展集体经济，并且做好利益分配。

在白沙村，这个人就是村书记侯二河。他3个月大时父亲去世，小学毕业就告别校园当了放牛娃，十五六岁就已经能当家了。饱尝艰辛的他，从小就有了改变命运的梦想，老书记万清也将他当作自己的孩子。他19岁进入白沙村的领导班子，20岁加入党组织，历任白沙村的团支部书记、会计、青年突击队长、生产大队长、党支部副书记。1982年，老书记意外去世，侯二河被推到村庄"领头羊"的位置，一干就是39年。

首先，侯二河是让自己站得直行得端，以求给别人做榜样的人，正是他这样公而忘私的品性，才赢得了村民的信任和班子成员的尊重。1995年，侯二河受恶意举报被检察院带走；1997年，组织上想调他去镇上工作，也没能动摇他为白沙服务的决心。不仅如此，他还制定了严格的规章制度，约束自己和其他村干部的行为。其次，侯二河有一心干事的坚韧品质。最初筹建石子厂，白沙村既缺钱又缺电。没钱，他和村干部分头去借；没电，他几次带着干粮上隔壁煤矿去批电荷。后来为筹建石料厂和铁矿场，他又带头去找亲戚朋友集资，自担风险。第三，侯二河有勇于试错、善于创新、敢于承担责任的创业精神。白沙村在产业发展的过程中，也走过很多弯路，在创业之初，白沙接连办了一些工厂，石子厂、麦芽厂、啤酒厂、团球厂、纺线厂、帆布厂……许多因为经营和市场等原因倒闭了。在传统农业的转型过程中，也是不断钻研尝试，充满了曲折和艰辛，但侯二河从来没有想过放弃。即使现在白沙村的产业布局和集体经济已经有了很大的规模，他依然坚持每年要上新项目。最后，侯二河有公平正义的社会理想。受乡亲们养育之恩的他，自担上重担后，就立志要让乡亲们安居乐业，过上美好幸福生活。凭他的个人能力，早就能成为亿万富翁，但他没有这么做，他把老百姓的吃、住、行、就业、教育、婚丧等各个方面都考虑进来，为他们制定了完善的保障制度，坚持致富路上不让一个人掉队的原则。在侯二河的设计里，白沙没有暴发户，也没有上不起学、住不起房、娶不起媳妇的贫困户，村民们都能共享集体经济发展的成果。

（二）不断利用优势资源延伸产业链，确保集体经济永葆活力

一方面，从1991年开始，白沙将石料产业确立为支柱产业，找准了一个主业，围绕建材产业不断做大做强，石料厂、白灰厂、免烧砖厂、活性氧化钙厂等，可以说都是围绕着建材做文章，并向产业的广度和深度上进行延伸。这一支柱产业恰恰与我国经济快速扩张期所必需的基础材料相吻合。另一方面，白沙也在不断地把握政策方向和市场脉搏。2009年，白沙将铁矿厂、焦化厂、热油泵厂等资源性厂矿全部关停，同时加大力度对企业进行环保改造，虽然集体经济短期遭受了损失，但是产业转型升级的成功为其后的高质量发展奠定了基础。

（三）不断发展壮大的集体经济是共同富裕的基础

在乡村全面振兴的过程中，缺少组织的一家一户式个体农户显然不可能成为振兴乡村的主体，需要将农民组织起来，让村社集体成为对接国家资源、激发农民积极性、推进全面振兴的平台。白沙村把发展村级集体经济作为硬任务，用集体经济来启动和助力乡村振兴，壮大集体经济也成为白沙鲜明的发展模式。村里的30多家企业全部属于集体所有，实现了住房、教育、医疗、社保的集体兜底全覆盖。白沙的村民有切身的体会，如果不是集体，村里的居民楼、街道、广场、风景区、学校没人建；如果没有集体，村里的企业、养殖场、农业园也达不到现在的规模；如果没有集体，村民的20多项福利和养老金更是没有保障。

（四）不断创新经营管理模式

从创业至今，白沙村的领导班子不断创新经营管理模式，确保了企业活力和集体利益。先后经历四个阶段：一是集体所有制下的私人承包。20世纪90年代初，白沙想要扩大石料厂的规模，但是有资源却缺少资金，于是"两委"提出了大胆可行的方案：凡个人投资粉碎机者，投产当年不用上缴利润，其粉碎机的相关资产归村委会集体所有，次年开始交利润，承包期自购机开始为期3年。这一决策为石料厂的发展带来了蓬勃生机。由于认准了方向，看准了市场，产业规模不断扩大。建材产业的发展，也带动了村里运输业的发展。审时度势，整合白沙整个村里的个体运输资源，成立了汽车运输队，由村委会协调管控，统一安排，统一调度，车主多劳多得，村里只收小额的管理费。二是集体所有制下个人承包与集体经营相结合。私人承包首先是不好管理，也难以形成更大的规模，更重要的是富了个人却不能富集体，这与白沙的发展初衷并不吻合。2003年，村"两委"经过分析研究，制定颁布了《白沙建材厂管理经营实施细则》，对黄家沟的12台粉碎机和曹家沟的9台粉碎机，从生产、管理、销售各方面进行了一次大变革——统一收回，统一管理，统一调控，统一核算，统一销售。全村的粉碎机设总厂——白沙建材厂，总厂下设黄家沟和曹家沟两个分厂，各分厂实行生产费用包干、单独核算的管理经营体制。集体管理后的建材厂，对个人投资的设备给了相应的股份，也保证了承包户的利益。这一套创造性的集体统一经营与承包户分散经营相结合的管理体制，为白沙集体经济的跨越发展奠定了基础。后来白沙发展现代农业，也是采用了由集体投资建设大棚，农户承包经营的管理办法。三是集体所有制下的统一经营。20世纪90年代后期，实行退耕还林，且又禁牧，白沙的家庭养殖和个体养殖业消失殆尽。为了保障村民的副食品供应，提高生活质量，白沙开始由集体发展养殖业，先从养猪场开始，之后又成立了武安市益源牧业有限责任公司，再建了养牛场。四是集体经营团队管理。随着企业规模的扩大和新上项目的科技水平提高，白沙也不断引入现代企业管理制度和分配制度，企业收入的大头归集体，企业内部定额指标加奖惩。在企业财务管理上，实施"三审两签"制度，确保了公开公正。

（五）以企带村，工业反哺

白沙村的发展采取"以企带村"的方式，而村又反过来为企业的发展拓宽了路径。由于白沙村村民大多在本村企业上班，种地的很少，于是村里通过土地流转，将"小土地"集中起来变成"大土地"。白沙的所有村办企业从发展至今，没有占用一分基本农田。集中起来的土地被用来发展种植业和养殖业，实现了工业反哺农业。值得注意的是，白沙的农业最初是以服务本村民生为导向的，随着产业的做大做强，如今成为白沙产业版图的重要组成部分。白沙企业产生的经济效益，被投入村庄教育、医疗、文化等社会福利事业中，而白沙良好的社会条件也带动了周边村庄居民向白沙聚集，特别是白沙的优质学校，已经吸引周边村镇许多儿童前来入学，不仅让白沙的影响辐射更广，也推动了白沙教育产业化的进程，带动了商业、生态旅游的发展。

发展集体经济 实现共同富裕

——江苏省江阴市华西村调研

　　位于苏南大地、长江之滨的江苏省江阴市华西村，成功走出了一条发展社会主义集体经济、实现共同富裕的振兴之路，彻底改变了传统农业靠天吃饭的状况，彻底改变了传统农民土里刨食的命运，彻底改变了传统农村贫穷落后的面貌，使共同富裕的伟大理想在苏南大地上变成现实，为中国农村发展社会主义市场经济、全面建成小康社会、向社会主义现代化迈进提供了一个可资借鉴的生动样本。华西村创造奇迹的光辉历程，正是中国共产党领导中国人民开天辟地、不断开创中国特色社会主义伟大事业新境界这一恢宏历程的生动缩影，是中国人民坚定不移跟党走、团结奋进、继往开来，努力实现中国梦这一宏伟史诗的感人篇章之一。

⊙ 鸟瞰华西

一、从贫困乡村到幸福乐园

漫步华西村，看到的是蓝天白云掩映着的绿水青山，别墅楼群错落有致，道路两旁花木争艳，高耸入云的摩天大楼、大气时尚的文体活动中心、个性鲜明的主题公园、现代化的学校和医院……此时，很难让人想到这里曾是一个面积不足1平方公里、土地高低不平，甚至曾靠举债度日的穷乡村。60多年来，华西人在已故老书记吴仁宝和现任党委书记吴协恩的先后带领下，顽强拼搏，艰苦创业，锐意创新，硬是将一个荒凉、贫困的小乡村建成了富裕、文明、和谐、美丽、集体经济实力雄厚、生机勃勃的社会主义新农村的典范。

（一）为华西奇迹奠基塑魂

20世纪50年代，新中国成立初期，华西村与江南大多数村庄一样，河浜纵横交错，土地坑坑洼洼，全村仅0.96平方公里，最大的财富就是9头水牛。1957年11月，

29岁的吴仁宝积极响应党中央号召，毅然放弃乡政府财粮委员的工作，回村做了农民，先后被选举为江阴县华士乡23社支部书记、华士公社17大队支部书记。1961年，华西大队建立时，有158家农户，667口人，但耕地只有800亩，还被水洼河沟分割成1300多块，粮食平均亩产609斤，集体积累1764元，欠债2万元。当时，在当地流传着这样的顺口溜："高田岗高田岗，半月无雨苗枯黄；低田塘低田塘，一场大雨白茫茫，人均日有半斤粮，有女不嫁华西郎！"

华西人跟全国各地农民一样，怀着对美好生活的憧憬，焕发出改变山河的冲天干劲，踏上了艰苦创业的伟大征程。1964年冬天，吴仁宝与村民们一起研究制定了《华西大队十五年发展远景规划》，其奋斗目标为"五个一"：干部群众有一个爱国家、爱集体的社会主义思想；开挖一条排灌两用的华西河；治土改水，建设一片高产稳产的农田；每亩年产一吨粮；建设一个社会主义新农村。在吴仁宝的率领下，华西人战严寒、斗酷暑，不分白天黑夜，"头昏肚痛不算病，腰酸背痛不脱劲，烂手烂脚不缺勤，不达目标不松劲"，大兴农田水利，建设田间工程。历经7个寒暑的艰苦奋战，全凭双手两肩与铁锹扁担，共建成排灌站3个，埋设地下管道7000余米，填平废河塘47个，挖去田埂上千条，新开1条华西河，对世代耕作的土地进行了史无前例的改土治水，建成了高产稳产的"吨良田"，实现了人变、地变、产量变，粮食亩产由1964年的549.2公斤增长到1976年的1000.6公斤，实现亩产一吨粮（一年三熟），成为"全国农业先进单位"，曾经的"做煞大队"变成了"幸福大队"。

在吴仁宝看来，靠六棵稻秆桩是永远也富不起来的，农民要致富，必须发展多种经营，走农副工商综合发展道路。1969年，吴仁宝抽调20人，在村里偷偷办起了小五金厂，开始在农业之外寻找出路。随后10年中，这个小厂实现了近300万元的产值，利润率高达30%~40%，更是让吴仁宝尝到了办工业的甜头，坚定了他"无工不富"的发展思路，为以后华西走工业化道路积累了宝贵经验。相比全国农民1957—1977年人均年收入从40.5元增加到64.98元，坚持农工并举的华西村，从1963年到1978年的16年间，村民的平均分配水平从50~60元上升到了220元。1972年，按照统一规划、私建公助的原则，集中建成了一个300多户、670多间八架梁瓦房的华西新村，完成了自然村的搬迁和实现了集中居住，大大改善了村民的生活条件。

十余年的社会主义创业历程使吴仁宝深刻认识到，人民幸福就是社会主义，标准有三条：生活富裕、精神愉快、身体健康。为了实现共同富裕的梦想，华西村始终坚持发展壮大集体经济。作为乡村振兴的典型代表，华西村的发展历程生动展现了优秀的中国共产党人引领中国农民走上共同富裕道路的艰辛探索和成功实践，生动展示了中国先进农民听党话跟党走、改变命运实现梦想的智慧和力量。这既是创造华西奇迹的奠基之举，也是华西人能够永续传承的精神财富。

（二）高举社会主义旗帜闯市场

党的十一届三中全会吹响了改革开放的时代号角，华西人继续高举社会主义旗帜，在坚持发展集体经济的同时，积极投身市场经济大潮，着力探索发展乡村工业，不断创新发展理念，不断拓展产业布局，不断探索集体经济新型实现形式，持续壮大优势产业，用集体所有制、股份合作制把广大农民紧密团结在社会主义温暖大家庭里，用资本的创造力和盈利能力为社会主义新农村振兴服务，顺利完成了工业化和城市化，实现了从"工业明星村"到"天下第一村"的飞跃。

20世纪80年代初，全国农村掀起了家庭联产承包的热潮，在别人纷纷搞起包产到户、分散经营时，吴仁宝根据党中央"宜统则统、宜分则分"的政策，结合华西村人多地少、不宜分田到户，以及华西已经实现集约化、机械化、规模化经营的实际，提出了一个发展集体经济、调整产业结构的方案：全村600多亩粮田集体承包给村里的30名种田能手，把绝大多数劳动力转移到蓬勃兴起的乡镇企业创新业、谋发展。1984年底，吴仁宝一家一户进行谈心，动员村民把年终分配的钱用来投资建厂，入股分红，从此逐步形成了具有华西特色的"集体控股、个人入股"的新型股份制集体经济制度，村民不仅可以上班挣工资，而且可以按股分红，还享受优惠住房、免费上学、公助医疗等多项福利。这一做法得到了全村群众的认可和支持，也为华西经济的发展壮大奠定了坚实基础，华西村由此走出了一条独特的经济振兴之路。

1985年，华西村制定"苦战三年，实现三化三园亿元村"的奋斗目标。"三化"，即绿化、美化、净化；"三园"，即远看像林园，近看像公园，细看农民生活在幸福的乐园。随后3年里，华西人奋力拼搏，不仅形成了以第二产业为龙头，第一、三产业为两翼的多元化产业格局，而且在市场大潮中闯出了发展集体经济、实现共同富裕的道路。1988年，在全省率先实现了"亿元村"。到1991年底，华西村已创办大小企业20多家，年产值5亿元，成为名副其实的"工业明星村"。

1992年，全国很多地方掀起了乡镇企业改制的浪潮，华西村则推行"一村两制"，为防止公私不分和损公肥私，村里规定不能"一家两制"，更不能"一人两制"，使华西村走出了一条以集体经济为主、多种经济成分并存的多元化、混合型经济发展新道路。1993年12月，以1987年成立的村办集体企业江阴县华西工业供销公司为基础，在引进一批大型中外合资项目的基础上，正式组建起华西集团公司。1999年7月，"中国农村第一股"华西村股票在深圳证券交易所上市，开"村庄上市"的先例。同年，华西村销售收入达35亿元，人均收入远远超过全国城乡平均水准，成功逾越了城乡之间的"鸿沟"。2003年吴仁宝卸任时，全村已拥有一个下辖8大公司、具有40多亿元固定资产、荣获40多项"全国第一"的大型企业集团，华西村从一个以农

养老投入

养老投入
单位：万元

109
372
1293

1998年   2008年   2018年

⚪ 1998—2018年华西村养老投入情况

人均年收入

人均年收入
单位：元

90500
65000
24872
220 1699

1978年 1988年 1998年 1998年 2018年

解决就业人数

解决就业人数
单位：人
1128   4663   20560   19706

1988年   1998年   2008年   2018年

⚪ 1988—2018年华西村解决就业人数

⚪ 1978—2018年华西村人均年收入一览

业为主的小村庄，发展成工商并举、年销售收入达105亿元的"天下第一村"。

富裕起来的华西人不忘国家、不忘集体、不忘左邻右舍及经济欠发达地区，从20世纪90年代中期以来，把共同富裕之路向各地延伸。2001年以来，华西村将周边20个村纳入华西共同发展，建成了一个面积超过35平方公里、人口超过3.5万人的大华西，带动更多老百姓过上了"基本生活包、老残有依靠、生活环境好、小康步步高"的幸福生活，迈向更高水平的共同富裕目标。不仅如此，华西村还通过派干部、带资金、带技术、带项目，远赴宁夏、黑龙江援建了两个"省外华西村"。1999年建成后，已无偿移交给当地政府。宁夏华西村历经近20年的接力奋斗，目前农民年人均纯收入由刚搬来时的不足600元增加到2021年的12040元，被誉为"塞上华西"。黑龙江华西村，前身是肇东市五站镇南小山屯村，当时仅有55户人家，人均收入不足1000元。从1999年起，通过华西的帮扶，曾经的沼泽地已开发成2500亩良田，2015年已实现人均收入15846元，被誉为"北国第一村"。

20世纪90年代，华西村积极配合国家《八七扶贫攻坚计划》，先后投资近千万元，以"一带十、百带千"的方法，先后为中西部地区举办了100多期培训班，直接

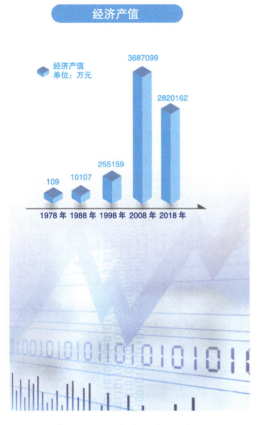

❶ 1978—2018年华西村经济产值

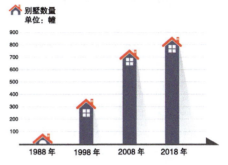

❶ 1988—2018年华西村别墅增长趋势

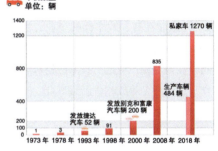

❶ 1973—2018年华西村车辆增长趋势

培训了1万多名县、镇、村干部，许多学员回去以后开工厂、建市场、兴三产，带动了10万多人脱贫致富。2006年初，华西又提出"村帮村、户帮户，核心建好党支部，最终实现全国富"的思路，与全国20多个省、自治区、市开展互学交流活动，目前已为全国培训基层干部50万人次，仅贵州一个省就举办了58期培训班，参与人数达11560人。新形势下，他们又把党建共建作为帮扶的一个重点，已与新疆达西村、西藏曲水村、宁夏华西村等民族地区村庄结为对子村，通过建立长效的共建机制、互学机制，不断提高基层党组织的创造力、凝聚力和战斗力。

（三）开拓社会主义乡村振兴新境界

伴随中国经济进入发展新常态，加快推进经济结构战略性调整是大势所趋。华西村坚持把创新作为引领转型升级的第一动力，着力培育转型升级新动能，引领华西村经济步入新境界。21世纪以来，制造业发达的长三角地区出现了用工荒、土地成本大幅度提高等问题，这让以钢铁、纺织等为主导产业的华西村面临不小压力。2003年，经过多年、多个岗位、多种环境历练的吴协恩挑起了华西村党委书记、村委会主任、集团公司董事长的重任，时代环境的变化使他充分认识到，华西村必须以新思维应对新变化，以新理念谋求新发展，以新举措创造新优势，全面推动产业、村庄、人的素质转型升级。

新一届华西村党委班子经过深入考察、调研、集体讨论后达成共识，基于自身产业结构、人才结构等实际，华西村转型之路有两条：一是转向中高端产业，二是发展现代服务业，因此决定"两手抓"，一手抓传统产业的优化升级，一手抓战略性新兴产业发展，并且提出了"10年内实现传统工业和新兴产业利润五五开"的目标。转型之初，钢铁、化纤等行业蒸蒸日上，外界也不乏对华西做法的质疑声。华西坚持从实际出发走自己的路，一方面，加快钢铁、化纤等传统产业技改升级且坚持不扩产，下决心逐步关停部分企业。到2013年，陆续关掉了普线、带钢、棒材、小热电厂等9家能耗高、效率低的企业，钢铁部分去产能130万吨，相当于原有产能的三分之一。另一方面，华西村引进最先进的技术设备对传统产业进行改造，使老产业焕发新生机。在对传统产业进行技术改造和转型升级的同时，华西还积极进军旅游服务、仓储物流、远洋海工等战略性新兴产业。

在吴协恩看来，产业转型、村庄转型的关键是人的转型，全面提升华西人的综合素质，"富脑袋"比"富口袋"更具有长远意义。为此，他们把年轻人送到美国西点军校去培训、送到日本学习现代农业技术、送到贵州穿洞村与当地农民同吃同住同劳动，把骨干人员送到名校攻读EMBA，把干部送到华西设在西藏的培训基地去体验生活，每月举办青年智慧论坛等，全面提升干部群众的素质和能力。他们把"三严三实"专题教育、"两学一做"学习教育、党史学习教育与弘扬社会主义核心价值观有机融合，组织党员群众晒家训、说家规、传家风，始终坚持用理想信念强基固本、凝心聚魂，始终坚持把个人幸福和集体命运联系起来。2013年3月18日吴仁宝老书记去世后，吴协恩对老书记总结了三条，这也是华西干部要向他终身对照、学习的三条：他是一个理想信念坚定的人，他是一个能够留下思想的人，他是一个把幸福留给别人的人。

华西村乡村振兴搞得好。好在哪里？华西人认为好在"五个振兴"：一是以"差异化"的理念，推动产业振兴；二是以"当助手"的姿态，落实人才振兴；三是以"富脑袋"的导向，助力文化振兴；四是以"高质量"的规划，促进生态振兴；五是以"创造性"的举措，强化组织振兴。当前，围绕乡村振兴的五条要求：产业兴旺、生态宜居、乡风文明、治理有效、生活富裕，华西干部正在把华西打造成一个

↑ 吴协恩（左二）在村民家里

"农村都市"——既要有都市品质，又不失农村特色，城里有的各种服务设施，农村也要有，让老百姓过上更高质量的生活。华西村党委提出，要通过更加有效的创新举措，使华西的产业结构更合理、民主参与更完善、管理制度更健全、文化建设更繁荣、生态环境更优美、发展进程更持续，坚定落实新发展理念，逐步打造现代化产业体系，最终把华西打造成"百年企业、百年村庄"。

二、奇迹昭示的精神密码

天翻地覆慨而慷。从一穷二白到富甲天下，从荒山秃岭到绿水青山，从以农业为生到三产并举，从先富到共富，从摸着石头过河到规划建设"两个百年"，华西村几十年来从无到有、由小到大、从弱到强；从20世纪70年代"造田"、80年代"造厂"、90年代"造城"、21世纪"育人"，再到现在的"提质、转型、拓新"，半个多世纪以来，一代又一代华西人顽强拼搏、艰苦创业，接续奋斗，不忘初心，砥砺前行又从容自信，在中国特色社会主义的康庄大道上阔步前行。华西奇迹的背后隐藏着怎样的精神密码呢？

（一）优秀的村庄带头人是改变农村面貌、带动乡村经济实现振兴发展的关键所在

改变农村面貌，首先要有一个好的带头人作为领路人，对华西村来说，这个人就是吴仁宝。吴仁宝是华西村由贫穷走向富裕，由弱小变为强大的关键法宝。1961年任华西大队支部书记后，吴仁宝以顽强的意志带领父老乡亲战天斗地、艰苦创业，几十年如一日励精图治，把华西村建成"天下第一村"，成为我国社会主义新农村建设一面永不褪色的旗帜和引领全国农村振兴发展的优秀代表。吴仁宝是一座精神富矿，华西村振兴发展的过程充分展示了他作为"农民实干家""农民企业家"坚定不移的信仰和信念、勇于担当的气魄和胆识、海纳百川的胸怀和气度、百折不挠的勇毅和担当，以及闪耀着真理光芒的智慧和见解。

吴仁宝有着"农民实干家"的艰苦奋斗精神和"农民企业家"的远见卓识，善于捕捉时代发展的先机，善于紧跟时代步伐和国家战略绘制本村发展蓝图，善于从天下大势里寻找华西发展的方向和机遇。无论是计划经济年代带领农民平整土地、开垦良田，还是市场经济时期坚定不移走共同富裕的集体经济道路，他始终走在时代前列。华西建村时，他率领群众发扬自力更生、艰苦奋斗的精神，改田治水，大力发展

❶ 华西村新老书记规划未来

农业生产，初步改变了华西贫困落后的面貌。在创业实践中，他又深切体会到仅靠单一的农业，很难使村民致富，敢为人先发展工商副业，冒着风险创办企业，这为华西日后的发展创造了原始积累，也积累了宝贵经验。在20世纪80年代全国"分田到户"的浪潮中，吴仁宝敢于实事求是，立足华西实际，坚持发展集体经济。始终坚持一切从本村实际出发，敏锐而精准地抓住每一次发展良机，使华西村成为中国第一个"电视村""电话村""空调村""汽车村""别墅村"。经过多年探索，华西村走出了一条以集体经济为主、多种经济成分并存的多元化、混合型经济发展道路。

吴仁宝有着敏锐的思想和聪明的智慧，他既有马克思列宁主义的思想立场，又有民族传统的民本意识，始终做到：一头同党中央保持高度一致，一头同人民群众保持密切一致。他的智慧植根于战天斗地的火热实践，植根于农民兄弟改变命运的热切期盼，更植根于华西这片寄托着他深情厚望和人生梦想的土地。他讲话时有着浓厚的乡土气息，很朴实、很有激情、很接地气，在朴实中蕴含着深刻的哲理，闪烁着智慧的光芒。从"一村两制""村企分开""抓大扶小"，到"一分五统"、股份合作、股权激励，这些举措都是在"上接天线"的基础上"下接地气"进行创造性发挥的结果，正是这些有效举措才确保了华西事业的长盛不衰。

（二）把对党的忠诚和对社会主义的信仰转化为干事创业的顽强意志和改变命运的强大动力，是华西村振兴发展的动力源泉

漫步华西村，道路旁、楼宇间，各种党性教育标语不时映入眼帘。幸福园里，排列着焦裕禄、雷锋等众多时代英模的雕像。村民家中，张贴着"村规民约"、党员联系户名单等。有人说，"华西的空气中都有社会主义信仰的气息"。华西人如此发自内心、深入骨髓的信仰不是凭空而来，而是来自创业实践。从老书记吴仁宝开始，华西村党委坚信"人民幸福就是社会主义"，始终通过发展为民的实践凝聚人心。华西几十年的发展历程，生动展现了社会主义理论和实践在中国农村的旺盛生命力和巨大优势。在共同富裕道路上，华西人过上了红红火火的好日子，收获了真真切切的实惠和幸福，并且越发坚定了爱党信党跟党走的信念。

始终高举社会主义旗帜，是华西永远不变的灵魂。吴协恩说："华西成功的因素很多，最重要的一条，就是始终重视加强党性教育，始终坚定对党的信仰，始终坚持走华西特色的社会主义共同富裕之路，这是我们的根本。"当社会主义在国际上一度进入低潮时，当社会主义在中国农村的实践中遇到困难时，老书记吴仁宝从来没有动摇过对社会主义的信仰；当党的事业遭遇坎坷、挫折时，吴仁宝也从来没有动摇过对党的忠诚。历经几十载风风雨雨，华西始终"听中央的不走样，听外部的不走神，听百姓的不走偏"，因为华西始终坚持中国共产党的领导、信仰中国特色社会主义、信仰广大人民群众。

华西村对社会主义信念的执着坚守、对社会主义制度和党中央的绝对忠诚落实到行动上，就是始终坚持发展集体经济，高度自觉坚持探索共同富裕道路。华西对共同富裕道路的艰辛探索，没有停留在空想社会主义的天才设想上，没有止步于计划经济的"一大二公"上，也不拘泥于书本上的说教，而是始终坚持着变与不变的辩证法，结合家家户户的实际愿望，结合国家发展战略和世界产业发展潮流，结合社会主义在中国的实践，结合党中央路线方针政策，创造性地发展社会主义集体经济，用新型股份合作制实现了共同富裕。为了帮助周边共同富裕，华西村将周边20个自然村整合成与老华西平级的13个行政村，使过去松散式援助变为紧密型帮扶，纳入"大华西"的村子，由内而外发生了巨大变化。华西人相信，面对新形势、新挑战，面对争议、误解和阻力，只要能始终坚定信仰、不忘初心、砥砺前行，华西就一定能以挑战为机遇，化争议为力量，变阻力为动力，再续社会主义乡村振兴新篇章。

（三）运用党建法宝应对挑战、破解难题、推动发展，既健全和完善了乡村治理，也健全和完善了企业治理

始终注重加强政治建党，以培育坚定理想信念为根本。华西村上下坚定的社会主义信仰源于持之以恒、常抓不懈的党性教育。建村60多年来，华西村在党性教育上没有"淡季""旺季"之分，不仅常抓不懈，而且常抓常新。20世纪80年代，从成立"精神文明开发公司"，到编写以"华西的天是共产党的天，华西的地是社会主义的地"为主旋律的《华西村歌》，再到华西村村民耳熟能详的"十富赞歌"、"十穷戒词"、"六爱精神"（爱党爱国爱华西，爱亲爱友爱自己）、"三史"（村史、家史和个人成长史）教育，华西村党委以久久为功的精神，对党员干部和全体村民持续开展以坚定社会主义信仰、陶冶道德情操为核心的系列教育。吴仁宝更是40余年身体力行、言传身教，坚持宣讲"社会主义富华西"。进入21世纪，面对形形色色的资本主义思潮，吴仁宝带领党员干部到南京雨花台宣誓，以此激励党员干部不忘初心、牢记使命。这使得华西中心村始终保持浓郁的社会主义气息和积极健康、向上向善的民风底蕴，华西人始终坚定地信仰社会主义，始终坚定地跟党走，始终坚定地走共同富裕的道路。

始终注重加强制度建设，始终在抓住"关键少数"上下硬功夫。"抓好党建，必抓勤廉"。华西提出，要通过制度建设"让上面的人受监督，让下面的人受激励；让上面的人懂得收放，让下面的人看到希望"，最终让华西的干部既有"制度管"，又能"自我管"，更有下面人的"监督管"。在华西，村有村规、民有民约、厂有厂纪，做到了制度全覆盖。华西村还在全国率先实行党务、村务、厂务"三公开"。这些规章制度从来都不是"写在纸上、挂在墙上"，而是"刻在心上、悬在头上"，让村民的知情权、监督权得到落实，在全村形成了一个干事、廉洁、和谐的氛围。

　　始终注重加强组织建设，以党组织引领群众发展致富。华西村善于运用党建法宝的关键一招，就是建好建强党组织，依靠发挥党组织和党员作用健全和完善乡村治理，依靠发挥党支部堡垒作用完善企业治理。从1957年成立党组织，到1984年成立党总支，再到1989年成立村党委，华西始终坚持把党建工作融入"三农"改革发展、乡村社会治理、企业生产经营的全过程，充分发挥了党支部在冲锋陷阵、攻坚克难中尖刀班和突击队的作用。目前，村党委下设43个党支部，共有2256名党员，是成立党组织时的190倍。华西半个多世纪的发展实践证明，正因为一贯注重抓党建，善于通过充分发挥基层党组织"基础神经元"和广大党员"神经末梢"的作用，将党中央的精神及时传达到每一个家庭、每个人心中，发展思路清晰，信心坚定，才实现了经济强村、民主治村、文化兴村、社会安村、生态美村。

　　结合党的二十大指示精神，华西村将继续攻坚克难抓改革、集中精力抓经济、雷厉风行抓落实，始终坚定共同富裕道路不动摇，积极转变发展方式，把困难化为动力，把挑战变成机遇，推动农村经济高质量发展，继续走好华西特色的共同富裕之路，不断增强群众获得感、幸福感、安全感，在新征程、新阶段中谱写产业优化发展、百姓共同富裕的崭新篇章。

❶ 华西高品质稻米种植基地

全面推进乡村振兴的成功实践

——浙江省杭州市航民村调研

一、航民村基本情况

浙江省杭州市萧山区航民村位于钱塘江南岸，是一个典型的江南小村，村域面积2平方公里，人口1267人。1979年，航民乘改革开放之风，以6万元的村集体积累起家，创办工业企业。40余年来，从无到有，从小到大，一个手工小作坊发展成资产收入均超百亿元的现代化企业集团，一个默默无闻的农业穷村嬗变为中国经济十

❶ 鸟瞰航民村村居

强村，从温饱不足到实现小康再到全面振兴。如今，航民村的经济体量从12万元增长到112亿元，年工业总产值从38万元增长到140亿元，最近三年，年均利润达到10亿元，年上缴国家税金超过5亿元，拥有全资、控股、参股工商企业28家，控股的航民股份（600987）在2004年成功上市；村民人均收入逐年增加，2021年村民人均收入7万元，企业员工人均收入8.2万元，航民村党委先后两次被评为全国"先进基层党组织"。

航民村40余年取得的巨大成就，关键在于航民人紧跟党中央各个时期的决策部署，紧紧抓住改革开放发展先机和中华民族伟大复兴的历史机遇，坚持解放思想、实事求是、与时俱进，坚持壮大集体经济，以实现共同富裕为核心价值，在农村工业化、村庄现代化和乡村全面振兴道路上进行成功探索与实践。

二、坚持一二三产业协调发展，构筑产业兴旺的经济强村

1979年之前的航民是远近闻名的贫困村，全村年人均收入仅148元。一个身健体强的壮劳力，一天的报酬还不足一元，干部群众一直都在思考如何摆脱贫困，最后村党支部发动群众反复探索，决定走工业致富道路——兴办印染厂。航民人拿出村集体

⊕ 印染车间定型机

20多年的全部积蓄6万元，又壮着胆子借款6万元，先后筹措12万元，但是用这笔钱购置设备远远不够。于是，一次又一次到上海的废品收购站，选购尚能利用的淘汰设备；村民自己打石料，建厂房，经过200多个日日夜夜的紧张筹建，到1979年底萧山漂染厂终于竣工投产。投产后第一年就实现利润14万元，到1982年，漂染厂的利润突破100万元，成为萧山第一个"百万富翁村"。

"百万富翁"并没有使航民村的干部群众陶醉，他们又朝着更高的目标前进。把税后利润的85%用于扩大再生产，采取母鸡下蛋的办法，以萧山漂染厂为基础，大厂带小厂，老厂带新厂，分设整合成立新的印染企业，在全国建立销售网络，抢占和扩大市场。截至2021年，印染企业已经发展到6家，年加工印染布匹10亿余米。假如拿这些布把地球赤道缠绕起来，可以绕地球赤道25圈。同时，依托印染主业的带动，航民向产业链上下游拓展：先后兴办了染料厂、织布厂、纺丝厂等企业。企业形成集群时，电力匮乏又成为制约生产发展的瓶颈，在此背景下便建起了热电厂，而热电厂需要运煤，又组建了海运公司。

随着企业规模壮大和市场竞争加剧，航民开始转变发展思路，推行创新驱动战略，主体产业的装备水平均达到国际或国内一流，便加大新产品开发力度，提

❶ 航民海运万吨散货轮

高产品档次与附加值，同时与高校开展产、学、研合作，集团下属有7家企业先后被评为浙江省高新技术企业；坚持品牌立企战略，"航民首饰"被认定为中国驰名商标。

企业发展积累了大量的资本，航民村先后拓展宾馆、物流、房地产、金融投资等三产服务业，拥有两家四星级酒店，三艘干散货轮，货轮一次载重能力达6.5万吨。

在40余年的发展过程中，航民始终坚持"内引外联，合作共赢"理念，走出去、请进来，联合一切可以联合的力量，利用一切可以利用的资源，为企业发展提供了源源不断的动力。创业初期，在资金紧缺、力量薄弱的情况下，主要以引进资金合资办厂为主，航民与萧山农行、信用社合作，引进60万元资金发展企业；随后走出航民，到萧山围垦、广东顺德、河南郑州、辽宁海城等地联合办厂，到浙江衢州、四川绵阳、湖南浏阳开发房地产。

1998年，航民联合万向集团、杭州钢铁集团、上海二纺机股份有限公司等6家

🔴 朱重庆（左二）参加航民股份上市仪式

企业，共同发起设立浙江航民股份有限公司，经过6年半的努力，2004年8月航民股份在上海证券交易所挂牌上市，募集资金6亿多元，使村级经济突破了单一社区经济的模式，成为跨地区、跨行业、跨所有制的经济组织。2013年，参股42%的浙江航民科尔纺织有限公司科尔美国公司成立，并于2015年投产，年产3万吨气流纺纱线，使航民企业走出国门。特别是在产业转型、新兴产业拓展和多元化经营方面，航民更加坚定地奉行这一理念。2003年，通过引进技术、人才、管理，与香港环冠公司合资组建航民百泰首饰有限公司，2014年又联合创办杭州尚金缘珠宝首饰有限公司，目前黄金饰品年加工量达80余吨，为华东地区最大的黄金饰品加工企业，位列全国第三。2003年，出资9800万元收购广东顺德的四星级宾馆——仙泉酒店。航民村在合作发展中并不一定寻求控股，而是合作共赢。2007年航民收购第一创业证券股份有限公司1.5亿股权，成为第四大股东，并于2016年5月在深交所挂牌上市，取得丰厚回

❶ 五村合作产业园

❶ 航民农业

报。2011年，与浙江花园村、滕头村、方林村和上海九星村联合组建五村联合控股有限公司，与杭州蒋村合作开发的西溪湿地总部大楼及五村园已经取得成功，以此探索中国农村村企合作共赢、共同发展的模式。

航民村始终牢记把航民人的"饭碗端在自己的手里"，坚持"以工补农，以工促农"，形成与集约化经营、机械化生产相配套的现代农业经营模式，17个农业工人管理900亩农田和猪、鸡、鱼等畜牧渔生产，村民口粮和农副产品免费供应。

航民村经过40多年的发展，

❶ 航民首饰零售大厅

实现了村级经济从单纯的农业生产向农工商综合经营的转变，达到了一二三产业的全面融合发展。

三、践行节能减排绿色低碳发展，绘绣生态宜居美丽新村

航民人对航民的一山一水有着无比的热爱。在工业化过程中，航民人很早就意识到"宁可多花一万钱，也要少用一分田""既要金山银山，也要绿水青山"。

早在1984年，航民就投资建成了日处理废水1500吨的生化治理工程；1991年，建成总长15公里的外排管线；2000年，投资6000余万元新建日处理能力6万吨的航民污水处理厂。2002年，中央电视台《金土地》栏目对航民"小村治污"做了专题报道，引起较大反响。目前航民村实现了烟气超低排放，工业污水集中处理达标后统一排到政府污水处理厂管网进行再处理。

根据当地政府节能减排的要求，先后关停了高污染的染料化工厂和水泥厂，全面推进清洁生产、绿色生产，加大节能减排力度，提高资源综合利用率，发展循环经济，节能环保装置得到普遍应用，水、电、煤、汽能耗控制均达到行业领先。近五年来，集团每年节能环保投入超亿元，全面完成了印染行业整治提升，航民股份被授予"十二五"国家科技支撑计划项目——典型工业企业碳排放核查与认证关键技术研究与示范基地称号；航民热电率先利用印染废水脱硫项目获得国家重点环境保护实用技术示范工程；钱江印染、热电废水废气综合循环治理工程列入2016年国家重点环境保护实用技术示范工程名录，荣获2017年度环境保护科学技术奖二等奖。

从源头抓起，推广绿色设计和绿色采购，开发生产绿色产品，推广使用高效节能低碳的生产设备和加工工艺。抓好煤炭清洁高效利用，坚持以废治废，循环利用，把生产过程中产生的废水、废气、废渣、余热"吃干榨尽"。三家热电企业节能降碳取得成效，完成碳排放核查，两年碳排放额盈余合计43万吨。按省级验收标准，各相关企业完成"污水零直排"明渠明管化改造等提升工作。高度重视废气处理工作，已着手热电企业的烟囱脱白项目，消除视觉污染。

2004年7月12日，时任浙江省委书记习近平考察航民村时，曾作出大力发展循环经济的指示。为此，村里组建了杭州富丽华建材有限公司，扩大投资，引进设备，利用建筑垃圾和工业废料生产绿色环保混凝土砖和墙板，成为全国建筑废弃物资源化利用示范基地。

曾经的航民，村庄脏乱破旧，社会事业贫乏。40多年来，依托村集体经济实力的增强，航民不断加大社会事业投入，村庄建设已经达到城市化、信息化、现代化水平，并且每年投入大量资金，做好以绿化、美化、亮化、净化为重点的"四化

工程"建设，统一建设村民庭院式楼房和别墅。如今，人们在村里漫步，"望得见山，看得见水，记得住乡愁"。

随着时代的进步，根据形势和自身发展的需要，不断提升村庄环境、功能性等品质需求，在建设"美丽乡村"的基础上，航民村提出了全面推进"多元融合、品质人居、共富共享、智慧高效"的未来乡村建设理念，聘请上海同济城市规划设计研究院等四家单位共同设计的航民未来乡村建设项目已基本完成。

四、建立共创共建共享机制，打造乡风文明和谐富村

改革开放以来，航民村级经济一直稳步发展，到1998年，村集体净资产已由6万元增长到4亿元。当时，本省附近的农村乡镇企业都在改革产权制度，转换经营机制。航民村有些村民也有诉求，他们说："集体资产这么多，好像天上的月亮，天天看得见，就是摸不着。"

如何进行产权改革，把"天上的月亮"转化为"照亮每家每户的温暖阳光"？村党委经过一年多的调研讨论，反复征求全体村民的意见，确定了产权制度改革的原则：既保证集体资产保值增值，不断增强企业发展的后劲，又使村民、职工、经营者与企业形成利益共同体，建立富有活力的共同创造、共同享有、共同发展的机制。按此原则，1999年提出了集体控股、量化股权的方案。全村32518万股股权，村集体控股56%，量化到村民、职工和管理技术人员44%；量化到个人的股权中，其中村龄股占40%，工龄股占40%，管理技术人员贡献股占20%。之后年年分红，并每5年进行一次配股，共经过了四次配股，目前村集体控股的航民集团已经扩大到6.1亿股，村集体仍占51%的股份，全体村民、企业骨干人人享有股权。通过股权量化，构建了利益共同体，极大地激发了管理干部和村民的积极性，奠定了共同富裕的基础。

依托集体股权分红所得，村民的社会福利得到切实保障。航民村坚持"生产美、生态美、生活美"方向，持续提升村民、职工的幸福指数，率先成为全国新农村建设典范。村民户户住上庭院式楼房和别墅，人均居住面积100平方米以上，家庭轿车拥有率达90%。除了劳动收入和股权分红，村民每人每年发放福利费3000元，60周岁以上的男性村民、55周岁以上的女性村民另加3000元。2019年航民创业40周年，举办丰收宴，给村民、职工发放有纪念意义的金条、银条，让大家感受到"共同富裕"的喜悦感和幸福感。

建造设施一流的幼儿园，全村从幼儿园到大学实行免费教育，上大学享受奖学金及生活补贴，享有从产房到墓地的全生命周期福利保障，航民村民的福利待遇在全国村庄中名列前茅。

航民有1万多名外来员工，如何让他们在航民愉快地工作、有尊严地生活？航民

先后建设了三处职工公寓，共10万平方米，其中2013年投资2亿元新建7万平方米的外来员工居住中心。每个房间配备卫生间、空调、电视、网络等设施，并有集中洗衣场所和中央厨房。

航民在注重村民"口袋富"的同时，更注重村民和员工的"脑袋富"。早在1994年就规划建设航民文化中心，1996年总投资1700万元、占地1万平方米的航民文化中心落成并投入使用，之后又进行了扩建。目前，航民文化中心形成了以影剧院、综合楼、游泳馆、室内篮球场、老年活动室为主体的设施布局，集剧场表演、城市书房、体育健身、社团活动、艺术培训、假日学校、民俗活动、老年活动等功能于一体的综合体。通过持续开展的文体活动，极大地丰富了村民、职工的精神生活，营造了幸福快乐、健康向上的文化氛围。近年来，在国家乡村振兴战略及省、市、区乡村文化礼堂和文化馆等文化项目的推动下，对整个村庄的文化设施进行了整体布局，由文化中心延伸的航民田园广场（设有中心广场和智慧跑道）、航民山前广场、集团展陈馆和在建及规划中的航民村史馆，以及三个主题公园构建起航民5分钟文体休闲圈，并且与瓜沥镇文体休闲圈形成无缝衔接。在航民文化中心的基础上，"量身定制"的文化礼堂成为浙江省五星级文化礼堂，打造了"航民人的精神家园"。

40多年前，航民全村的税收仅有农业税3500元。随着经济的发展，航民村的集体资产不断增加，对国家和社会的贡献与日俱增。目前，全村拥有净资产超过67亿元，村民人均净资产550万元。近五年，每年的税收贡献都超过5亿元，40多年来累计上缴国家税金70亿元，解决就业人口1.2万人。

⬧ 小村庄，大爱心

　　积极参与各种社会公益活动和光彩事业，航民村怀着"助一名学子，赢一片希望；献一份爱心，圆一个梦想"的美好心愿，从2003年开始结缘希望工程，参与大学生助学计划，援建希望小学，资助希望小学教师培训等；向地方慈善总会等捐赠5000多万元；自2001年起，航民每年组织村民、职工开展无偿献血活动，20多年来，参与无偿献血达3000人次；本着"一方有难八方支援"的精神，航民都会发动村民、职工进行爱心捐款，2020年发生新冠疫情以后，航民第一时间捐资捐物，共渡难关。

　　航民先富不忘后富，不仅结对扶持萧山区内多个经济薄弱村，以及杭州市内的淳安、建德等县市的贫困村庄，而且还到省外的地震灾区等地开展帮扶工作，并通过对外投资的方式，帮助他们建立"造血"机制，精准扶贫，带动周边及经济欠发达地区经济社会的发展，致力于实现更大范围的共同富裕。

　❶ 朱重庆书记长期支持少数民族村寨产业与文化发展

无禀赋优势村庄的共富之路

——浙江省东阳市花园村调研

　　浙江省东阳市南马镇花园村地处浙江中部，距东阳城区16公里，已有近700年的历史。原花园村183户，496人，村域面积0.99平方公里。2004年10月，花园村与周边9个村合并组建成新花园村，村域面积达5平方公里。2017年3月，花园村又与周边9个村合并再次组建成新花园村，村域面积扩大到12平方公里，现花园村有农户5246户，外来人口5万多人，常住人口超过6.5万人。

　　花园村在村"两委"领导班子带领下，从1981年创办花园服装厂开始，多年来，强党建、抓工业、兴产业、惠民生、善治理，坚持做到了"五个不动摇"：一是坚持党委领导、党员带头不动摇；二是坚持依法治村、民主管理不动摇；三是坚持

⚲ 俯瞰花园村

发展工业实体经济不动摇；四是坚持为民、利民、惠民、富民不动摇；五是坚持打造中国农村样板、世界名村不动摇。广大党员干部坚持"奉献、公正、公平、公开"的办事原则，使花园村做到了40年里矛盾不上交、纠纷不出村、选举不拉票、村民零上访，使花园村的高科技产业突飞猛进，传统产业和新兴产业稳步推进，新农村建设全面发展，党的建设和干部队伍建设全面加强。

近年来，花园村深入推动"最多跑一次"改革，便民服务中心代办事项由原来的16项增加到600多项，其中95%的事项实现了"最多跑一次"。2019年12月26日，浙江省委、省政府把花园村确定为唯一的浙江省乡村振兴综合改革试点，为全国农村实现治理能力现代化提供更多经验。2020年11月，浙江省发展改革委公布浙江省第四批小城市培育试点名单，花园村成为全省首个上榜的村级试点。"村域小城市"揭开新型城镇化的浙江新篇章。2022年5月，花园村成为"浙江省首批未来乡村"。

花园村在改革开放的伟大时代书写下由穷到富、由小到大、由弱到强的村庄传奇，不仅为农业农村现代化贡献了具有理论价值和借鉴意义的样本，更是诠释乡村振兴战略"产业兴旺、生态宜居、乡风文明、治理有效、生活富裕"的先锋与典范。

一、花园村发展的四次机遇

在花园村的发展过程中，花园集团发挥了至关重要的引领和带动作用。回顾花园集团的发展史，花园村党委书记、花园集团董事长邵钦祥抓住了四次机遇。

第一次机遇是1981年至1990年，抓住改革开放之初的政策机遇，积累了企业发展的第一桶金。1981年，改革开放的春风吹到了花园村，同年5月，邵钦祥和二哥邵钦培及老支书筹集1500元，在村祠堂办起了蜡烛厂，仅仅半年就赚了1500元。当年10月，邵钦祥等人又筹集资金9000元，办起了花园村真正意义上的第一家工厂——花园服装厂，当年就实现产值5万多元，获利7000元。到了第四年，产值突破50万元。初试办厂的喜人成果，使邵钦祥增强了办厂致富的信心，实现了他从农民到企业家的华丽转型。这一阶段的花园集团前身，实现了从"游击队""杂牌军"到"正规军"的升级。

第二次机遇是1992年至1995年，抓住短缺经济的机遇，民营个私经济实现规模化发展。1992年邓小平发表南方谈话之前的1991年10月，邵钦祥就联合46家户办、联办企业成立了金华市首家村级工业公司——东阳市花园工业公司，并建成了集现代生产、生活、办公于一体的工业区。1993年成立浙江花园工贸集团公司，1995年成立花园集团有限公司，并于当年11月被农业部批准为首批全国乡镇企业集团。短短数年，邵钦祥带领企业实现了从"单兵种作战"到"方面军"和"集团军"作战的拓展，集团旗下已有花园建设集团有限公司、东阳市花园旅游发展有限公司、花园健康产业有限公司等多家企业。

第三次机遇是1996年至2003年，抓住高科技产业的机遇，花园集团迈向国际化。从1996年开始，花园集团与中国科学院合作，成功开发了高科技产品维生素D_3。2000年，花园集团成立浙江花园生物高科股份有限公司和杭州下沙生物科技有限公司，实现维生素D_3的工业化大生产，建成了世界一流的维生素D_3生产基地。2003年系列产品进入国际市场，打破了国际垄断，填补了国内空白，产品80%出口欧美等国家和地区，成为全球最大的维生素D_3生产企业。2000年和2001年，花园集团先后成立了花园集团控股有限公司和花园进出口有限公司。这一时期的花园集团实现了从"常规军"向拥有"特种部队"的转型，从"地方部队"发展到拥有"远征军"，旗下新增7家公司。

第四次机遇是2004年至今，抓住土地整理和资本运作的机遇，花园集团旗下全资和控股公司获得重大发展。2004年，浙江省提出破解发展瓶颈、转变发展方式，实施"腾笼换鸟"战略，相应地，企业发展面临土地和能源等方面的严峻约束。花园村乘着浙江省"千村示范、万村整治"工程的东风，并入9个村，全村区域面积从原

❶ 浙江花园生物高科股份有限公司上市

来不足1平方公里扩大到5平方公里，并通过整村拆迁、旧村改造等整合出700多亩土地，为花园集团和花园村的发展腾出了巨大空间。这一时期，花园集团开始大量全资、控股和参股投资新的公司，集团旗下几乎每年都要新增1~3家公司，集团业务呈现出前所未有的多元化，花园集团实现了从"舰只"向"航空母舰编队"的蜕变。除了工业企业外，花园集团还涉及商贸、投资、金融、流通、酒店、教育、医疗、文旅、健康等多种行业，且新生的企业多分布在服务业领域。2014年，"花园生物"（证券代码300401）在深圳证券交易所挂牌上市。2017年，花园村再次并入9个村，全村区域面积从原来5平方公里扩大到12平方公里，并通过整村拆迁、整村拆建、旧村改造等方式整理出2000多亩土地，花园集团和花园村迎来了更大的发展空间。

二、花园集团带动花园村发展

花园集团的发展带动了花园村红木家具产业以及配套的商贸、建材等行业的发展。花园村地方偏僻，在红木产业发展方面既无原材料，也无区位优势。20世纪90年代末以前，村民经营木材（线）行业。2003年，木材业沉沦，部分厂商开始转型做仿古门窗和红木家具。2004年底以来的短短10多年时间，花园村借助东阳木雕的工艺优势以及南马木匠的人才优势，整合资源，规划产业，筑巢引凤，红木产业企业如雨后春笋般成长起来。发展起来的花园村为基础设施建设投入了大量资金，抓住并村和土地整理的机遇，于2004年投资1000多万元挖山整地，建造了120多个现代钢构商铺，形成了一条完整的红木产业链。2005年新造的农民排屋成了企业租户的聚集地。2009年红木家具企业数量出现井喷，从100家增至300家，从业人员达到3000人，吸引外来务工人员2.6万人，房屋出租和第三产业进一步兴起，房地产需求旺盛。2010年，花园村出现"涨租潮"。当年，规划占地1000亩、投资2亿元的花园红木家具城一期竣工交付，250多间商铺被126家企业抢租一空。此后数年，红木家具城二、三、四、五期先后竣工交付，为花园村红木家具产业的发展提供了良好的平台和转型升级的机遇，花园村红木家具产业得到长足发展，规模扩展与品牌建设齐头并进。目前，花园村已有2465家木制品企业，集聚了30多个国家和地区的40多个名贵木材品种，形成了原木市场、板材市场、雕刻·油漆中心以及生产制造红木家具的产业园区，涵盖了从原木、板材、锯板、烘房、雕刻、油漆到红木家具设计、生产、销售的全产业链环节，企业数量占浙江省二分之一，产业总量已占全国三分之一。2021年，花园村有个体私营工商户3190家，营业收入282亿元。

花园集团和花园村红木家具产业以及配套商贸、建材等行业的发展又进一步促进了村集体经济的发展。1995年，花园村村民委员会入股40%，成立了东阳市花园旅

❶ 红木家具展销会现场

游发展有限公司；2006年，参股成立东阳市花园生态农业有限公司；2007年，入股40%成立东阳市花园木材有限公司；2014年，参股成立东阳市花园红木配套加工有限公司和东阳市花园艺术团有限公司。花园村红木家具产业的长足发展带动了对红木原木贸易的需求，为花园村木材市场带来了巨额的收入。

三、花园村发展成就

经过近40年发展，花园集团主要拥有五大产业：生物与医药、新能源与新材料、红木家具与木制品、新建材与建筑、文化旅游与教育卫生；涉及五大板块：一是工业企业板块，二是文化旅游板块，三是教育卫生板块，四是现代农业板块，五是红木家具板块。2021年，花园集团实现营业收入360亿元，实现利税总额15亿元。

除了花园集团的发展壮大，花园村还借助3190家个体私营工商户打造出全国闻名的红木家具产业，花园村木材市场、花园板材市场、花园红木家具城、花园雕刻·油漆中心、东阳市红木家具产业园等共同打造出花园红木家具的发展大平台，花园村成为名副其实的"中国红木家具第一村"。花园集团的辐射效应、红木家具产业的集聚效应吸引了大量配套服务的商家，并在花园村形成集花园商业中心、花园雷迪森大世界、花园购物广场、花园大厦、花园娱乐城、服装一条街、饮食一条街、建材两条街、花园大排档等于一体的商业圈。花园集团的发展、红木家具产业的集聚、花园村商业圈的形成又为花园村集体经济的发展打下了良好基础。由此，花园村形成了"花园集团—个私工商户—集体经济"三种经济体相互促进、共赢发展的局面。

在经济发展带动下，花园村通过一次旧村改造和两轮大规模并村与土地整理，建立了科学的村庄规划，村容村貌得到显著改善，形成了由三余小区、九联小区、马府小区、花园小区、河泉小区、方店小区、卢头小区、西田小区、南山小区、前蔡小区、柳塘小区、环龙小区、乐业小区、青龙小区等共同构成的生态宜居生活小区；形成了由浙江省"千万工程展示馆"、花园文化广场、花园游乐园、花园游客服务中心、吉祥湖、福祥湖休闲区、健身休闲公园、中华百村图、生态农业园、民俗馆、百花园、百果园、南山寺佛教文化园、福山胜境等组成的生态旅游观光区。在此基础上，花园集团在花园村内高起点建成二级乙等医院——花园田氏医院和高水平国际化学校——浙江师范大学附属东阳花园外国语学校，以及大量文化休闲娱乐和公共服务设施，并为村民提供普惠制的社会福利。2021年，花园村为村民提供福利支出8400万元。花园村产业的发展、生态环境的改善、生活条件的提升、公共服务的升级为花园村吸引外来高端人才、留下本地人才打下了良好基础，这些人才又反过来为花园经济社会的发展作出持续的贡献，花园村正进入一个良性发展阶段。

四、花园村的共富共治

办厂致富的邵钦祥，从来没有忘记他的村民和花园这片土地，他认为，一家富不算富，大家富才算富。从一开始办厂，邵钦祥每年都从企业的利润里拿出一部分资金，用于村庄建设。40年来，他已累计出资数亿元，用于村里的基础设施建设和各项福利事业。这种通过企业自身发展、自我积累，进而直接"以工补农、以工补村"的方式，推动了企业发展与乡村社区发展的良性互动。

2004年10月，东阳市进行行政区域调整，花园村与周边9个行政村进行了第一次合并，村域面积扩大至5平方公里。并村给花园带来了机遇，但是由于新并入的村集体经济落后，花园原村民的人均收入从3.6万元瞬间降到了1.6万元。对于并村，老花园人不理解，怕别人拖后腿；新花园人也满腹疑虑，怕成为花园的"二等村民"。面对村民的种种担心、疑问和猜测，花园不搞特殊化，实行了"五统一"，即财务统一管理、干部统一使用、劳动力在同等条件下统一安排、福利统一政策发放、村庄建设统一规划实施。这五个"统一"，既振奋了新花园的人心，又大大拓展了老花园的发展空间。花园并村为"经济发达的村如何带动周边相对欠发达的村，共建社会主义新农村"这一命题提供了宝贵经验。

并村后，花园村以农房改造为切入点，整体搬迁4个村，整体拆建3个村，旧村改造3个村，10年间全村拆建农户1700多户、拆除民房5000多间，面积52万多平方米，安排新建房屋4000多间，在新农村建设中，村里给农户的拆除房屋补偿资金就有数亿元之多。通过村庄整治，使花园村民都住上了新房，打造了一流的人居环境。并村促进了土地等生产要素的整合重组，拓展了村庄的发展空间，全村节约土地700余亩。此外，花园村还为村民们织起了保障网，生活再困难的村民也没有后顾之忧，劳有所得、幼有好学、病有良医、老有所养、弱有多助、住有美庐。经过多年的努力，花园村已成为经济发达、村民富裕、乡风文明、村容整洁、管理民主、生态良好的全面小康建设示范村。

2017年3月，东阳市委、市政府又将周边的9个村庄并入花园村，希望通过"强村带弱村、先富带后富"的方式，做大花园模式，做强花园典型。花园人紧抓这一机遇，进一步优化规划布局，踏上"以工强村""以商兴村""以游美村""以法治村"的道路，从中国名村朝着"世界名村"和"世界强村"的目标迈进。

花园村"以工富农、以商兴村、共同富裕、全面小康"的花园之路已引起社会各界的关注。习近平总书记在浙江工作期间，曾于2003年考察过东阳市花园村，对花园村的发展和治理提出了殷切期望。花园村干部群众一直牢记习近平总书记的指示，深入学习贯彻习近平总书记的"三农"发展思想和全面建成小康社会的战略部署，深化农村改革，积极培育农村经济社会发展的新动能，致力于让人民群众获得更好的教育、更稳定的工作、更满意的收入、更可靠的社会保障、更高水平的医疗卫生服务、更舒适的居住条件、更优美的环境、更丰富的精神文化生活。花园村先后被授予"全国文明村""中国十大名村""中国十佳小康村""中国幸福村""首届浙江魅力新农村""首批全国农村幸福社区"等荣誉称号。花园村是全国村官培训基地和全国新农村建设A级学习考察点，在中国名村综合影响力排行榜中位居第三，同时被评为"中国城乡一体化发展十佳村"，被誉为"浙江农村现代化的榜样""浙江第一村""中国红木家具第一村"。如今，花园村拥有宽敞的马路、连片的别墅、高档的住宅，剧院、医院、学校、公园、游泳馆、图书馆、塑胶体育场、老年公寓、大型商场、四星级酒店以及吉祥湖休闲区等设施一应俱全。花园村是一个农村，但更像是一座现代化的城镇。

五、花园村发展与治理的成功经验

花园村在发展过程中，打破区位和资源禀赋的限制，率先建立工业企业，投身市场竞争，引入市场机制，融入市场分工，并在企业发展过程中始终保持企业产权的清晰，注意划分村企之间的界限，坚持集团与个私企业的共同协调发展。在花园集团发展壮大、花园村红木家具市场整合的过程中，始终注重联动村企两种主体功能，借助村级组织的村民动员能力、村庄规划能力、土地资源整合能力、户籍调配能力和企业的资金配置能力，在花园村建成工业园区、现代农业园区和红木家具市场等产业发展平台；始终注重统筹城乡两种优势资源，通过利用农村廉价的劳动力、丰富的土地资源，动员企业出资改善农村的人居环境、公共服务和社会保障，吸引来自城市的更多金融服务、更高端的人力资源，在城市开拓更广阔的产品市场；始终注重不断更新有竞争力的产品，应用先进科技，发展新兴产业，走不断创新的发展道路。

花园村在治理过程中，建立了"多级联动、党委领导、村委负责、企业支持、居民参与、法治保障"的治理体制，健全了以德治为基础、法治为保障、自治为目标的治理体系，形成了旧村民与新村民、村民与居民、户籍人口与常住人口"共建、共治、共享"的治理格局，提高了乡村社会治理的社会化、法治化、智能化、专业化水平，促进了现代城市管理方式与传统乡村治理经验的融合，实现了"村民比市民富、村容比城市美、生活品质比城市高，田园风光和城市文明高度融合"的"花园梦"，获得了"全国民主法治示范村""全国文明村""中国幸福村"等数十项国家级和省部级荣誉。具体而言，花园村发展与治理的主要经验可以总结如下：

（一）始终坚持以市场机制引领经济发展，激活与优化资金、土地、人才等生产要素配置

1978年的花园村，人均年收入87元，村民除了农耕的主业与抓泥鳅的副业，没有更好的营生，花园村的发展亟待破题。首先，花园村通过兴办实业、搭建平台、多方融资激活了资金要素。1981年，邵钦祥等人通过与亲友融资合股开办蜡烛厂，后来又合股开办服装厂，带领花园村民走上了资本积累的道路。经过40年发展，花园集团已经拥有50余家全资和控股公司，并从传统产业升级到生物医药、新型材料等高科技产业；花园村成功实现由木线条生产基地升级为"天下红木第一村"，村集体搭建了木材交易平台，集聚市场主体3190家。1996年以来，花园村与中国建设银行按照"长期合作、互利互惠、共创价值、共谋发展"的原则，建立全面战略合作关系。2017年，花园村与中国农业银行浙江分行签订战略合作协议，中国农业银行浙江分行在未来三年提供总额80亿元的意向性信用额度，花园村民和个私工商户可以分别获得30万元与100万元的信用贷款，从而进一步激活了资金要素。

其次，通过旧村改造和土地整理盘活了土地资源。花园村在1997年完成第一轮旧村改造后，先后于2004年和2017年两轮并村，并根据"合理布局、统一规划、整体拆建、分步实施"的原则进行了第二、三轮旧村改造和土地整理工作。2007年整体搬迁4个村，整体拆建3个村，旧村改造3个村，整理出土地700多亩；2017年整理出土地超过2000亩。花园村规划和建设了村民平安居住区、高效生态农业区、高科技工业园区、第三产业服务区等功能区块，形成了粮油商贸城、花园娱乐城、服装一条街、红木一条街、饮食一条街、建材两条街等专业区域，促进了土地等生产要素的整合重组和集约利用，优化了产业布局和生活配套。

最后，通过激励机制和公共服务集聚了农村人力资源。在并村和市场集聚过程中，花园村的常住人口增加到1.4万多人，外来人口5万人，总人口6.5万人，极大地丰富了花园村的劳动力资源。花园村为不同层次的人才设置补贴，为大学生设置回乡创业奖励，建设专家别墅和人才公寓，与浙江师范大学合作举办高规格的外国语学校，开办图书馆、博物馆、游乐园，开设全国最大的村级二级乙等医院，吸引和留住了一大批高素质人才，为花园村经济社会发展和转型升级提供了强有力的人才支撑。

（二）始终坚持农村基层党组织领导核心地位，充分发挥农村基层党组织的战斗堡垒作用和党员的先锋模范作用

党建强，发展强。农村党建是农村全面实现小康、全面深化改革、全面实现依法治村的根本保障。花园村的第一个举措是创新党组织设置，重组党支部，确保党组织全覆盖。2004年并村后，花园村党支部升格为党委，下设4个党支部，把原先花园村和9个新并入村的党员打乱分散到4个党支部。2017年第二次并村以后，新成立2个党支部，并将全村534名党员打乱分散到6个党支部，实行"以旧带新"，从而杜绝了党组织内部可能存在的徇私舞弊和派系现象，巩固了党组织的领导核心地位。

　　第二个举措是不断提升党组织建设水平，依规治党，从严治党。花园村通过严格执行"三会一课"制度、推进"6+1"标准化建设、深化五星积分制度、建设党群服务中心、规范党建宣传栏、设立党员志愿服务站、建立党员联系群众制度、建立党建目标责任制、实行星级支部评定等举措，健全党建工作机制，夯实党建阵地建设，提升党建管理水平，严格党建绩效考核，实现了党建提档升级。值得指出的是，花园村利用"互联网+"丰富"智慧党建"元素，充分调动了党员的主动性和创造性，持续推进"两学一做"学习教育常态化制度化，切实增强"四个意识"，以学促做，以做践学，迸发了基层党组织的生命力，提升了党组织的战斗力，扩大了党组织的影响力，增强了党组织的吸引力，实现了抓党建促发展。

　　第三个举措是健全完善村党组织领导下的村民自治机制。在管理队伍方面，花园村多数干部由具备企业家精神、有战略眼光、有社会威望的"能人"兼任，少数干部由具备专业知识、有时间精力、有服务意识的"管理者"专任，村组织一线工作人员全部实行专职制，从而实现决策、管理与服务的明确分工与优势互补。在管理机制方面，花园村探索"村—小区"二级治理机制，将19个村改组为"小区"，在村党委统一领导下，小区分头进行日常管理。在优化服务方面，花园集团和村集体的投入弥补了基层政府财政能力的不足，在花园村，学校、医院、市场、公园、剧院、超

花园村党委书记邵钦祥（左三）检查日常工作

市、酒店、银行、高档别墅、高层住宅以及老年公寓等一应俱全，村民可以享受优质的公共服务和社会服务。花园村还通过建设一个平台、打造两支队伍、完善三张网络，将原来村级16项代办事项增加到600多项，通过"一窗受理、集成服务"率先在村级实现95%的事项"最多跑一次"，村民"办事一般不出村"，显著提升了办事效率和群众获得感。40年来，花园村干部切实做到了"奉献、公平、公正、公开"，"工作不计酬、选举不拉票"，增强了党组织的凝聚力、战斗力、公信力，在群众中树立了威信。2017年，在116名党代表和7960位选民参与的换届选举中，新一届党委、纪委班子和村委会成员均是以全票当选。

（三）始终坚持自治、法治、德治相结合的乡村治理体系建设，增强社会行为规范能力、矛盾纠纷调解能力、道德文化引领能力

花园村积极探索和完善自治、法治、德治"三治合一"的乡村治理模式，以自治为目标，以法治为保障，以德治为基础，整合多种资源、协同多方主体，创新多元形式，实现乡村"管理民主"向"治理有效"的升级。

首先，通过民主决策、科学管理和严格监督完善乡村自治。花园村所有村干部都经过民主公开选举产生，村务实行严格的公开制度，凡涉及村庄公共利益的重大决策事项、关乎居民群众切身利益的实际困难问题和矛盾纠纷，都由党组织牵头，组织居民群众召开村民大会和村民代表大会协商决定，形成的统一意见必须严格执行。花园村历时30年不断修订完善《村规民约》《生态公约》《村民道德公约》，对尊老爱幼等乡土传统和建设规划等现代秩序各领域进行规定，作为先进文明户、五好家庭户、遵纪守法户等荣誉评定的依据，并与各项福利的发放挂钩，以此来约束村民自觉遵守。多年来，全村无违章建房、无学龄儿童辍学、无违纪生育、无盗窃、无赌博、无拖欠上交款、无刑事犯罪、无封建迷信活动、无违规燃放烟花爆竹、无违规饲养宠物，切实做到了依规治村、自我约束、令行禁止，形成了良好的村风民风。

其次，通过建立专业的法律人才队伍，依法调解矛盾纠纷，加强乡村法治。花园村联合南马法庭、市司法局等部门建立了社会治安综合治理领导小组，下设治保委员会、人民调解委员会、矛盾纠纷排查调处小组、外来人口工作领导小组，建立了一支200多人的队伍，依法维护社会治安、执行巡逻任务、调解矛盾纠纷、处置突发事件。为规范管理行为，花园村成立了由2名法律硕士、4名法律专业本科生、10名常驻工作人员组成的法律事务部，全权负责村内各类争议纠纷案件的处理，制定了从受理、调处到归档等一套规范程序。通过上述举措，花园村实现了"小事当天解决，大事三天解决""矛盾不上交、纠纷不出村、村民零上访"。

最后，通过培育和弘扬健康向上的"花园精神"，实现乡村德治。花园村在实施自治和法治的同时，注重培育村民的创业意识、责任意识、归属意识、分享意识、感恩意识、奋斗意识等，并对优秀干部、优秀员工、好人好事都给予表彰和奖励，提升了社会治理的文化引领能力。

值得指出的是，花园村在乡村社会治理过程中还通过建立一个平台（村级便民服务中心）、打造两支队伍（网格员队伍和专职代办员队伍）、完善三张网络（一个门户网、一个App、一个微信公众号），运用"互联网+"现代信息技术，实现了"一网覆盖、智慧联动、网格巡查"。工作人员可以在办公室通过监控墙面观察全村60个区域3200个摄像装置上传的实时画面，调派治安队伍，以科技手段提升了乡村信息化治理能力。

（四）始终坚持开放、融合、有序的社会治理理念，形成共建、共治、共享的乡村社会治理格局

首先，平衡发展多种经济实体，形成多元的乡村社会治理主体。花园村以花园集团为龙头企业，围绕红木家具市场打造集体平台经济，集聚了3190家个体私营企业，吸引了5万多名企业经营者、公司"白领"、南北商贩、外来务工者，为花园村社会治理培育了多元的参与主体。

其次，构建"一分五统六融合"体制，实现新村与旧村的融合。"一分"就是村企分开，在政治经济上相互独立，明确了两者的产权和职责边界；"五统"即新旧19个村实现财务统一管理、干部统一使用、劳动力在同等条件下统一安排、福利统一政策发放、村庄建设统一规划实施，保障了资源整合与权利平等；"六融合"包括思想融合、班子融合、管理融合、资产融合、制度融合、目标融合，实现了包容发展与共建共治共享。为了保证新旧村民平等共享村级资源和福利，花园村集体经济始终保持开放状态，没有进行股份化改造，有利于先后并入的各村平衡发展和融合。

最后，坚持开放平等原则，促进户籍人口与常住人口的融合。花园村通过旧村改造整理出来的部分宅基地，在统一规划、统一规格的基础上，由村集体流转给外来个体工商户建房并允许入户，吸引外来建房户和购房户；鼓励本村将自有住房出租给外来人口，与他们共同居住、加快融合。村里投资兴建的影剧院、图书馆、医院、公园、幼儿园以及免费公交车等公共设施，本地村民与外来人员同样享受。2015年起，外来人员购房、住宿、购物等消费，可以到村里报销一部分作为福利。花园村《村规民约》明确规定"本村村民与外来人员发生纠纷时，首先处理本村村民"，为外来人员生产生活提供良好的社会环境。花园村还通过建设一个平台、打造两支队伍、完善三张网络，将便民服务对象覆盖本地人和外地人，显著提升了外来人员的获得感和满意度。

（五）始终坚持将美丽乡村建设与文化和人的建设相结合，以昂扬斗志建设优美环境，丰富精神文化生活

首先表现为通过就地城镇化促进城镇化和新农村建设协调发展，留住了绿水青山，系住了乡愁，建成了浙江省首家单独以村为单位的国家AAAA级旅游景区。花园村充分利用并村和旧村改造的契机，力求把村内道路设施、水电管网、山坡河道、绿化工程、垃圾处理、生态农业等做得尽善尽美。其次表现为不断把"求实、创新、求强、共富"打造成花园精神，内容包括"勤劳致富、劳动光荣"的创业意识，"振兴花园是我的责任、繁荣花园是我的光荣"的责任意识，"身在花园爱花园、我为花园作贡献"的归属意识，"创业在花园、致富在花园、投资在花园、消费在花园"的分享意识，"致富思源、富而思进"的感恩意识，"有付出才有回报、有作为才有地位"的奋斗意识，为花园村的发展和治理提供了源源不断的动力。

花园村的"民营企业+村企分开"模式，既有别于山东南山村的"混合经济+村企合股"模式，也有别于江苏华西村的"集体经济+村企合一"模式，具有鲜明的"花园特色"。与此同时，花园村和华西村、南山村等在发展和治理中分享了诸多共同的成功经验。因此，花园村的发展和治理之路具有普遍意义，这是一条在社会主义市场经济条件下，现代企业制度和基层自治机制相结合的全面小康之路，是一条发挥农村基层党组织战斗堡垒作用和党员先锋模范作用、推进法治、德治和自治"三治一体"而实现有效治理之路，是一条在全面深化改革时代通过"强弱联带、共同富裕"实现共富共享之路，是一条在就地城镇化过程中通过城乡互相借力、互惠共荣实现城乡发展一体化之路。花园道路是对我国40多年来改革开放伟大事业的纪实，花园道路正演绎着当前我国"创新、协调、绿色、开放、共享"新发展理念的深刻内涵。从这个意义上说，"花园道路"就是中国农村发展和治理的样本。

城中村转型升级谋发展

——江西省南昌市进顺村调研

近年来，城市的快速发展导致部分集体经济发展良好的城中村出现不同方向的分化，有的直接社区化，有的与社区并存，有的则消失直接转化为企业等。江西省南昌市进顺村，以集体经济发展为核心，借助城市发展区位优势，探索出了"产业转型升级，促进强势发展"的模式。

一、进顺村基本情况

进顺村是江西省南昌市青山湖区湖坊镇所辖的一个行政村。占地面积0.68平方公里，3个村民小组，全村居民417户，户籍人口1391人。进顺村先后经历了"盘活资产打基础、以地换地拓空间、招商引资谋发展"三个阶段，实现了从农业经济向工业

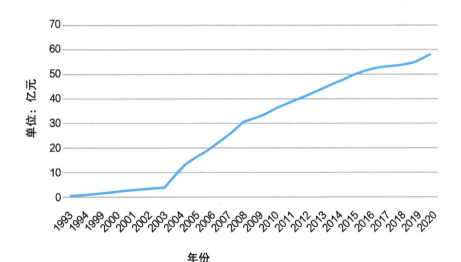

❶ 1993—2020年部分年份进顺村集体总产值变化情况

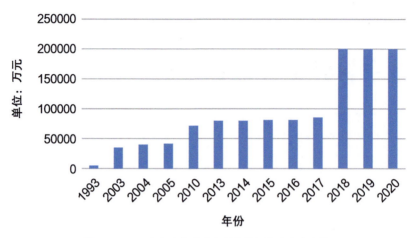

⊙ 1993—2020年部分年份进顺村集体固定资产变化情况

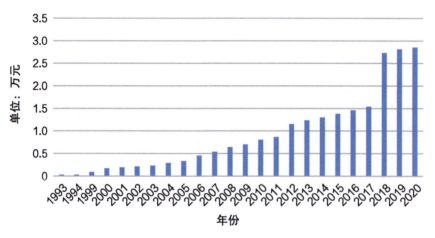

⊙ 1993—2020年部分年份进顺村集体上缴税金变化情况

经济、从乡村到城市、从农民到职工、从职工到股东的历史性转变。现拥有一个含多元经济成分的核心集团，基本形成了以发展三产为主体，酒店经营和园区建设为两翼，金融、商贸、物流业并举的经济发展新格局。2020年，全村固定资产达20余亿元，村集体纯收入5889万余元，村民年均收入3.5万元。进顺村先后获得"全国先进基层党组织""全国文明村""中国十大名村""中国十佳小康村""全国巾帼示范村""全国敬老模范村""中国幸福村"等20多项国家级殊荣。

二、城中村转型升级主要做法

（一）土地赋能，发展村庄产业

20世纪80年代前，进顺村尚处南昌市城郊。1978年，全村剩余耕地700余亩，主要以蔬菜种植为主，当时的村集体收入仅5万元，人均收入仅74元，不足当时全国农民人均收入的一半。"硬木扁担杉木桶，代代不离驼背种。一根扁担两只篮，有女莫嫁上窑湾。"这首民谣是地处上窑湾地区的进顺村改革开放前的真实写照。

改革开放之后，进顺人穷则思变，成为第一批吃市场经济螃蟹的人。1979年进顺村首个村办企业成立，此后，又陆续办起20多个手工作坊以及小厂，主要生产鹅毛扇、拖把等简易产品。因产品技术含量低，质量较差，企业管理粗放等原因，至20世纪80年代中期，村办企业已出现大面积亏损。此时，随着南昌城市化进程加快，进顺村的耕地大幅缩水，1978年全村还有700多亩土地，后来逐步被征用，到1986年前后，村中的土地只剩100多亩。到20世纪90年代末，进顺村已经基本没有可支配的土地，并由原先的"城郊村"逐步变成"城中村"。村办企业办不下去，又失去了土地，村集体该如何发展？面对这种情况，很多传统城中村一般都会选择利用既有资源，村集体发展物业经济，村民靠租金度日或外出打工。

进顺村没有这样做，而是本着"依靠城市，服务城市"的理念，关闭部分村办企业，置换少部分土地，利用村里全部资金，集中精力进军第三产业。该村依托离南昌火车站近的地理位置优势，于1986年拿出村里全部资金，在银行借款900万元的基础上，总共投资2400万元建设16层楼高的鄱阳湖大酒店。1990年正式建成运营的鄱阳湖大酒店是当时的南昌第一高楼，建成后的十几年间一直是当地各级政府召开"两会"的定点场所。鼎盛时期，鄱阳湖大酒店每年为进顺村带来600多万元的纯收入。尽管如此，在进顺村的发展过程中，进军酒店业仍然只能算作是"量变"，而真正的"质变"则始于20世纪90年代末期。

（二）飞地经济，为腾飞插上翅膀

十余年的酒店经济发展为进顺村产业扩展奠定了基础，但土地存量不足成为发展的制约因素。为此，进顺村"两委"班子进行了多方考察，一致认为，"借鸡生蛋"的"飞地经济"是打破城中村经济发展桎梏的重要手段。

1998年，时任进顺村党总支书记的罗玉英创造性地提出"跳出进顺发展进顺"的"飞地"理念，并用12亩苗圃置换南昌市民营科技园中的41亩土地，投资2000多万元兴建了进顺工业园区。至此，不仅开启了进顺村以"飞地"发展经济的模式，也让村里的产业从酒店业、物业管理拓展至工业园区运营并一发而不可收。2001年，进顺村又在南昌昌东工业园购地360亩，建起了进顺鄱阳湖工业园；2002年，向邻村购地150亩，兴建进顺小康家园；2005年，进顺村以土地入股的方式组建南昌鄱阳湖建材有限公司。在此期间，进顺村以"飞地经济助推兴村富民"的内涵和外延不断扩大，2000年，村里的产业直接"飞"出了南昌，投资300万元参股井冈山的红星宾馆；2006年，进顺村投资2300万元，在昌东工业园又建起了进顺物流园区；2008年，进顺村正式挺进金融领域，成功入股新组建的南昌农商银行，成为该行十大股东之一。"跳出进顺发展进顺"的前瞻理念和"飞地兴村富民"的关键一招，让进顺村在短短的10多年时间，成为拥有"一个集团、三个园区、三家宾馆、五大市场"的富村，也形成了"以发展第三产业为核心，酒店宾馆经营和园区建设为两翼，金融、商贸、物流、地产并举"的经济发展新格局。

（三）腾笼换鸟，转型升级谋发展

村庄要持续发展，产业转型升级是关键。在不断的招商过程中，根据产业发展和城市发展的需求，进顺村领导班子对村里的优势和劣势进行了分析，充分认识到产业发展要稳扎稳打，扬长避短，在原有基础上创新，在相对稳定前提下进行开拓，特别是招商的对象要提档升级，要与市场发展接轨，这样才能实现村集体产业可持续发展。

进顺村陆续清空了劳动密集型的生产经营企业，引进了技术含量高、无污染、管理水平先进的企业。为服务好企业，该村集中精力抓好楼宇经济、工业园区、物业经营等服务业。同时在求稳中积极寻变。一方面进行产业升级，提升村集体经济的发展质量和效益，增加社会贡献度；另一方面多元化发展，继续拓展新的市场与产业，把集体经济的"蛋糕"持续做大。

在进顺村三个工业园升级改造过程中，本着稳中求变的原则，将老厂房改造成现代化厂房，在此基础上引进科技含量、附加值比较高的企业，增加经济增长点，提升发展含金量。如将传统的进顺鄱阳湖工业园改造成现代化的冷链物流园；将位于南昌民安路上的进顺工业园，改造成汽车4S店集聚园区。

与此同时，进顺村的产业升级换代也已覆盖至酒店、物业和楼宇经济。选择与洲际酒店集团展开合作，对鄱阳湖大酒店重新装修改造提升其品位，使客房达到国际四星级标准。在管理方面与洲际酒店集团合作，与有能力、懂经营的企业合作，采用的是保底分红模式，确保收益的稳定性。

这一系列的升级措施，确保了进顺村的经济稳步增长。1999年，进顺村第一次股改时，全村净资产的市场评估价为8000多万元，"飞地"经济发展与产业转型升级后的今天，全村净资产的市场评估价已高达20多亿元，翻了20多倍，因此说"江西第一村"的今天是"飞"出来的，是"转"出来的。

(四) 三次股改，壮大集体经济

进顺村在江西省率先完成村集体产权制度改革，让发展成果人人共享。

自20世纪80年代中期，多个村办企业自始至终全部属于村集体所有，村委会集中统一管理，集体经济从没分过家。为进一步巩固发展农村集体经济，提高集体经济经营效率，走共同致富道路，进顺村先后进行了三次股改。

第一次股改是在1999年。当年村里评估除土地外净资产为8593万元，将这8000多万元折成8000万总股权，把其中的2400万股，即总股本的30%，以每股0.32元量化给村民，但当时得到股份的村民不足四成，剩下的村民依旧"有份无股"，导致股改不彻底。

第二次股改是在2002年。把总股权的15%再次量化给无股份村民，对于没钱购买股份的村民，则是"先上车后买票"，认购金从其4~5年内的股权分红中扣除。

第三次股改是在2016年。进顺村将村集体剩下的55%股份全部量化给村民，实现了"人人持有股份，年年享有分红"。

通过三次股改，进顺村集体经济从过去的"共同共有"转变为"按股共有"，从根本上消除了农村经济发展政企不分、管理混乱、效率低下等弊端，实现了"村民变股民、产业更优化"的改变。村民分红获得实惠，增强了群众向心力。2002年改制分红，当年每股收益率达7.59%，大大高出银行存款利率。实现股份全额量化后，2016、2017年股份分红红利总额均为920余万元，村民人均分红6000余元，户均2万余元。村民盛赞股份合作制改革带来的新变化："村民变股东，家家有股份，人人是股东，腰包鼓了，生活富了，心情好了，笑得甜了。"2020年，给全体村民的股份分红

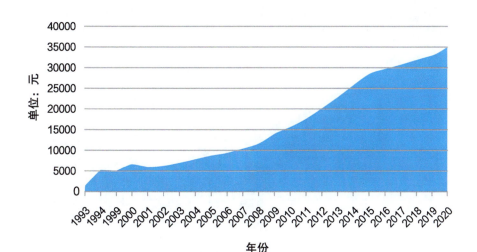

❶ 1993—2020年部分年份进顺村村民年收入情况

和各种福利支出是1680多万元，占全年村收入的30%。

（五）推进社会福利事业，改善民生质量

在城市化的进程中，原先位于南昌火车站附近的进顺村，不再是传统意义上的聚落式村庄，在地理意义上村落已基本消失，原来的村民小组被城市发展规划分割开来，变成了一座城市"插花型"村庄。要让村民体面地进城，过上有品质的生活，仅仅带股份是不够的。按照罗玉英书记的说法，有品质的生活应该是安排好住的，敬养好老的，教育好小的，照顾好弱的，兼顾好大众的。这26字的民生举措，才是真正意义上的有品质生活。

1. 因地制宜，"飞地"插花，建设小康家园。在城中村发展过程中，农民宅基地流转，村民集中上楼成为必然趋势。因为多数村民居住的宅基地流转为城市建设用地和产业园区，进顺村已没有土地建设指标。为解决村民的居住问题，2003年7月，在邻村购买土地指标，投资2亿多元建成了新型社区，即现在的进顺小康家园。进顺小康家园共建45栋青砖黛瓦的现代化6层洋房，房前屋后规划有私家车位，相关配套设施齐全，417户1391名进顺人住进了小康家园。在居住小区里，管理水平和设施服务均与南昌市标准一致，让村民在居住方面与城市市民享受同等待遇，真正实现了城市化。

2. 充分利用省会城市资源，提升村民综合素质，让村民更好地融入城市。"富了口袋，还要富脑袋"，在进顺村日常管理过程中，为了让治理更有效，社区更和谐，提升村民素质，村里特别注重村民的精神文化生活。村党群服务楼是进顺村村民

❶ 进顺村党建馆吸引许多外地人来参观

的学习休闲乐园，也是江西省第一家老年大学的创始地。4层高的大楼每一层都有各自的空间功能，党建中心、健身中心、教育中心、舞蹈房等一应俱全。在老年大学的课程表上，从周一到周日，声乐、舞蹈、古筝、瑜伽等各种课程安排得满满当当。据介绍，当初老年大学开课时只有舞蹈和声乐两个班，学员有50多人，大部分都是本村人，现已扩展到15个班，学员辐射到了周边的村庄，达700多人。

为了激活"小细胞"，服务大社会，进顺村积极做好"家"文章。自1993年以来，村里明确提出要教育和培养一批"有理想、有文化、有技术、有管理能力、有责任心"的"五有"新型农民，并以文明创建工作为载体，把对村民的培养和精神文明建设有机结合起来。先后开展了"双思""三讲三比""农户争十星""争做文明进顺人""八荣八耻"教育，"十佳五好文明家庭""十佳敬业爱岗标兵""十佳孝顺星""长寿星""清洁家庭""五好一美家庭"评选等系列活动。通过这些活动激活了家庭的多功能性，提升了社区综合水平，让振兴起来的进顺村变得更宜居，乡风也更加文明。

3. 20种福利让村民过上了城里人羡慕的富裕生活。改革的过程是艰辛的，发展的历程是大家共同走过的。进顺村集体经济发展成果让村民共享，村"两委"为村民设立20项福利，涉及生活的方方面面。只要是拥有进顺村集体成员身份的村民，均享有退休金、免费医疗、职工统筹、养老保险、学生奖学金、压岁钱、残疾人基本生活保障金等20种福利。在医疗方面，村民住院医疗费可报销50%，村民独生子女住院医疗费报销100%。2007年，进顺村与湖坊镇医院联手，在进顺村内部建造高标准村级医务所，确保得了小病不出村。村里每年从村集体利润中分配出一部分作为大病救助专项资金，大病至少可获2000元以上、20000元以下的救助。在教育方面，进顺村以集体股份的形式分配给0~7岁、7~14岁、14~18岁的村民子女，确保村民子女完成九年义务教育。同时设立了奖学金制度，对村民子女考上高中、大学、研究生等都进行相应奖励。在就业保障方面，设立了村民就业培训基金，每年抽出一部分资金作为村民培训或继续教育活动经费，组织开展岗位技能培训和村民再就业指导。在基础设施建设方面，2003年进顺村集体投入2000万元，建设农民小康家园，引导脱离农业的居民上楼居住。惠及全体村民的福利保障体系，让进顺村居民享受到了很多城市人享受不到的福利，过上了比城镇居民更为优渥的生活。

三、观点与思考

（一）壮大集体经济是城中村稳定与转型发展的基石

改革开放40多年来，随着城市的扩张，城市周边的农村逐渐变成城中村。城中村由原来以发展农业为主转变为以发展二、三产业为主，城中村集体经济产业的发展为失地农民的生活提供了有力的保障。

城中村在融入城市的过程中，除部分土地优势之外，产业选择、村民素质、管理制度和资本来源等均处于劣势。为防止无序发展而变成"贫民窟"，或者卖地成为暂时的"暴发户"，各级政府和专家探讨过多种方式与路径，进顺村的集体经济发展模式，为我们提供了参考。概括起来主要体现在以下几个方面：

一是充分依靠组织资源。对不同阶段集体经济进行整合，确保获取最大收益。早期在没有资金资源仅有土地资源的情况下，少量出让土地，为集体经济更大发展寻找突破口；当三产发展到一定阶段，集体资产有了部分积累，再集中调动一切集体资产投资发展，壮大村集体经济。

二是积极发展第三产业。把集体经济主动对接到全球化的分工体系中，共享全球化市场经济的发展成果。早期，进顺村和全国的村集体经济组织特征一样，有一定的封闭性，在自己的地盘上，发展与周边相关联的产业，如传统小作坊、酒店业等。但集体经济组织发展到一定阶段，只有突破局域范围才能做大做强。为此，进顺村在酒店和园区的招商引资方面，开始与国际酒店、国际供需产业合作，在合作的过程中，既学习国际水准的管理经验，又通过产业接轨，实现了村集体经济的前沿性与可持续性。

三是充分发展基层民主。在城中村发展过程中，如果没有好的制度，集体经济的资产极有可能被侵犯，要么坐吃山空，要么被少数人私分，村民利益受损，干群关系紧张，这种情况在全国许多地方出现过。进顺村在发展过程中，建立健全制度管理，以"六进六顺"的进顺精神要求每一个人。"六进六顺"即班子奋进，风清气顺；思想先进，名正言顺；产业突进，发展势顺；服务跟进，百事心顺；幸福挺进，民意和顺；持续前进，一帆风顺。

（二）有效衔接的能人治村

放眼全国，进顺村的领导班子都是一种独特的存在。被称为"老书记"的罗玉英是中共十八大代表、全国劳模，现任村书记罗来昌是十三届全国人大代表。就像华西村的吴仁宝，罗玉英是一手缔造进顺村辉煌的领军人物。

首先，进顺村带头人有担当和魄力。1977年8月，高中毕业的罗玉英开始做代课老师，两年之后，她回到进顺村的课本装订厂，从一名普通工人干起，先后做过村办企业的厂管员、车间主任、副厂长、厂长。1984年，年仅26岁的罗玉英经村民推选，成为青山湖区100多个村唯一的女性村主任，开启了自己的村官生涯。发展至1986年，进顺村的村办企业出现了很多三角债，"那三四年基本上都在打官司，我也学习了很多法律知识，为依法治村、以德治村打下了基础。"罗玉英表示，这段艰难的时光锻炼了她。1993年，罗玉英凭借出色的工作表现，受命以村副书记、村主任的身

❶ 第一书记罗玉英（右二）和村书记罗来昌（左一）看望村里老人

份全面主持进顺村工作，但此时村集体经济正陷入前所未有的困境：村里主要的收入来源鄱阳湖大酒店已承包给外方，但却被拖欠租金，200多名村民失业在家。在这样的背景下，罗玉英作为"当家人"，迎难而上"拿起了法律武器"，几经周折成功收回了酒店经营权。从承包人手中收回后的第一年，鄱阳湖大酒店就实现了600万元的盈利。

其次，进顺村带头人有前瞻性和敢为人先的胆识。进顺村的每一次变革，罗玉英书记都是主要推动者，如进顺村大力实施的"跳出进顺发展进顺""再造一个进顺"等战略，都是罗玉英书记创造性地提出来的。

第三，进顺村带头人有"厚农、奉献、爱村、实干"的村官精神。这种精神是在全国知名村官中总结出来的。"要求别人不做的我首先不做，要求别人做的我首先做。"以身作则，以德服人，是罗玉英的人生信条。基于此，她也给村里的党员干部提出了"高、多、好、精"的4字要求，那就是"你是党员，你的形象必须高于群众，你的奉献必须多于群众，你做事必须好于群众，你的技能必须精于群众"。

最后，进顺村带头人在培育培养人才、传承更替过程中，为全国村庄"当家人"的新老更替做出了榜样。

早在2011年，由于罗玉英社会性工作职务太多，村里又处于快速发展阶段，培

⊙村书记罗来昌（右二）了解企业商情

育本土人才和培养接班人势在必行。一直担任其助手的罗来昌是最得力的人选，他对进顺村工作热情高，对村民有感情，更了解进顺村的发展情况。2012年底，罗玉英把村主任的担子交给了罗来昌。经过两年的锻炼与考察，2015年，罗来昌顺利接过了进顺村党委书记的重担，罗玉英被上级党委任命为进顺村第一书记。

秉承进顺村长期发展理念，罗来昌把全部的精力投入村庄以及村属企业的发展中。他接手以后，推动了村集体企业实行股份合作制改造，不断做大做强集体企业，使鄱阳湖实业有限公司成为江西省村集体企业发展的典范。不断拓宽村级经济发展领域，带领村级经济发展由实体投资向资本投资转型，率先进入金融行业，让进顺村成为南昌农商银行十大股东之一。罗来昌勇于担当、勇于创新，积极倡导村集体经济组织产权制度改革，让进顺村成为江西省首个全面完成村集体经济组织产权制度改革的村。罗来昌先后荣获省、市级劳动模范称号，并当选第十三届全国人大代表。

（三）村庄治理特色突出

改革开放以来，进顺村的高质量发展，得益于村庄的有序治理。

一是民主决策，民主施政。进顺村的民主决策机构是村民代表大会和股东大会。凡是涉及全村未来的大事，都要在全体村干部、村民代表和骨干分子当中进行讨论，充分发挥民主，让大家参与决策。所有关系到进顺村发展大计的问题，都要经过村民大会、村民代表会议决定，所有的会议记录都要保留在村委会的档案里，做到决策记录有据可查。进顺村村级民主管理，始终坚持"两公开（党务公开、村务财务公开）、三自我（自我教育、自我管理、自我服务）、四民主（民主选举、民主决策、民主管理、民主监督）"，教育引导广大村民群众参与选举、决策、管理、监督。进顺村真正做到了把干部的选任权交给村民，把重大事务的决策权交给村民，把村务管理的参与权交给村民，把日常村务的知情权交给村民。用现代企业的管理方式来管理行政村，使村级管理规范化、科学化、民主化、现代企业化。

二是制度管理有章可循。进顺村的民主透明决策议事制度之所以能落到实处，是因为村庄强化制度建设，一切事关村庄治理的决策行为都有章可循。40多年来，进顺村制定了综合服务管理制度、党务村务公开制度、三资管理制度、民主管理监督制度、党员管理制度等共五大类66项制度条例，并合订成册，印发到每个村民手中，保障了村务民主和有效治理真正落到了实处。

❶ 进顺大厦

从生态兴村到未来社区的滕头实践

——浙江省宁波市滕头村调研

　　良好生态环境是农村最大优势和宝贵财富，美丽中国要靠美丽乡村打底色。自习近平总书记提出"绿水青山就是金山银山"的理念以来，"两山"理念不断深入人心，各地村庄社区在实施乡村振兴战略的过程中，以生态宜居为关键，推进乡村绿色发展，通过积极探索绿水青山转化为金山银山的有效途径，努力实现生态高颜值、发展高素质，让群众享有更多"绿色福利"。浙江省宁波市奉化区滕头村，通过不断的探索实践，蹚出了一条生态立村、产业强村、共同富裕、未来社区的成功路径。

❶ 滕头村一角

一、滕头村基本情况

滕头村位于浙江省宁波市奉化区萧王庙街道，地处萧江平原，嵌在奉化与溪口之间，坐落于剡溪与剡江交界处南畔，距宁波市区27公里、奉化区6公里，区域面积2平方公里，共有村民358户，户籍人口891人，外来人口6500人，耕地近千亩，全村绿化率67%。2021年，该村实现社会生产总值125.7亿元，上缴利税12.4亿元，人均收入7.5万元。其中，绿色产业占滕头村经济总量的80%，旅游综合收入近1.71

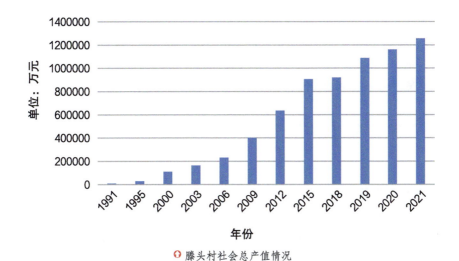

⊙ 滕头村社会总产值情况

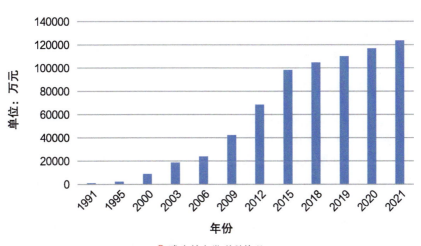

⊙ 滕头村上缴利税情况

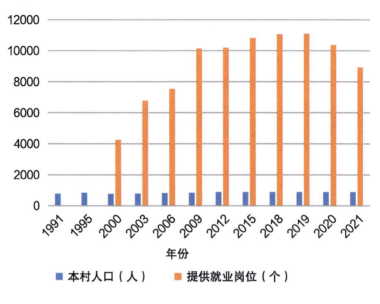

图例：
- ■ 本村人口（人）
- ■ 提供就业岗位（个）

⟳ 滕头村人口数与提供就业岗位情况

亿元。提供就业岗位8920个。

　　滕头村始终立足生态优先绿色发展，长期致力于经济、政治、文化、社会、生态文明"五位一体"建设，相继获得联合国颁发的"全球生态500佳""世界十佳和谐乡村"等殊荣，并作为全球唯一乡村入选上海世博会"城市最佳实践区"，还获得首批全国文明村、全国先进基层党组织、中国十大名村、全国五一劳动奖状、国家AAAAA级旅游景区、首批国家农业旅游示范点、首批国家生态旅游示范区、中国人居环境范例奖等70多项国家级荣誉。

二、生态兴村，打造村庄景区样板

　　20世纪80年代以前，滕头村是一个贫困落后的小村子，生产条件和生活水平十分落后。滕头村为摆脱贫困改土造田，用15年时间，投工43万个，搬掉136个坟堆石墩，填平29个河槽池塘，新挖了万米地下渠道和1400米河道，铺设8500米机耕路，把1200多块杂乱零星分布的田地，改造成了200多块大小统一、方正平整、排灌方便的良田，从根本上解决了村民温饱问题。

　　改革开放之初，滕头村完成农户土地流转之后，交由村里统一管理，发展生态高效农业，探索经济与生态双赢的路子。他们开始组建园林公司、林果特产队等，在村里800多亩土地上开辟出花卉苗木基地、蔬果园、畜牧场等，形成了水里养鱼、岸上养牛、地里种菜的自然循环。

　　良好的村庄生态环境，增强了村庄的影响力，前来参观考察的人数迅速增长，促进了生态旅游的发展。1999年，滕头村专门划出几十亩土地作为旅游区，种上花卉，搭起亭子，用苗木塑造出各种动物造型，对外开放供游客参观游玩，成为全国最早收门票的村庄之一。门票的价格一路攀升，由5元逐渐升至最高50元。

　　进入2000年，滕头村规划带动周边村庄共同发展。用小火车线路将滕头村与周边的塘湾、傅家岙等7个村打通，形成占地16.7平方公里的发展空间，通过组建"区域党建联合体"，转化形成经济联合体，开展"五联五促"行动，推动组团式发展。实现村镇建设、产业布局、交通路网、公共服务、社会管理、乡村旅游的"六图合一"，规划建设10个农文旅相融合的庄园，实现了"村庄变成景区、田园变成公园、民居变成民宿、农产品变成旅游产品"的目标。

　　近年来，滕头村大力发展精品服务、精品旅游、精品健康和新经济，努力构建绿色发展、优质高效、特色明显的"三精一新"现代化美丽乡村经济体系。2019年，滕头村更是取消了年创收达3000万元的景区门票，转型升级为以二次消费、功能性消费为主的生态休闲旅游发展新模式，进一步提名气、聚人气、接财气，当年便接待游客达到177万人次，旅游综合收入2.7亿元。2020年、2021年在受新冠疫情影响的情况下，旅游人数仍然达到128万人次、86万人次。

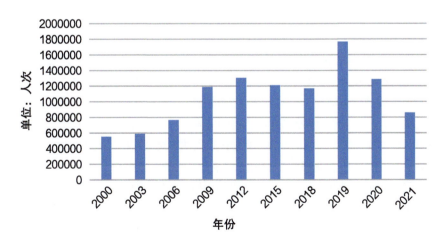

　　滕头村旅游接待情况

三、产业富村，不断壮大集体经济

改革开放以来，滕头村大力兴办村级集体企业，以工补农，一二三产业协同发展，成为滕头村经济发展的突出特点。滕头集团公司目前旗下已有70余家不同领域的企业，形成了以服装为支柱，建材、人造金刚石、电工设备、出口包装、地产等协调发展的格局。

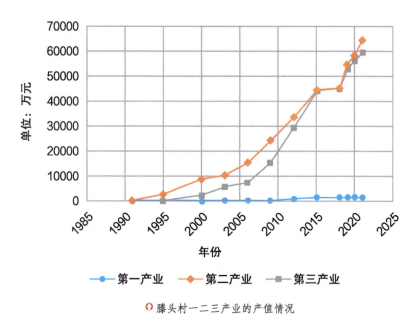

○ 滕头村一二三产业的产值情况

（一）立足浙江，兴办滕头服装产业

早期，依据浙江发展特色，结合沿海区域优势，滕头村借改革开放之机，从1000多元的启动资金、十几台家用缝纫机起步，在旧养鸡场里兴办起滕头服装厂，发展成为今大的爱伊美集团。经过40多年的发展，"爱伊美"西服、大衣及羊绒等系列，以质优、艺精、落水不变形的特色畅销美国、日本、阿根廷、加拿大等国家和我国香港、台湾等地区，公司也发展成为全国最大的羊绒服饰出口生产基地。

滕头村最初办的企业都是劳动密集型企业，需要工人较多，本村的劳动力来源有限，须向邻村或其他乡镇招工，也带动了附近乡村经济的发展。随着村办企业的增多，为使村办企业之间的协作不断增强，企业的经营方面必须逐渐向规模经济发展，使村级经济形成一个集中统一的投资中心和经营管理中心。1988年，滕头村着手组建了集农工贸于一体的浙江兴奉实业有限公司；1992年又以此为班底，组建了宁波兴奉（集团）公司。此时的滕头村，已经规划开发了3个工业小区，拥有服装、皮件、针织、化工、机械、电子器材、建材装潢、印刷包装等18家企业，其中"三资"企业6家。后来又相继办起了建筑、房地产、园林绿化、水电安装和绿色食品开发等企业，集团业务开始向第三产业拓展。1994年，兴奉（集团）公司更名为宁波滕头（集团）公司。

（二）不断探索，创新集体经济下所有制多样性并存

20世纪90年代中期，滕头村的集体企业在快速发展之后，集体经营的弊端逐渐显现出来，一些集体企业发展趋缓，而一些集体企业则发展迅速，如果一视同仁，势必会造成整体发展迟缓的格局。为鼓励企业良性发展，进一步拓展企业管理发展空间，确保集体经济的持续性增长，1998年，滕头村集体企业进行了改制。对规模较大、效益较好的核心企业，如爱伊美服装公司、房地产开发公司等，按照现代企业制度要求，进行股份制或股份合作制改造；而对小型微利企业，则进行兼并、租赁；涉及农业的企业，对土地依赖性强的企业，属村集体所有；旅游服务机构，如接待办、餐饮、招待所等实行企业化管理。

改制后的滕头村企业资产总量中，集体、个体和外资分别占有51%、37%和12%的股份。集体、股份制、股份合作制、外商独资、中外合资、个体经营等多种类型企业并存，既坚持了集体经济，又适应了市场发展要求。2003年，滕头村原集体企业近60家全部完成改制。改制后的滕头（集团）公司所属企业分为四类：集体制企业11家、股份制企业5家、合资企业4家、私营企业19家。

村企改制后，滕头（集团）公司内部建立起一个资金运作机制，把各企业联成一个有机整体。村集体全资公司每年的利润，除了自留积累资金、投资资金外，其余的上交集团公司财务部；投资资金根据下一年预算而定，预算资金量由集团公司核定，董事会通过。村集体控股或参股分红要交到集团公司财务部。集团公司将收益按一定比例上交村委会，资金入村经济合作社账户，村经济合作社再将资金分配，分别用于村民福利、村庄公共建设、农业补贴等项目。

（三）生态兴村，滕头园林凸显产业优势

滕头村地域狭小，自身发展空间不大，做适合自己的产业，做符合本身定位的产业，在生态产业链上精耕细作，是滕头村近年来的发展轨迹。苗圃基地是滕头园林绿化公司的优势特色，种植花卉苗木，在当地有久远的历史。20世纪70年代初，滕头村就创办了花卉园艺场。凭着此项传统技艺，滕头人美化了家园，获得了"全球生态500佳"的殊荣。据权威部门统计，滕头村近千亩耕地的综合效益是其他地区开展传统农业的150多倍。

从20世纪90年代开始，国内越来越多的城市越发重视发展绿化事业，纷纷兴建

森林城市、园林城市。滕头园林利用当时花卉苗木业陷入低谷的契机，逢低介入，并于1996年成立浙江滕头园林股份有限公司。公司成立伊始，就主攻大乔木的种植，以培育大规格标准化园林苗木为主，小乔木和花灌木为辅，形成了品质化、标准化、规模化的苗木优势。滕头园林还积极实施园林苗圃建设、园林市政工程、园林景观设计"三位一体"发展战略，做强做优园林绿化产业，绿化业务拓展到北京、上海、福建等20多个省市，种植规模和品牌知名度在全国同行中处于领先地位。

1997年以来，滕头集团公司相继注册成立了植物组织培养中心、滕头农业公司、滕头绿色食品公司、滕头园林绿化公司、滕头房地产公司。目前，滕头的花卉园艺已经成为全国龙头企业，获得了城市绿化一级资质和风景园林甲级资质，更乘着北京奥运会、上海世博会、广州亚运会、青岛世界园艺博览会的东风，迅速做大做强。除此之外，滕头园林还在浙江、福建、湖北、安徽、山东、陕西等地建立10万多亩苗木基地，利用当地资源扩大滕头园林的业务范围。目前，滕头园林绿化公司苗圃基地，已发展成为全国最具实力、最具影响力的苗圃基地之一。

（四）立足园林，延伸生态产业链

针对滕头村面积不大、人口少的现状，为了破解本村发展空间限制，滕头村党委解放思想、积极实践，充分利用各种资源，创新推出"连锁滕头"发展模式。滕头人尝试在宁波郊区租地，兴建生态酒店、生态农场和生态宾馆，滕头东方恬园生态酒店应运而生。酒店坐落于宁波市北仑农业园区，占地50亩，距北仑城区7公里，距宁波市区半小时车程。一期投资3000万元，建成占地6000多平方米的生态花园酒店，于2011年3月开业，一年后收回投资。试水成功后，"连锁滕头"逐步推进。当前，滕头村已完善在宁波市内的生态酒店布局，逐步在慈溪、奉化等地相继开设连锁店，实现了田园美景与乡土美食无缝融合，唤起城里人的乡愁，创造了酒店业发展的新理念、新品质、

❶ 生态滕头长廊宴

新模式，成为滕头旅游业一张富有生态魅力、时代价值的新名片。

近年来，滕头村又着力发展新能源、新材料、再生资源利用等新兴产业。目前，滕头人正在依托AAAAA级景区和中医药高专人才基地，快步迈入朝阳产业，与中国人寿、中国健康产业投资基金等高端机构合作，规划建设养生养老健康城项目，打造高端健康产业示范基地。

创新不停步，滕头村还在持续探索绿色产业新模式、新业态，在循环经济上做出新文章。现任书记傅平均带头创办再生纸板厂，在2020年新冠疫情严重的形势下，创造产值2.5亿元。2021年5月，滕头村又引入太阳能发电板组装流水线，并在两家工厂内试水太阳能发电，计划进行推广。

"滕头村面积太有限，我们就在全国各地再造30个'滕头村'，与当地人共建'生态飞地'。"傅平均书记准备在他们分布在全国各地的园林苗木基地基础上，将滕头经验推广至其他村，带动更多乡村和村民，通过发展绿色生态产业共同致富。

四、多点开花，提升生态居住新格局

经过滕头人40多年的努力，目前，全村绿化率达到67%，形成以绿色生态农业、生态旅游业、园林绿化产业为支柱的产业集群。村在景中，景在村中，绿水青山就是金山银山，已经浸入滕头人的思想深处，成为滕头人的共同意愿和自觉行动。

（一）土地是生态之本

滕头村书记傅平均说："现在人家都夸滕头人有远见，会做生态保护的文章，其实我们只知道一个简单的道理，老祖宗留下来的土地是我们的命根子，我们也要'保质保量原封不动'地传给后人。"正是基于对家乡土地的深深依恋，改革开放40多年来，滕头村干部群众始终秉承"一犁耕到头，创新永不休"的滕头精神，追求人与自然和谐发展，走出了一条全面、协调、可持续发展之路，率先把一个贫穷落后的旧农村，建设成为一个产业兴旺、生态宜居、乡风文明、治理有效、生活富裕的乡村振兴样板村，建设成为改革开放40多年来农村建设中涌现出来的先进典型。

（二）全域是生态之策

滕头人很早就认识到生态环境是人类赖以生存的基础，也是真正发展的保证。几十年来，滕头村本着全程生态、全域生态、全民生态的生态战略，每年都投入相当数量资金用于生态环境的建设和养护，并确保每年投入生态环境养护方面的资金以不低于20%的速度增长。在生态环境建设方面，滕头村真正做到了年年有投入、年年有建设、年年有变化。

土地整治，实现农业多功能化。田里以种植粮食、经济作物为主，机耕路两旁、田埂、河岸栽种柑橘等果树。明渠排，暗沟灌，实现了农业的水利化和园林

❶ 群鸽飞舞的滕头苑

化。实施"科技兴农"战略，依靠科技发展生态农业，建立了空间上多层次、时间上多序列的立体种植养殖模式，初步形成精品、高效、生态的现代化农业生产格局。如今，滕头高科技、立体农业已经成为全国农村生态建设的典范。

村庄整治，推进居住景观化。早在20世纪70年代初，滕头村就自力更生着手规划村容村貌，拆旧村建新村，首批盖起了32幢排列有序、宽敞实用的"农家楼"，还根据规划，在房前屋后、道路两旁进行了绿化，铺设了平坦宽阔的水泥路。按照村庄功能分区要求，建起了工业区、文教商业区、居民住宅区。

村庄规划，滕头村始终坚持把景区建设与村庄发展融为一体，努力做到"八化"：农房改造景观化、基础设施标准化、电线电缆无杆化、安全设施监控化、景观设施生态化、卫生设施星级化、污水处理循环化、建设用地集约化，树立科学发展理念，充分利用有限资源形成良性循环综合效益。

村庄建设，滕头村始终坚持"生态立村"。根据"扩大规模、完善功能、优化环境、提高品位"这一总体要求，结合旅游业景点开发，把生态环境和村庄建设紧密结合，打好"水上滕头"和"岸上滕头"转型升级组合拳，努力营造"处处是风景、家家是景点、人人是景色"的美丽农村新风貌。

（三）制度是环境治理的保障

20世纪90年代初，滕头村专门成立了省内唯一的村级环保机构——滕头村环境保护委员会，专门监督检查环保问题，对村里引进的经济合作项目行使一票否决权。滕头村优质的生态环境，吸引不少项目想入驻滕头。当时滕头村的村级经济只有几万元，而有些项目的利润高达几百万元甚至上千万元，但考虑到可能带来的环境污染，都被一票否决了。滕头村还制定禁养鸡狗、垃圾袋化、门前三包等卫生制度，并聘请老年协会会员和青年团员天天在村里轮流检查，有效解决了农村"治脏"问题。

改革开放40多年来，滕头村党委一班人及广大群众严格按照村庄发展规划所确立的"生态·和谐·乡村"理念，遵循"深化生态、和谐共生、景观艺术、自然生成"原则，在建筑、道路、绿化、水环境等多方面重点把关，生态建设已经走上规范化、制度化和组织化管理的道路。2001年11月，滕头村顺利通过ISO14000国际环境管理体系认证，成为全国第一个通过该体系认证的行政村。

（四）宣教常态化是环保意识深入人心的关键

滕头村非常重视对村民的宣传教育，村里制定实施了《村规民约》《滕头人形象8条准则》等制度，通过广播、黑板报、滕头报等载体广泛宣传环保知识，强化环保意识，使保护生态环境成为村民的自觉行动。

把绿色生态作为立村之本，还体现在滕头村生态理念的广泛覆盖上。村里实行全程生态、全域生态和全民生态，即村里生产生活全过程生态。100%的村民使用了太阳能等无污染能源，养成了少用肥皂等化学物品的习惯，村民出行基本采用步行、骑车等低碳方式，生活用水重复利用，使用节水、高效的星级厕所，等等。

（五）持续投入是营造村庄生态系统化的手段

滕头村以星级景区的要求来建设村庄，十几年来投入上亿元，实施"蓝天、碧水、绿色"三大工程。对沼气站、畜牧场等污染源进行重新定位，拆除了投入巨资建设的沼气站。拆除全部柴灶，实现"无烟村"。改建10座高标准公厕。投入4000多万元建设雨污分流系统，村民的生活污水通过埋设在地下的管道，直接排入城区的污水处理系统，对污水、废水实行无动力处理，达标排放。全村污水处理率、生活垃圾无害化处理率、卫生水普及率和家庭清洁能源普及率均达到100%。村民居住区内营造了草坪、灌木、乔木等层次分明的绿化系统，利用生态绿化系统也可处理部分生活污水。建造环境空气质量自动检测站，24小时提供空气质量实时数据，常年保持空气质量一级。滕头村公共区域均采用风光互补照明系统，公共建筑采用集中式太阳能热水系统，主干道路上安装"风光能"环保灯，不仅外形美观，还能利用风能和太阳能发电储电。

五、未来社区，全民共享浙江范例

滕头村坚持"党建统领、绿色发展、共同富裕"的乡村振兴新路子，提出了"基本福利靠集体，发家致富靠奋斗"的口号，提前30年实现全面小康的目标，形成"奋斗致富、'联盟'带富、赋能促富'三位一体'共同富裕"的滕头模式。

（一）发展成果，村民共享

在发展过程中，滕头村一直注重通过奋斗不断做大做强"蛋糕"，同时在此基础上分好"蛋糕"，让发展成果惠及全体村民。

多年来，滕头村秉承"一家富了不算富，集体富了才算富"的理念，坚持"滕头没有贫困户，没有暴发户，家家都是小康户、富裕户"的原则，坚定地发展壮大集体经济，走共同富裕的道路。村里着力兴办集体福利事业，建立了社会养老、合作医疗等制度，并为全体村民办理人身财产保险，实现了"少有教、老有靠、病有医、户户有保险"的目标。

就业方面，滕头村党委早在20世纪90年代就制定了"人人有活干、户户有收入"的充分就业制度，让所有村民都能找到适合自己的工作，鼓励村民勤劳致富、创业发家，不断朝着更高的生活质量迈进，全村实现了100%的就业率。村民中有近500人在村里的工厂工作，每个月均有不低的工资收入。

对于有能力有条件的村民，鼓励他们自主创业。每年召开自主创业人员座谈会，交流创业信息、创业心得。村民王露露有一手好厨艺，村党委鼓励其创业，帮助

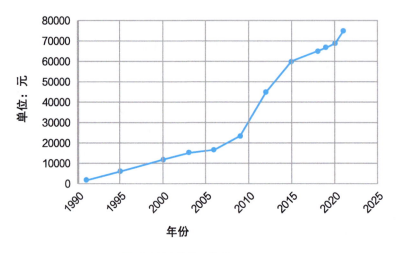

❶ 滕头村人均收入情况

她在村里租了两间店面，开了私房菜馆，随着乡村旅游越来越旺，她的年净收入已达30万元。据统计，2020年自主创业村民创造产值15亿元。

教育方面，早在1989年，滕头村就设立了"育才教育基金"。几十年来，每年的7月10日，村里都表彰奖励一批优秀学生及教师和家长，村民子女考上大学本科的获2000元到1万元的奖励，考取博士生、硕士生的分别奖励5万元和2万元。育才奖励政策出台32年来，人口不到900人的滕头村，累计培养博士研究生2名、硕士研究生19名、大学毕业生100余名，还引进了300多名大学生，堪称当代"进士村"。

同时，通过全额报销学习费用的方式，鼓励村民上夜大、电大等自学成才。滕头村求贤于"校"，与村子一街之隔的浙江医药高等专科学校奉化校区启用后，村里很快就与学校签订了战略合作协议，与该校共建大学生创新创业实践基地、特色养生产业基地，还通过设立奖励基金、创业基金等方式，全方位扶持有志于乡村振兴的青年大学生。还先后投资6300多万元，新建了滕头小学、村史展览室、多功能文化中心、图书馆等教科设施。实行全村儿童免费上幼儿园、小学。在滕头村，凡被村企业录用的本科毕业生，工作满3年，可分得200平方米左右的别墅一幢，并对成绩突出者配发一辆轿车。

居住方面，早在20世纪七八十年代，滕头村就统一规划、拆旧建新、整治环境、绿化美化。村里组织建筑队，经过多年努力，建造了双层联排住宅楼，户户用上了沼气和自来水。到90年代后期，随着村经济发展和村民收入提高，他们统一规划建设了一批条件更好的农家小康楼，有196平方米、230平方米和360平方米三种类型，村民按不同户型分别出资8.5万元、9.5万元和17万元，其余资金由村集体补贴，这时期村民人均居住面积已经达到80平方米。

养老敬老方面，滕头村推行村民退休养老金制度。村民男65周岁、女60周岁，给予办理退休手续，养老金最低每人每月3500元。滕头村现有60周岁以上老年人260多位。2019年重阳节前夕，村里举行尊老敬老主题活动，滕头控股公司、爱伊美集团、滕头园林公司等3家企业各捐款318万元，大红鹰包装公司捐款60万元，滕头出口包装公司和滕头房地产公司各捐款50万元；村民也开启众筹模式，个人捐款少则几千元，多则十几万元，共筹集1307万余元成立村级老年基金，为村老年事业发展注入新的动力。村级老年基金主要用于高龄老人的大病治疗、康养补助和老年协会的文体活动等开支，实现"老有所养、老有所学、老有所乐"。

为了管好用好这笔基金，滕头村老年协会组建了运营团队，主要通过银行存款、理财等方式获取利息等收益，用于村里老年人的节日补助、旅游、体检等各项福利。村级老年基金成立当天，滕头村委会就向青云、林家、傅家岙等6家区域党建联合体的村老年协会分别捐款5万元。滕头村党委书记傅平均说："今后，我们还将通过项目联动的方式，带动周边村庄发展，让大家都过上好日子。"

福利保障方面，建立所有村民全覆盖的分红制度。村民不论年龄大小，每月可以从村里领取500元的分红和1500元补贴金。村里还鼓励所有村民参加职工养老保险，个人缴纳社保费部分的40%，其余由村集体补贴。同时对连续在村里任职三年以上的村党员干部，给予增发功绩津贴。村里还为全体村民办理了人身、财产保险，实现了户户有保险。

村里成立了体育协会、老年协会等群众组织，建立了农民公园、灯光球场、老年活动中心、健身中心等文体场所。每当工余饭后，健身休闲的村民和外来务工人员总是聚在一处，丰富多彩的文体活动，为滕头人的生活锦上添花。

（二）联建帮扶，共同富裕

滕头村的共同富裕实践并不限于本村，还带动了周边村庄，同时对省外村庄展开对接帮扶。

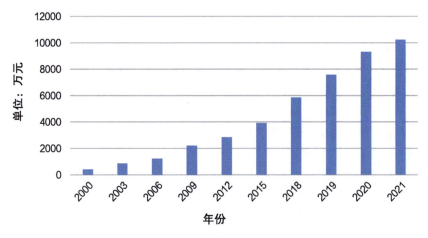

❶ 滕头村向社会捐赠情况

多年来，滕头村秉承"一村富不算富，一起富才是真的富"这一理念，与周边的塘湾、傅家岙等6个村，共同构建"1+6"区域党建联盟，牵头成立"桃李芬芳·康美常青"党建引领乡村振兴经济联合体，开展以"组织联建促提升、规划联定促融合、民生联动促和谐、区域联手促稳定、产业联兴促发展"为主要内容的"五联五促"行动，推动组团式发展。依托滕头生态综合产业发展优势，通过帮谋划、帮项目、帮联络、帮资金、帮开发等方式，因地制宜带动推进联盟各村发展工业、商贸、旅游、特色农业等产业。目前，联盟各村打破边界，形成占地16.7平方公里的发展空间，引进专业团队规划建设的10个农文旅融合庄园搞得风生水起，形成了一个以滕头为圆心不断扩大的生态休闲旅游综合体。西环路北延、现代大学城建设、养生养老、青云古村打造等一大批民生项目有序推进，联盟各村集体经济和村容村貌实现双飞跃。

在决胜全面建成小康社会中，滕头村积极响应助力脱贫攻坚的国家号召，深入开展精准扶贫。先后与吉林安图、河北店房村、新疆库车等结对帮扶，以出资金、出项目等直接"输血"的方式，盘活当地资源、挖掘产业优势、创造内生动力，多管齐下，助力脱贫。在河北店房村，滕头村出资300万元帮助上马矿泉水项目，使其当年就脱贫。在吉林安图红旗村，滕头出资20万元，同时派出专业旅游骨干实地指导，推动当地休闲旅游产业升级蝶变。

2021年5月24日，央视新闻联播《奋斗百年路 启航新征程·今日中国》专栏以"走向共同富裕，一个都不能少"为主题，报道滕头村"先富带后富，区域共同富"的先进事迹。傅平均书记表示，滕头村将牢记习近平总书记嘱托，深化共同富裕示范带动，努力把滕头村建设成展示新时代中国特色社会主义实现共同富裕目标的"重要窗口"。

（三）经验输出，模式共享

作为"两山"理念的实践基地，滕头村在全面建成小康社会的道路上，成功打造了全国共同富裕示范区样板村，走出了可复制、可学习的路子。在决战脱贫攻坚、全面推进乡村振兴的背景下，各地到滕头游学的人员不断增加。为更好输出发展

❶ 滕头乡村振兴学院吸引外来人员参观学习

经验，2019年初，滕头村成立了乡村振兴学院。

学院整合高校专家、先进乡村、龙头企业等资源，组建了一支"乡村振兴讲师团"队伍，设置特色课程多达90余门，其中"常青树如何树常青"成了一款"网红"课程。学院不仅有系统的理论培训，还有现场教学。村里投资3亿多元，建立了学生社会实践基地、滕头展览馆、世博滕头馆、新时代文明实践站等一批具有题材优势和地方特色的教育平台，形成了爱国教育"大平台"、培训交流"大课堂"、理论研究"集散地"、实践发展"指导站"多位一体的全域化教育基地。针对各地农村的不同需求，开辟现场教学点，展示乡村振兴的不同特色、产业发展的不同路径。

滕头村还基于自身发展的教科书效应，联合浙江省内余村、横坎头村等80余个乡村振兴样板村形成现场教学版图，为前来学习的农村干部、产业带头人传授乡村振兴浙江经验，让浙江经验"学得会""带得走"。如，湖南省新田县乌下村干部在接受培训后，通过专家集中会诊和导师跟踪帮扶，利用当地富硒资源，建成蔬菜、水果生产和包装、物流、营销产业链，为村集体新增收入20万元。

仅经过一年多的时间，就累计有1.5万余人次来滕头乡村振兴学院学习，这种乡村振兴一线课堂的沉浸式授课模式备受学员好评。

（四）未来社区，创浙江范例

2019年，浙江省政府工作报告首次提出"未来社区"概念，滕头村以生态优先发展的绝对优势入选浙江省2021年未来社区创建名单，标志着滕头村整体人居环境的提升。2021年9月，滕头未来社区建设正式启动，将利用5年时间，总投资10多亿元，建设未来邻里、教育、健康、创业、建筑、交通、能源、物业和治理等九大场景，打造城市近郊型未来社区试点标杆，引领城乡融合共同富裕的示范高地，塑造令人向往的美好新家园。滕头村党委委员傅海丰认为："虽是社区，但我们要体现滕头村的'乡村'特点，尊重传统风貌，彰显特色，延续村庄的历史人文肌理，突出'乡村风貌、农村特色'。"

按照未来社区的标准，滕头村将重点发力数字化、智慧化，积极谋划布局5G基建、大数据中心、人工智能、工业互联网等建设，构建未来交通、未来教育、未来医疗等"未来乡村"智能化生活场景，不断提高乡村的科技感、智慧感、未来感，实现全域智慧化，全域覆盖5G设备。

在产业方面，滕头村作为"未来社区"产业高端化发展的联动基地，将积极与青创走廊联动，联合共建实验室，资源共享，协同创新创业，探索全国领先的产业应用和推广模式。针对滕头村现有产业进行全面升级，以"平台化+互联网"模式打通产业上升通道，借力滕头地缘优势及创新精神，全力导入高端服务型产业。

六、经验与启示

改革开放以来，工业富村强村的案例很多，而生态农业富村的实证不多。滕头村率先走出了以高效农业为基础、村办工业为主体、第三产业为新增长点的"滕头模式"，呈现了经济、社会、生态环境协调发展的新局面。在全面实施乡村振兴战略的时代背景下，滕头村的成功经验为广大乡村转型发展提供了样板与启示。

（一）接续奋斗，一张蓝图绘到底

"一犁耕到头，创新永不休"的滕头精神，是40多年来三任村书记风雨兼程、砥砺前行、坚持创新所体现的精神。这种精神带领滕头人从轰轰烈烈"改土造田"到改革开放兴办企业，再到转型生态旅游，走绿色发展之路……滕头村的每一步，都切中大时代的脉搏，创造了中国乡村发展的奇迹。

滕头村从改革开放至今，先后三任书记，个个是全国劳模。滕头村党委是全国先进基层党组织，前任书记傅企平是全国优秀党务工作者，现任书记傅平均是全国优秀共产党员，"两优一先"在一个村全面体现，充分展示了滕头村党组织的基层战斗堡垒和党组织书记的"领头羊"作用，村党委强村富民的本领和全心全意为民谋福利的传统，以及党员干部先锋模范作用让党的旗帜在基层阵地高高飘扬。

❶ 一犁耕到头，创新永不休

❶ 村书记傅平均介绍村庄发展规划

2016年，因客观因素，傅平均书记仓促接手村里全面工作，在克服多方面制约因素的基础上，他和新班子一同接过"继续走在前列"的接力棒，传承滕头精神，凝聚滕头人干事创业的激情和力量，紧盯适合新时代、新趋势、新消费的产业方向和经营模式，大胆创新，创立滕头控股公司，布局高科技、生态两大领域，瞄准循环经济、新材料项目投资。目前滕头控股公司已发展成为下辖30多家子公司的集团企业。对标国际一流，打造未来社区乡村版，推动形成滕头村全域旅游新格局。滕头控股公司带头捐款发起成立了浙江省首个村级养老基金——滕头常青老年养老基金，为全村老人提供长期保障。这一系列创新工作的开展，推动滕头发展再上一个新台阶。

（二）生态优先，引领农业农村高质量发展

中国特色社会主义已经迈入新时代，不仅要满足人民日益增长的美好生活需要，也要提供更多优质生态产品以满足人民日益增长的优美生态环境需要。随着国家生态环保制度的不断深化，村镇发展要素资源的瓶颈制约日趋强化，经济发展必须同时兼顾速度和质量，不仅要不欠新环境账，还要多还旧账，实现绿水青山与金山银山的有机统一。在乡村振兴战略背景下，经济发展与生态保护协同发展是建设新时代乡村的应有之义，乡村发展要坚持绿色本色，在发展中保护，在保护中发展，使绿水青山产生巨大生态效益、经济效益、社会效益，使生态环境成为新时代乡村的形象代言人。

滕头村的第一桶金就来自苗木绿色产业，从此之后坚持走生态发展之路，形成了全程生态、全域生态、全民生态的生态战略，用实践证明了生态环境和经济发展的矛盾并非不可调和，是中国乡村可持续发展的生动样板。首先，发展多样化的绿色农业产业。拓展农业生态领域，扩大农业生态效应，开发农家休闲、农果采摘、亲子互动等农事体验活动，推动生态农产品向旅游农产品转变，推动农业朝高端生态化方向发展，构建了一定的生态产业和生态服务消费市场，形成了巨大的生态产业动能。其次，优化乡村生态环境。重视乡村绿化工作，保护乡村小河流、小湖泊，彰显乡村田园风光的韵味；对于生活垃圾、生活污水进行有效处理，建设清洁干净的乡村公厕，严格治理乡村水污染、垃圾污染、土壤污染等问题。第三，提高村民生态意识。加强环保知识宣传让村民认识到良好的生态环境对于个人生活和经济发展的重要性，提高村民环保意识，制定关于保护乡村环境的村规民约，并以此规范村民的行为。最后，统一意识和行动决策。生态优先需要落到实处，在经济发展中，低环保的项目往往更具有短期高效益的诱惑，落实环保决策需要强有力的监管。滕头村成立村级环保委员会，任何进入滕头村的项目都需要经过该委员会的考评，并具有一票否决权，充分保障了滕头村优质生态环境，展现了村集体高度的环保责任心和决心，对村民起到表率作用。

（三）深化改革，实现乡村有效治理

健全乡村体制机制是提升新时代乡村治理效力的重要保障。习近平总书记指出："要把加强和创新社会治理摆到更加突出的位置，健全落实责任制，及时研究解决体制机制性问题。"要通过深化体制机制改革，提高社会治理的科学性、智能性和系统性，使社会治理更具效力。

滕头村在贯彻执行好党的路线、方针、政策的基础上，能够根据本村发展的实际需要，从体制、机制上及时进行改革，不仅从源头上解决了可能存在的不稳定问题，而且扫清了阻碍经济又好又快发展的各种障碍，保障了村集体治理有效。首先，深化经营体制改革。对村属集体企业进行多种形式的改组改造：适宜集体经营的，继续实行目标管理；对规模较大、效益较好的骨干企业，实行股份制改造；对小型微利企业，则采取兼并、租赁等办法，盘活存量资产。同时，以"三个有利于"为标准，积极推动多种所有制经济共同发展，形成了股份制、股份合作制、外商独资、中外合资、个体私营、集体所有制等企业在市场竞争中发挥各自优势，相互促进、共同发展的局面，调动了企业经营者和广大职工的积极性，促进了经济更好更快发展。其次，完善农村基层组织建设。明确村基层组织人员的组织架构、工作权责，对村基层组织人员进行工作培训和思想道德教育，提高村基层组织人员的自身能力和思想道德水平。

追逐梦想的东岭人

——"陕西第一村"东岭村的调研

    东岭村，隶属于宝鸡市陈仓镇，位于宝鸡市金台大道东段，全村210户，812人。目前，村民人均年收入超过10万元，人均住房面积超过100平方米，户均资产超过300万元。村集体下属企业百余家，2020年全村总产值超过1200亿元，解决外来就业人数达1万多人。

    一个地处西北、不足千人的小村庄，在村党委第一书记、集团董事长李黑记的带领下，追逐梦想，开拓奋进，砥砺前行，书写了一个个"东岭传奇"，走出了"东岭梦"实践"中国梦"的激情奋进之路。东岭集团逐步发展成为一个拥有百余

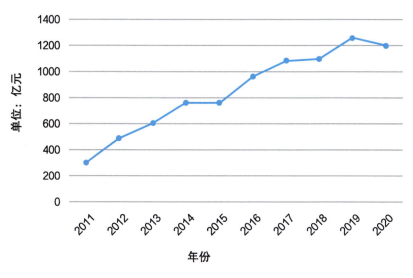

⬆ 东岭村2011—2020年总产值

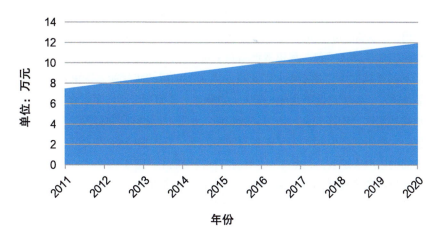

⬆ 东岭村人均可支配收入

家公司、近20000名员工、子公司遍布全国的大型企业集团，2021年位列中国企业500强第187位、中国民营企业500强第55位。从发展体量上看，东岭村是名副其实的陕西第一村，也是中国西部第一村和全国文明村。

一、一步一个脚印，从小作坊到中国企业500强的"创业梦"

纵观东岭发展史，有一个鲜明的主线，就是：解放思想，不断创新，用"改革"的办法解决发展中遇到的问题。东岭从当初家底不足万元的黑白铁皮加工铺发展壮大成为如今的全国500强企业，其跨越式的发展之路，正是我国改革开放政策在基层开花结果的真实写照。

——乘着改革开放春风，艰难创业。东岭村原本是宝鸡市金台区陈仓镇联盟村的一个生产小组，改革开放前，东岭村是远近闻名的贫困村，人均只有3分地，许多人吃不饱饭。"村东村西水汪汪，村前河滩白茫茫。半年糠菜半年粮，有女不嫁东岭郎"正是当时东岭的真实写照。以种菜、种粮为主的传统农业，无法使东岭人摆脱贫困的局面。改革开放初期，大江南北兴起了大办乡村企业热，放开手脚束缚的东岭人尝试着在3分地以外找活路。于是，他们以生产小组的名义在临街处建了16间门面房，成立了金台区联盟综合服务部，后来又成立了黑白铁皮加工厂、木材加工厂等。1985年，黑白铁皮加工厂扩大经营范围，成立了金台区东岭机械铆焊厂。1988年，铆焊厂发生乙炔爆炸事故，将村办小厂推向了崩溃的边缘。危急时刻，从一开始就在这里上班的村民李黑记站了出来，接下了这个资产不足万元的烂摊子，每年给村民小组上交5000元承包费。经过几年的拼搏实践，村组干部看到李黑记是个人才，就主动提出让他继续承包，承包费提高到了每年8万元。李黑记没有辜负全村人的期望，厂子越干越红火，逐步走上了正轨。到了20世纪90年代初，国家正式提出发展"商品经济"，各项建设事业热火朝天，对铁丝、铁钉等产品的需求量很大，李黑记敏锐地捕捉到这一市场信息，多方筹资购回2台旧冷拉丝机和制钉机，开始了第一次艰难创业，短短两年时间，工厂便盈利20多万元，资产猛增到170万元。来厂子上班挣工资的村民越来越多，"菜农""粮农"慢慢变成了产业工人。

——抢抓南方谈话机遇，大干快上。企业发展越来越好，资产越来越多，但是围绕企业是个人的还是集体的争论越来越大，甚至有些人认为李黑记就是新社会的"资本家"。这些争论和风言风语使李黑记等管理人员产生了迷惘和彷徨。1992年，邓小平同志南方谈话解决了"姓资姓社"的争论，给东岭人吃了"定心丸"，他们敏锐地意识到发展的新机遇来了，开始甩开膀子进军钢材销售市场，成为酒泉钢铁30多家联营单位中唯一的乡镇企业合作伙伴，并同首钢、包钢、山西海鑫等钢铁企业建立了良好的合作关系，很快成为年销钢材上百万吨的西北第一大户，到1994年时产值首次超过亿元，李黑记当年被团中央授予全国优秀青年企业家称号。在东岭企业快速发展的同时，因为宝鸡城市化步伐加快，作为城中村，耕地被大量征用，东岭的生存空间不断被挤压。至此，东岭已经没有了退路，只剩下工业化、城市化这条路径。就在这个时候，党中央进一步明确了"公有制为主体、多种所有制经济共同发展"的发展思路，陕西省出台了支持多种所有制经济发展的决定。借助这一东风，东岭开始了第一轮规模扩张，先后兼并了金台区物资公司、河南原阳拉丝厂、宝鸡五交化公司先锋商场、新疆水利工程公司宝鸡分公司、西安物资回收公司等6家国有和集体企业，成立了东岭集团，使小小的东岭机械铆焊厂一跃成为集金属加工、贸易、建材、运输等多项产业于一体的企业集团。随着企业的飞速壮大，1999年东岭又争取到上级的支持，从联盟村分离出来单独设村。企业董事长、总经理兼任村上的"一把手"，继续实行"村企合一、以企带村"体制，村干部和企业中层管理人员交叉兼职。2000年后，拥有雄厚资金实力和丰富市场经验的东岭村又抓住国企重组改造机遇，先后兼并了凤县锌品厂、略钢等公司，宝鸡东岭集团进一步改制为陕西东岭工贸集团股份有限公司。企业随着产业链的不断调整不断壮大，成为一个从原料到生产再到销售的全产业链的大集团，实现了又一次新的飞跃和涅槃。企业成长为集团，村民变为股东，全新的管理体制，从根本上解除了企业的"枷锁"，受到了全体村民的支持和拥护。

——应对金融危机冲击，逆势而上。2008年金融危机之后，东岭传统的优势产业受到严峻挑战。他们积极调整集团战略，充分发挥品牌和资金优势，主动适应市场需求，支持集团内部有竞争力的优势产业做大做强，大刀阔斧地压缩没有竞争力的亏损产能，大力推进新项目建设，调整产业结构，积极转型升级，投巨资进行技改或者引进新的生产线，走出了一条绿色、创新之路，大大提升了产品竞争力。东岭以钢贸起家，单品贸易方面早已是行业领军者，但是他们并没有满足于现状，而是利用企业规模、资金以及人才和资源四大优势，把企业所涉及的行业重新组合，实现从点到面的突破，最终形成全产业链的发展新模式。向上，东岭集团在冶炼原料市场上大做文章，在保证自己冶炼厂供应的前提下，大胆纳入矿粉贸易业务，利用他们成熟的贸易团队，东岭很快成为国内众多锌冶炼企业的原料供应商。向下，东岭集团在上海设立了国际贸易部，不仅负责自己冶炼厂的产品销售，还大举向其他企业冶炼厂要货，利用自身渠道，销售其他冶炼厂家产品。同时，试水"贸易+资本、贸易+金融、贸易+期货保值"等创新经营模式，让企业在有色金属产业上走上了产业化发展道路。比如在有色锌产业板块，集团上游自己有矿山，并建立原料采购经营队伍，不仅从别人的矿产采购原料保证自己生产所需，而且把采购的原料供应给其他冶炼企业；中游不仅有自己的冶炼企业，而且还把别人的工厂发展成自己的加工厂；下游建立起强大的市场营销队伍，不仅卖自己的生产产品，而且还把别人的产品买回来再卖出去。通过多年合纵连横，东岭建立了开放、共享、共赢的商业生态，形成核心竞争优势，实现1+1>2的财富效应，保证了企业在一次次的市场竞争中独占先机、赢得主动。

🔴 东岭矿产之一

——**勇立转型发展潮头，做大做强。**2014年左右，受宏观经济影响，许多贸易企业纷纷改行或退出市场，东岭集团却从中看到商机，转变思路，不退反进，把别人退出的市场当作东岭要拓展的市场，向商业地产、金融投资、国际贸易、能源化工、互联网等领域全面进发，实现了成功逆袭，成为民营企业发展的"传奇"。按照"巩固西部、拓展中部、进军东部"的思路，东岭全面实施"织网计划"，先后在湖南、广东、江苏、北京、天津等地成立新公司20多家，在保持原有贸易规模的基础上，改变过去单纯依靠省会城市布局，分层次向周边地市级城市扩张，通过增加网点来增加规模、扩大销售，从而把销售网络织得更密、更大。在内外贸易方面，东岭将线上线下、期货和现货、电商和物流紧密结合，创造性打出"贸易+资本""贸易+实体""贸易+仓储""贸易+互联网""贸易+运输"等组合拳，确保了经营贸易"上规模、扩市场、促发展、保效益"，走出了一条独具特色的经营之道。在企业信息化方面，在上海陆家嘴金融商务中心设立了上海金克金属贸易有限公司，成立"黑色金属研究院""钢谷网数据研究中心"和"有色金属投研中心"，对各分公司和销售网点的市场信息和有关数据进行汇总，为企业打造了一个强劲的"芯"，让东岭产生"核裂变"，爆发出前所未有的能量。在资本运营方面，创新思维，不断拓展新业务，增强自身造血功能，引进实力强劲的职业团队，在北京、上海、西安成立资产管理公司，2016年为企业盈利过亿元。在企业管理方面，推行集权式管理，实

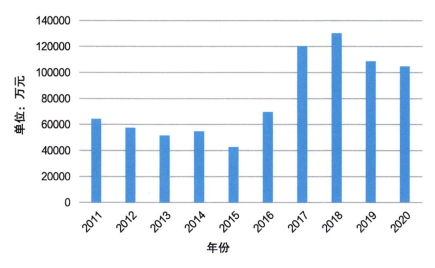

⊕ 东岭村上缴税金情况

行垂直领导，各分公司对市场的决策、部署从上到下由一人决定，减少内耗、提高效率，把手掌力量变成拳头力量，确保效益最大化。在对外扩展方面，采取"合伙人"制度，成功引进皖北煤电集团、英国洲际酒店集团、银泰商业、中建三局、中国中铁等巨头，不断扩大自己的经营领域。同时，投资230亿元，建设新东岭城市综合体，让宝鸡这个西北城市有了203米的超高层地标性建筑，被当地人称作"西府的名片，宝鸡的浦东"。借助这一项目又引进了皇冠假日酒店、银泰商业等一批国内外著名企业，大步跨入第三产业。近40年来，东岭在金融系统无一笔不良记录，"东岭"钢材销量连续多年稳居全国第一，"东岭"锌锭成了国内市场上的高端产品，"东岭"品牌成为全国著名商标。2017年，东岭的内贸和外贸业务分别实现总收入336.24亿元、941.4亿元，同比增长43.9%、41.8%，下属企业达到100多个，遍布上海、广州、浙江、云南、湖北、湖南、新疆等20多个省区市，集团公司上缴税金达到12亿元，成为陕西首个总收入过千亿元的民营企业。

二、一个都不能掉队，从吃饱饭到户均资产300万元的"共富梦"

习近平总书记强调："全面建成小康社会，一个也不能少；共同富裕路上，一个也不能掉队。"东岭村在发展中，始终把共同富裕作为自身发展的核心要义，从制度上保障村民收入增长。

——走向共同富裕。改革开放之初，东岭村和其他地方的城中村一样，也面临着许多机遇和挑战。走什么样的路同样是摆在东岭人面前的一道难题。当时，受制于村组干部管理的弊病也越来越突出,特别是在小富即安、"分光吃净"的思想支配下,有人提出把村里的资产分到个人名下,和周边村一样各家各户自己发展。经过多次协商,东岭最终选择了一条"村企合一,以企带村,共同富裕"的发展之路:村上原有的集体资产由村委会集体管理,以村委会集体股名义参股东岭集团,握紧一个拳头,不断壮大集体经济实力,由此带来的财富增值统一归全体村民所有。同时,不愿意在村集体企业上班的村民,也可以自己发展,作为村民,这部分人的集体分红、福利等都不受影响。在东岭集团带动下,目前东岭村已实现了企业发展集团化、村民住宅高层化、农民生活城市化,户均资产达到300多万元,人均住房面积100平方米,人均年收入12万元,在全国十强村中位居第四。全村在陕西省率先实行村民子女从幼儿园到中学全部免费教育,考上大学有奖励,毕业返回东岭工作的,及时返还全部学费;村民每年可从企业分红,老年人有村上发的退休金,在企业上班的村民、员工均享受"五险一金";为企业发展作出突出贡献的专家、管理人员或员工被吸收为东岭荣誉村民的,享受与村民同样的住房、分红、子女免费上学等福利待遇;集团还组织员工、村民到日本、欧洲、中国港澳台等地考察、旅游,开阔视野。可以说,东岭的富裕不是少数人的富裕,而是一户不落、一人不少真正的共同富裕。

——建设美丽家园。1995年以前,村里的房屋大多是村民自己翻建的二层民居,兼有出租房,村庄排污不畅,供电不足,道路坑洼不平,脏乱差问题突出。2001年,东岭邀请设计院专家对新村进行规划设计,投资4200多万元建成了6栋仿欧式结

❶ 美丽东岭村——石鼓文化廊桥

构的村民住宅小区,所有村民和企业部分干部户均一套,面积在130平方米以上,并成为全省首家"数字电视村"。之后,又先后投资5000多万元进行绿化美化,建成"省级绿色文明社区"。2006年后,结合更大规模的"城中村"改造,东岭投资10多亿元,实施"东岭新时代"一、二期住宅工程,绿色文明小区面积超过23万平方米,楼群达到34栋。2009年冬季又投资1500万元,在小区辟出3300平方米土地,聘请苏州古建园林公司设计、施工,建造了供村民休憩、观赏、游览的苏式"和园",在宝鸡率先实现了从传统农村到现代城市的大跨越。

——**真诚回报社会**。东岭人深深懂得,没有党改革开放的好政策,就没有东岭集团今天的好日子,回报社会、奉献爱心是民企应尽之责。据统计,东岭集团自成立以来累计为国家贡献税收78.9亿元,累计捐资3亿多元,援建宝鸡市和部分县区重大民生工程10余项,支持扶贫、助学、架桥、修路等社会事业。2008年,汶川大地震发生,东岭在汉中略阳、宝鸡凤县等地的企业也遭受损失,但他们想的不是自己的小灾,而是大灾。灾后第二天,就赈灾捐款278万元。2009年,拿出50万元捐给宝鸡市慈善总会,2015年向省慈善总会捐助500万元。投资8600多万元援建宝鸡渭河石鼓文化廊桥,既方便了渭河两岸群众出行,又为提升宝鸡城市形象、促进文化旅游发展建立了新窗口。积极参与国企改革,为政府分忧解难,为社会稳定尽力,是东岭承担社会责任最突出的贡献。自1996年以来,响应省市政府号召,东岭先后参与宝鸡凤县锌品厂和焦化厂、陕西略钢等11家濒临破产倒闭国企的脱贫解困改制工作,为国家挽回经济损失50多亿元,让企业起死回生,接收和安置上万名国有企业职工,成为所在区

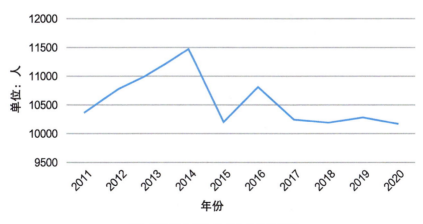

東岭产业解决外来人员就业情况

域内重要的支柱企业和纳税大户。2003年兼并陕西略钢时，略钢负债率达92.09%，东岭集团在占股比例51%的情况下，承担了企业全部债务，为职工按时发放工资，投资20多亿元扩产改造，直到2017年才扭亏为盈，保住了略钢3万名职工和家属的饭碗，确保了社会稳定。被陕西省委、省政府表彰命名为"社会公益慈善事业突出贡献企业"，荣获"中国扶贫·企业贡献奖"。

三、一种精气神凝聚正能量，从腰包鼓到全国文明村的"和谐梦"

东岭人富了，物质条件有了根本改善，但是，如果村民的文化、思想跟不上，发展就会失衡，就会迷失方向。东岭村秉承"既要把人带富，更要把人带好"的理念，围绕一个"好"字大做文章，一做就是30多年，实现了物质文明和精神文明双丰收，成为全国的一面旗帜。先后获得"中国十佳小康村""全国文明村""中国经济十强村"等上百项荣誉。2016年10月26日，中央电视台《新闻联播》节目以《东岭村：两个文明齐抓并进》为题进行了专门报道。

——**宣传引导，做事先做好人**。东岭村建立了道德讲堂，实行每月开讲制度，坚持"唱一首歌曲""看一部短片""诵一段经典""讲一个故事""做一番点评"的流程，常态化开展讲述"好人"故事、传统文化、志愿服务、文明交通等，参与受众人数逐年增多，社会主义核心价值观得到了广泛传播，先进典型层出不穷。最美村民杨彩荣每月16日自带理发工具，到村里为村民免费理发，一干就是10多年；最美志愿者罗卫军免费为孩子们辅导乐器，从不懈怠喊累；村民公认的热心人岳巧志，无论哪家老人去世，他都跑前跑后，一直到为老人办完后事。每天傍晚，在东岭和园人们会看见一支充满活力的舞蹈队，吸引了不少村民驻足观看。为了丰富居民文化生活，东岭村在全市率先成立村民文化活动小组，组织群众广泛参与。他们先后成立了秧歌队、舞蹈队、管乐队、合唱队、自乐班等文化活动小组，每周定期开展演练或培训、演出活动，受到了居民的广泛好评。同时，每逢传统节日，村上还会组织志愿者服务和青少年兴趣培训等活动，进一步丰富了村民的文娱活动，让群众生活得更加健康快乐！

——**村规民约，规范行为准则**。钱多了怎么花？有些地方先富起来的村民走上牌桌，沾上赌瘾；还有人追求刺激，染上毒瘾。这种教训在全国并不鲜见，可是在东岭几十年却没有发生一起违法案件。东岭的《村规民约》成为规范村民的行为准则，共五章二十六条，从邻里关系、环境卫生、家庭和谐、婚丧嫁娶，甚至宠物管理、家畜家禽饲养等各个环节对村民行为进行了规范，一旦违反《村规民约》，都有相应的处罚措施。《村规民约》的内容看似都是细枝末节，但却对培养村民社会主义核心价值观有着潜移默化的积极作用，在一定程度上成为村民的道德指南。对不遵守村规民约、违反规章制度的，严厉批评教育直至经济处罚；对个别挖集体墙脚、给集体造成重大影响和经济损失的，除如数追回损失外，还要在村民大会上作认真深刻的检讨，否则取消全家成员享受集体的福利待遇；村民按规定享受企业分红待遇，不许坐享其成、坐吃山空，男50岁女45岁以下、身体健康无特殊情况的，要人人找事干，为东岭、为社会作贡献，实现人生价值。

——**移风易俗，倡导文明新风。**多年来，东岭村持续开展"善行义举""感恩教育"和"十星级文明户""身边好人""好婆婆好媳妇"评比等主题活动，评定结果与经济利益挂钩，使精神文明建设化虚为实，更接地气。东岭村专门成立红白理事会，提出了"三个严禁"和"四个坚持"：严禁唱戏、严禁演歌舞、严禁叫管乐队，坚持不讲排场、不摆阔气、不互相攀比、不举债办事。村上老人去世后村委会专门慰问，统一组织，从简操办，既减少了群众大操大办，又让群众感受到了集体的温暖。对村里出现的好人好事和考上大学的学生进行表彰，凝聚精气神，传播正能量，在全村形成了一种文明新风尚。

——**凝聚人心，塑造企业文化。**经过近40年的发展，东岭集团企业文化在实践中提炼，在提炼中发展，在发展中创新，形成了以"解放思想、不断创新，追求卓越、永无止境"为核心的企业精神。"容天下人，干天下事"的人文情怀，让员工融入东岭，热爱东岭，奉献东岭，激发员工创造力和积极性，在提高企业工作效率的同时为企业树立了良好形象。"不发展是企业最大风险"的忧患意识，"只做第一第二，否则不做""合格不是目的，精品才是目标"的品质要求，这种"工匠"精神和精益求精的追求，让员工产生强烈的认同感、归属感和使命感，形成了一种巨大的吸引力，让员工们心往一处想，劲往一处使。这些独具特色的企业文化，渗透在东岭人工作、生活的方方面面，无处不在，成为东岭的无形财富和软实力，为东岭带来优异业绩和良好口碑。

四、一个能人一面旗，从建堡垒到全省先进基层党组织的"初心梦"

"听党话，跟党走""没有党，就没有我们的一切"，这是东岭人的共识。东岭从一开始，就把"坚持党的领导"放在极其重要的位置，牢记使命，不忘初心，他们事业发展的每一步，党建工作都起到非常重要的作用，让东岭始终航行在正确的航道上。

——**勇于担当，有一名以身示范的领路人。**古语云："教者，效也，上为之，下效之。"一个好榜样，可以感召一群人、带动一群人、凝聚一群人。东岭领头人李黑记就是一面鲜亮的旗帜。1995年初，东岭推行村企一体化，李黑记当选村主任，为了让群众放心，他把自己多年承包企业赚来的6000多万元无偿捐给了村集体。1999

⊙ 第一书记李黑记（前排中）与工人一起下矿井作业

年，企业股份制改造，按照多数人的意见，李黑记是企业承包人，是理所当然的大股东，但李黑记坚决不同意。他说："事业要靠大家干，我只是东岭的一分子。"在他的坚持下，大家最终同意了他的意见，村集体成为公司的绝对大股东，他个人在企业只占股不到3%。几十年来，李黑记初心不改，没有豪华别墅、没有外籍身份，和普通村民居住在一起，和普通职工一样，一身工装进进出出。不配秘书，所有的讲话材料都是自己亲自撰写。"一把手"不求吃穿、不求奢华、一心一意踏实干事的作风，给东岭上上下下树立了标杆。

——党建引领，有一个坚强有力的主心骨。东岭在起步阶段，就显示出不一般的远见卓识。1994年，随着东岭机械铆焊厂产值超过亿元，成为全国典型，村企矛盾也在加剧。如何化解矛盾？当时尚未加入党组织的李黑记想到了党组织。他们邀请原在宝鸡市纪委工作的退休党员干部岳键作为"党代表"来到企业工作，为企业发展汇聚合力。2002年，东岭村党组织升格为党委，2003年正式成立了东岭村和东岭集团党委，两块牌子，一套人马，合署办公，从此东岭村的基层组织建设进入了全新阶段。村（集团）党委结合自身实际，坚持人和项目落在哪里、党组织就跟进到哪里。目前，党委直接管理5个基层党委、10个党总支、48个党支部，辐射到全国20多个省市，建立在末梢的党小组达到120多个，党员人数达到2500多人。在村里，党小组是群众的服务队，是文明村风的风向标；在厂矿车间，党小组是员工的主心骨，是

⬆ 村书记李磊（左二）与部分村领导

生产一线的攻坚队。陕西省劳动模范、略钢炼铁一号高炉炉长、共产党员黄述军每天在上千摄氏度高温的铁水旁工作，一干就是30年，身上留下10多个烫痕，这样的先进典型在东岭比比皆是。在40多年的发展中，东岭村（集团）党委始终坚持把党员高看一眼、厚爱一分，对优秀党员压担子、给位子，子公司经理绝大部分由党员担任。党员班、党员攻关小组等活跃在厂矿、车间，"一个党员一面旗帜，亮牌上岗展风采"成为东岭事业发展中一道亮丽的风景线。

——开拓奋进，有一支能征善战的好队伍。企业要发展，人才是关键，东岭决策层更是深谙此理。他们一直坚持"事业留人、机制留人、待遇留人、感情留人"的理念，四面八方请专家，不拘一格用人才。近年来，平均每年招聘大学生400余人、各类高级管理人员20多人、职业化团队5个、技术骨干60多人。同时，集团大力实施"登顶计划"，加快企业后备人才队伍建设。从2015年开始，每年选定100名优秀人才，进行重点培训培养。正是在这种干事创业的环境中，不少人才脱颖而出。在关键领导岗位上，大部分高层和专业技术骨干都是引进的行业翘楚。东岭引进人才，不是一个、几个地引进，而是根据需要，整建制地聘请一流团队。为把凤县锌品厂救活，东岭不惜重金，请来了国内锌冶炼行业最好的70多名专家、技术骨干，先后投资20多亿元进行技改扩产，如今的凤县锌品厂不仅还清了银行贷款，还成为国内火法锌冶炼规模最大的企业，由凤县欠债大户变成了纳税第一大户。麟游崔木煤矿建成后，东岭自身缺乏这方面的专业人才，他们引进皖北煤电集团专业化队伍来托管生产。如今的崔木煤矿，上至矿长、工程师，下至掘进队等600多名管理生产人员均来自皖北煤电集团。四方会聚来的各类人才，把生产技术、企业管理提升到更高档次，在全国贸易经营、铅锌冶炼等行业，东岭已经成为人才专业化程度最高的团队。

五、经验与启示

东岭是我国改革开放40年农村发展的实践者，是一曲开拓创新、全面进步的时代强音。窥一斑而见全豹，回首东岭40年的改革发展历程，最大的特点是加快发展、社会和谐，最大的亮点是共同富裕，是我国农村改革发展的典型代表。东岭的发展，得益于党的改革开放政策，得益于他们选择了一名不甘贫穷、艰苦奋斗的领路人，更得益于他们走出了一条"以企带村、村企合一、共同富裕"的发展道路。透过"东岭之路、东岭之变、东岭之梦"，其示范意义和精神价值不言而喻。

（一）不忘初心、牢记使命，是东岭发展成功的核心

中国共产党人的初心和使命，就是为人民谋幸福，为中华民族谋复兴。40年来，东岭人一直把顽强拼搏、共同富裕作为他们工作的出发点和落脚点，以永不懈怠的精神状态和一往无前的奋斗姿态，朝着建设富足东岭、美丽东岭、和谐东岭的宏伟目标奋勇前进。在家国情怀的精神感召下，他们始终把"坚持党的领导"放在极其重要的位置，早在20多年前，他们就自觉在企业设立"党代表"，开全国村企的先河，他们事业发展的每一步，党建工作都起到非常重要的作用。东岭"村企合一、以企带村、共同发展"的新体制，最大化地适应了生产力的发展，解答了"发展为了谁"的问题，彻底打消了村民顾虑，不仅使企业得到快速发展，也让集体经济得以不断壮大。特别是他们在富裕之后，杜绝"坐享其成、坐吃山空"，坚持人人劳动，摒弃不劳而获的价值取向，让人人有目标、有动力、有活力。

（二）解放思想、坚持改革，是东岭发展壮大的关键

改革是推动社会发展的根本动力。农村巨变，要靠政策，但更需要干部群众观念的不断更新。改革开放40多年来，全国各地改革发展的伟大实践，极大地调动了亿万农民的积极性，极大地解放和发展了农村社会生产力，极大地改善了广大农民的物质文化生活，使我国农村发生了翻天覆地的变化。改革开放初期，不少村庄开始兴办企业，然而在发展的过程中，许多曾经很辉煌、比东岭强大百倍的村办企业慢慢退出了历史舞台。而东岭却一步步地发展壮大，究其根本，在于东岭人不断解放思想、坚持改革，抢抓机遇、善抓机遇。在东岭，解放思想是他们几十年来一直在强调的话题，李黑记几乎逢会必讲。这主要是因为东岭在发展中的每一个重大决策，几乎都是

在解放思想、转变观念、创新思维、开放体制的情况下做出的。离开这一条，东岭就不可能顺时应势，走上"以企带村、村企合一、共同富裕"的道路。同样，离开改革精神，他们也不可能走上兼并国企、资产重组、股份制改革，以及今天的现代企业制度的道路。在发展过程中，东岭一个鲜明的特色就是永远创新、永不满足。李黑记一再强调："企业不创新，只有死路一条；企业不发展，就会被其他企业吃掉；敢为天下先，永远争第一。"这种危机意识和永不满足的精神，让东岭人永葆奋斗之姿，始终能自我加压，负重前进，不断开创新的局面。

（三）群众信赖、坚强有力的领导班子，是东岭成功的保证

东岭几十年的发展成就，与他们的领导班子分不开。李黑记在几次重要关头，所表现出来的人格魅力和宽广胸怀，让群众看到了他的高尚品质。比如，在1995年"村企一体化"的关键时刻，他把自己的财富全部捐给村集体，赢得群众信赖；1999年开始股份制改造时，他又毅然拒绝大家的提议，坚持把村集体作为企业的大股东。秉承"家小我、村大我"、一心为公的道德情操，是他带领东岭集团取得成功的根本保障。同时，东岭村（集团）上下各级领导班子始终与李黑记同心同德，几十年风雨同舟，艰苦拼搏，勇敢担当，赢得村民和企业员工的信任与爱戴。在强有力的班子的带领下，东岭人始终以开放包容的姿态，广泛吸纳社会各界优秀人才，凝心聚力，艰苦创业，不断把东岭事业推向新高度。实践证明，农村社会经济的持续发展，农业和农村现代化的实现，需要这样为集体无私贡献，把创业的出发点和着力点放在农民切身利益上的领导班子。领导班子一心为民，努力作为，才能赢得党和群众的信赖。东岭今天的成就，正是因为有了这样一群好的带头人，正是因为他们不畏艰险、勇于探索、大胆实践、百折不挠，才实现了东岭经济社会的跨越式发展。

（四）把人带富、把人带好，是东岭两个文明齐头并进的灵魂

宝鸡是周礼传承的故乡，崇德尚礼是宝鸡人的优良传统，也是东岭村民的特质。经济的高速发展和各种健康文明文化活动的普及，使东岭村民的精神面貌也发生了可喜的变化。谦虚礼貌、说话和气是东岭人的自然表现，崇德尚礼、移风易俗已成为村民的自觉行动。这种良好的行为习惯都是在李黑记倡导的"先做人，后做事；做好人，做好事""把人带富，更要把人带好"的观念下形成的。这种"富与好"相结合的村庄文化、企业文化交相辉映，使东岭的精神文明建设始终走在了时代前列，让东岭人在市场经济大潮当中，始终不忘初心，勇立潮头。这些年来，东岭村没有发生一例违法犯罪的人和事，还获得"全国敬老模范村""全国民主法治示范村""全国婚育新风进万家活动先进乡村""全国美德在农家活动示范点""全国和谐社区建设示范社区""全国乡村振兴示范村"等荣誉称号，先后涌现出10多名全国、省部级劳动模范，30多名省市党代表、人大代表、政协委员。

海滨渔村产业融合推进乡村全面振兴

——辽宁省大连市后石村调研

　　我国东部临海，海岸线总长度达3.2万多公里，海岸有平原海岸、山地港湾海岸及生物海岸3类。临海有村庄，有城市，但占比最大的还是村庄，居住在村庄里的村民，早些年主要以捕鱼为生，随着渔业发展，逐渐转变为海水养殖、海产品加工、物流服务与旅游。随着乡村振兴战略推进，海滨渔村产业转型，促进一二三产业有机融合，逐步实现了乡村全面振兴。辽宁省大连市后石村通过一二三产业融合发展，实现了共同富裕与村庄有效治理，成为海滨渔村振兴的成功典范。

一、后石村基本情况

　　后石村隶属于辽宁省大连市金普新区大魏家街道，地处辽东半岛南端的渤海金州西海岸，双跨东海和黄海，三面环山，一面临海，距大连市中心38公里，处于大连市半小时经济圈内。全村面积11.22平方公里，耕地195公顷，果园183公顷。海岸

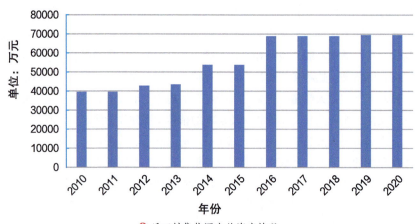

后石村集体固定总资产情况

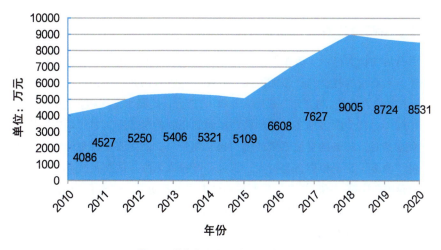

⬆ 后石村集体上缴国家税金情况

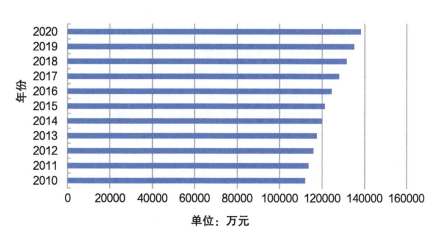

⬆ 后石村全村年生产总值情况

线长6公里，海水养殖近240公顷，海珍品育苗室1.5万立方水体。下辖4个村民小组，1068户，3268人，外来务工人口4000多人。后石村以集体经济为主，2021年，村实业总公司下属一二三产业企业23家，企业性质有村集体企业，有引进的合资和独资企业。村集体总资产6.95亿元，净资产6.1亿元，社会总产值达到13.8亿元，农民人均年收入近8万元。后石村先后获得全国文明村、全国模范村委会、全国全面建设小康社会百佳示范名村、中国农业精品村、全国造林绿化千佳村、中国美丽乡村百佳范例、中国美丽休闲乡村等100余项区级以上荣誉称号。

二、后石村产业融合发展路径

后石村的档案显示，改革开放以前，村民主要以捕鱼为生，有部分种植杂粮。1958年，后石村的社会总产值30万元，农民人均收入79元；后经过20年发展到1978年，全村社会总产值134万元，农民人均收入167元，略高于全国和全省平均水平。

1982年，在全国多地实行家庭联产承包责任制的形势下，村"两委"班子在征求群众意见时，90%的村民不赞成搞"包干到户"，而主张实行专业集体承包。为此，村"两委"班子根据自身特点，加大一产投入力度，改变传统养殖结构，作出了围海养殖的决策。1983年冬，后石村动员上千名劳动力，建成了金州区第一个围海养虾场，此后的10年中，养虾场为村民带来了数千万元的收入。有了资金的积累，后石村发展了一些村办企业。这些产业的发展，促进了村集体经济以年均48%的速度增长。

20世纪90年代，农村集体经济有自然资源、社会资源和人力资源优势，同时还具备产品品牌优势等，这些对外来资本都很有吸引力。后石村用集体经济的这些优势吸引外来资本，推进一产业与二产业的有机融合。后石村让外来资本成为集体经济的投资者和经营伙伴，实行紧密型合作，充实集体经济能量。比如，村办纸箱厂以产品优势吸引了外来投资4000多万元，进行了扩大改造，使村集体收益成倍增加；村办海参养殖场以资源优势吸引了私营业主投资3000多万元，拦海80公顷，投石75万平方

❶ 后石村海珍品育苗室和养殖场

米，建成海参殖圈，新建1万立方水体的海珍品育苗室及工厂化养鱼场，使养殖场生产规模扩大5倍。后石村又以土地资源优势，不断吸引外来企业投资。同时，以集体企业为龙头，吸引外来企业和农户进行配套合作，实现共同发展。如村集体投资建设了海参加工厂，带动周边10个私营业主投资上亿元建设海参养殖场，成为当地首屈一指的海参加工厂和原料供应基地；村集体投资建设了水果加工厂，收购本村及周边上千户果农的水果进行加工，成为周边最大的水果加工基地。

党的十八大以来，后石村"两委"坚持以经济建设为中心，充分利用城郊村、临港村、临海村和土地资源丰富的有利条件，大力实施"三产联动三步走"经济发展战略。按照"做优一产、做强二产、做活三产"的"三步走"总体思路和规划布局，在村"两委"带领下，通过深化改革、扩大开放和科技创新，逐步调整优化产业结构和产品结构，使后石村的经济发展不断实现新的跨越。

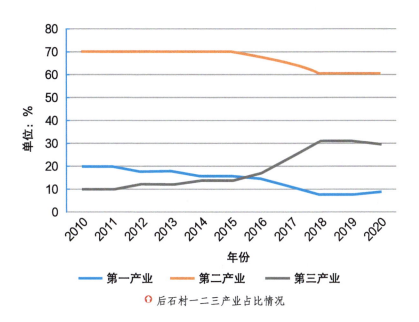

后石村一二三产业占比情况

（一）做优一产，提升高品质供给

后石村着力念好"山海经"，提升农业发展质量和水平。村"两委"带领广大干部群众调整农业产业和产品结构，将早期的低产粮田和栽植小国光、毛桃子的果园逐步进行调整和改造，先后组建了5个村集体所属果树农场，大力发展富硒和SOD红富士苹果、加工用黄桃、优质大樱桃等新品种水果基地近300公顷。其中大樱桃120多公顷，红富士苹果110多公顷，加工用黄桃50多公顷。全村各类果树总株数达到15

万株，水果年产量达到260万公斤，成为辽南优质水果的重要产地。利用临海地理优势和资源，先后建设对虾养殖场110公顷、海参养殖场130多公顷、海珍品育苗室1.5万立方水体，组建海洋捕捞船队和养殖公司，发展海水育苗、养殖、捕捞一体化生产。目前村集体有农业企业7家，农业总产值达到6000万元以上，可安排农业劳力400余人。

（二）做强二产，提高产业技术含量

后石村结合本地区农产品丰富、外向型经济发展快等特点，积极发展以农产品加工为重点的工业企业。通过自筹资金和对外招商引资，先后自建和引进建设农副产品加工、储藏、包装、造纸、化工、制药等工业企业23家，工业年产值可达到10亿元以上，可安排500余名农民就业。

特别是近两年，原材料价格涨幅很大，人工成本越来越高，新冠肺炎疫情又影响了企业原材料采购和产品销售，做优二产遇到前所未有的困难。村"两委"和企业领导共克时艰，重点抓技术改造，抓新产品开发，抓降本增效，不仅使工业企业能够坚强地活下来，而且大大增强了内生动力。2021年，村纸膜厂追加投资约800万元，新增厂房、库房建筑面积8000余平方米，对成型、定型、干燥、自动化输送、加湿等生产线进行了全面的技术改造，开发环保型纸膜包装新产品达到100余种，主要用于出口企业产品包装，实现了由过去单一餐盒向高档环保工业用纸膜包装材料的转型升级，产品技术质量水平与国际保持同步。因自动化水平高，用工率降低40%，废品率低，大大节约了成本，提高了收入。改造后企业年产值达到5000万元。村福利包装厂2021年投资约130万元，新上了一条高档彩印包装生产线，主要生产用于食品和出口企业的精品外包装，该条生产线年生产能力可达到3000万元。这两个工业企业经过技术改造后，大幅提高了产品档次和市场竞争力，年总产能力将达到1亿元以上，形成了内外包装完整配套的产业链和供应链，成为后石村又一支柱产业。

（三）做活三产，拓展村域发展空间

一是利用大连临海临港的特殊条件，成立后石运输公司，先后购置运输车辆200台，年运输能力达到800万吨，成为大连市具有很强竞争能力的运输企业，自成立以来，累计上缴利润6000余万元，成为村集体企业中上缴利润的大户。二是发展观光旅游业。通过招商，引进世茂集团海滨旅游项目，在6公里海岸线上建设梦幻岛、水上乐园和世茂温泉酒店。积极发展农业观光旅游，全村现已建设大樱桃观光采摘园等5个。全村旅游业年接待国内外游客达10万人次，实现旅游收入2000万元。三是发展餐饮业。后石村以村办滨海酒楼为龙头，充分调动村民积极性，带动村民建成了具有后石特色的海鲜美食一条街，全村现有海鲜饭店、酒楼达19家，成为大连市民和外来游客品尝大连特色海鲜的好去处。四是发展房地产开发和建筑业。引进世茂集团开发以别墅群为主的住宅小区6个，累计完成总建筑面积达到20万平方米。近年来，后石村的房地产开发和建筑业，已成为地方主要税收来源，最高年份上缴税金9000万元。

后石村通过不断调整优化产业结构，一二三产业得到了融合协调发展，实现了后石经济"三步走"跨越式发展目标。

三、后石村全面振兴方略

后石村在实施乡村振兴的实践中总结出一条重要经验，就是要两个文明建设一起抓。他们坚持的理念是：不抓精神文明建设，乱；不抓物质文明建设，穷；穷和乱都与乡村振兴背道而驰。后石村要两个文明一起抓，两个成果一起要。村"两委"在抓好物质文明建设的同时，以党建为引领，实现了政治、社会、文化和生态文明建设的全面发展。

（一）抓党的建设，充分发挥凝聚力作用

后石村党委下设10个党支部，拥有党员152名。村"两委"高度重视抓好党的建设。一是坚持政治学习教育常态化和制度化。党组织内坚持"三会一课"制度，企业内建立职工学习小组，坚持每月四小时学习制度，村党委建立学习检查小组督导政治理论学习。二是村党委层层落实党建工作责任制，建立了党委抓支部、党委书记抓支部书记、支部书记抓党员的工作机制，把党建工作纳入村组、企业两个文明建设的年度重点考核内容，实现了党建工作规范化。三是积极实施"一线筑垒"工程，将党

❶ 村"两委"部署防疫和复工复产工作

建工作中心下沉到10个党支部，按"六项标准"构建战斗堡垒，增强了党组织的凝聚力和战斗力。四是重点培养和重用党员干部。除退休离职的老党员外，后石村近百名党员都安排在企业和村级管理岗位，成为抓好全村两个文明建设的中坚力量，发挥了先锋模范作用。五是主要领导干部率先垂范。目前在全村已经形成了"要求村'两委'成员做到的，党委书记首先做到；要求党员做到的，支部书记首先做到；要求群众做到的，党员首先做到"的良好政治生态，开创了全面从严治党的新局面。

（二）抓村庄整治，推进社区有效治理

针对后石村地域面积大、居住范围广的特点，开展有特色的村庄整治工作。

一是整治村容村貌。为推进美丽乡村建设，后石村注重抓好环境整治。成立专业环卫队，每天坚持对大街小巷和公共场所进行清扫。在街巷和企业定点设置垃圾箱，收集、清运、分拣分类生活垃圾，送到垃圾处理厂集中处理。村屯街面整洁干净，脏乱差现象得到了有效根治。

二是加大基础设施建设投入力度。党的十八大以来，为提升管理水平，后石村

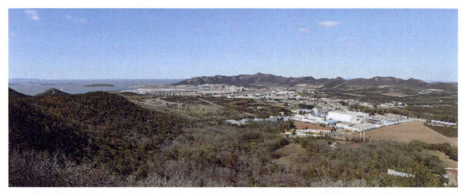

❶ 海滨后石村全景

修建了1条长8公里的二级标准主干路，村内大街小巷和果园全部实现了道路网格化和路面硬化。以道路两侧和公共场所为重点，配套实施了绿化、美化、亮化工程，成为大连市"花园式村庄建设优胜单位"。为解决村海水倒灌严重、村民和企业饮用水不达标问题，村里投资700余万元，铺设一条长达16公里从金州城区引接的自来水专用管线，接通每家每户和每个企业，让全村都用上了国标自来水。大兴农田水利配套，村内农田、果园实现了节水滴灌全覆盖。通信网络、有线电视通往家家户户。美丽乡村基础设施配套完善，功能有效，维护良好，运转正常，创造了宜居、宜业、宜游的良好环境。

三是建立"老有所养，病有所医"的长效机制。后石村"两委"坚持以人民为

❶ 后石村地标工程——金州湾大桥

中心的发展思想，自2014年以来，村集体累计投入9500万元，为全村女性达到40周岁、男性达到45周岁的村民全额出资办理养老医疗保险；同时，村集体还全额出资为每户办理了农房保险，为每位村民办理了普惠保险，为女性39周岁和男性44周岁以下村民办理了城乡一体化保险。各种保险的办理，为村民提供了保障，也提升了村民幸福感和获得感。

（三）抓文化建设，培育新型农民

乡村振兴，人才先行，基于此，后石村开展一系列文化建设工作。

一是创立和完善"一条龙"教育服务体系。后石村党委结合本村实际，创立了"迎接好生的，培育好小的，引导好少的，教育好大的，照顾好残的，敬养好老的，安置好死的"一条龙教育服务体系，并根据不同时期的变化和要求，不断丰富和完善教育内容，提升教育档次水平。通过系列教育，为后石村村民树立社会主义道德风尚、优化民俗民风、促进乡风文明、实现农村社会有效治理和培养新型农民发挥了重要作用。

二是树道德典型和开展农村公益服务。村党委坚持对村民进行社会主义核心价值观教育和爱党、爱国、爱集体教育，注重培育新时代新型农民。在本村选树村民身边的道德典型，开展向村革命烈士王福清、爱岗敬业白克升、见义勇为陈立云等本村典型人物学习的活动，营造"崇德向善、见贤思齐"的良好氛围。积极开展志愿服务活动，设立农村志愿服务站点，组建了一支35人的志愿者队伍，面向留守老人、留守儿童、孤寡老人、残疾人等困难群体，常年开展农村志愿服务活动。

三是实施文化惠民工程，不断丰富村民精神文化生活。村集体加大了投入力度，建设农村文化广场，为抗美援朝特等功臣王福清烈士建设占地5公顷的福清公园。在东屯和西屯建设两个大型文化休闲广场，设立文化墙和文化专栏等。设立党员活动室、村史馆、图书室、档案室、阅览室、老年活动中心、高标准幼儿园等。建设足篮排综合球场、老年门球场等多个文化体育活动场所，并在村里安装健身设施。组建一支百人威风锣鼓队、一支20人的老年门球队，同时还有一支60余人的文化活动骨干队伍。通过建设文化体育休闲设施场所，组织村民搞好文化娱乐活动，极大地丰富了村民的精神文化生活。

（四）抓生态建设，优化美丽休闲乡村生态环境

为营造宜居、宜业、宜游的优良环境，后石村注重抓好生态建设。一是山坡荒地实现了全覆盖林化。后石村三面环山，山坡地较多，村集体先后组织了几十次大的山地植树造林活动，人工植树130多公顷，现已形成林地面积430多公顷，实现了山坡地满林化。二是村里公共场所全部实现了绿化和美化。三是强化管理和维护，村里组织10人成立专业护林队伍，对全村所有绿化设施常年维护，保证成活率和观赏价值。四是组织人力和车辆对后石河流进行清淤疏浚，畅通河道排水。2019年以来，结合村里地势与防洪需要，新修两条排洪渠，总长度3公里，确保排洪顺畅，保护村民和企业生命财产安全，进一步优化了后石村的生态环境，促进了可持续发展。

（五）抓制度建设，构建集体经济管理制度体系

为强化村集体企业管理，结合股份合作社规范管理要求，2021年，村"两委"加强制度建设，先后建立、修订和完善了《农产品销售管理制度》《财务管理制度》《集体资产管理制度》《股权继承办法》等10项管理制度，为扎牢制度管人的笼子、实现村办企业管理规范化铺平了道路。

四、发展成果全民共享

改革开放以来，后石人勇于探索，砥砺前行，不断创新，走出了一条"模式助推、产业引领全面振兴之路"，村民的生活发生了历史性巨变。

（一）村集体资产量化，村民变股民

村集体经过多年的发展积累，总资产达到7亿多元，经"两委"班子研究，全体村民大会表决，实行股份制量化改革，设有基本股和工龄股，其中基本股是人头股，按户籍人口平等享有、平均分配可继承；工龄股按在集体经济中的工作年限来

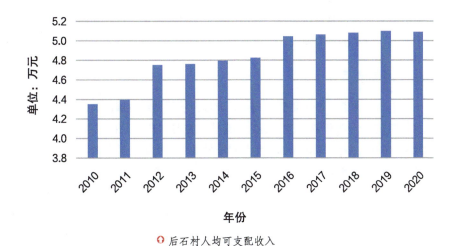

后石村人均可支配收入

定。通过股份制改造，确保人人参股，全村共享发展成果。在此基础上，不论年龄和身体状况，只要能劳动，村民均可到村集体企业就业，多一份工资收入，一般情况下，夫妻俩在村就业的年总报酬可达到十几万元。

（二）多种福利配套，村民过上了比城里人还富足的生活

村集体统一采购米、面、油，按农户人口定量免费发放给村民。生活用水、用电与城市统一标准，家家有别墅，户户有存款。村集体也全额出资给村民办理了养老和医疗保险，村民的幸福指数直线上升。村里凡组织文化体育活动或外出参演、参赛，报名参加人数比实际需要的人数多，积极性大幅度提升。

（三）海滨夜经济，提升了村民的快乐品位

为丰富村民文化生活，后石村打造了海滨夜市。每到夏季，在后石海岸线上，村民、员工、亲友等聚集在一起，观海景、听海浪声，有的围着篝火尽情欢乐，唱歌、跳舞、吃着烧烤、喝着美酒，在消除工作疲劳的同时，增加了交流，增进了友情与亲情。随着夜市经济影响力加大，周边村民和大连市区的居民也蜂拥而至，越来越多的人员集聚，带动了相关产业发展，提升了村民生活品位，也让更多人享受到后石发展的成果。

（四）有效治理，让村民享受绿色生态环境

在后石村，可以看到青山绿水和蓝天白云，道路布局网格化，路面硬化，路灯耸立，花草树木繁茂，公园和广场布局合理，景点产品各具特色，大街小巷整洁干净。外来人到后石，总要在这里驻足，转一转公园，看一看大海，到果园里摘一点水

果。他们来到后石总是意犹未尽，流连忘返，不禁感叹道：后石是城市里的公园，是宜居、宜业、宜游的新农村。

五、经验与启示

（一）村"两委"班子更替过程中，有效衔接是持续发展的关键

村"两委"干部新老交替，是自然规律，也是村庄发展的"加油站"。许多经济发展较好的村，老一辈村干部多年为村庄发展尽心竭力、勤勉奋斗，因年龄、身体等原因退下来，体现了主动让贤的胸襟和气度，理应得到尊重。新的"两委"干部有想法、有干劲、有创新的激情，生气勃勃谋发展，真心实意干事业，带领村庄驶上新的快车道。新老班子有效衔接，一张蓝图绘到底，对村庄、对"两委"都是有百利而无一害，新班子发扬老干部艰苦创业的"孺子牛"精神，善于发挥老干部的独特作用，站在巨人肩上攀越新的高峰，这样的交替，村庄才会可持续发展，乡村全面振兴才能有保障。

后石村同样经历新老班子更替的过程。现今90多岁的后石村老书记陈玉圭，1966年开始担任村书记，经历了计划经济到市场经济的时代，见证着从人民公社到联产承包责任制的制度更替，他历时40多年，带领村里一班人，艰苦创业，先人一步，将一个贫困

🔴 村书记崔德权（中）走访老干部和老党员

村逐步建成温饱村、富裕村、明星村，为后石村持续性发展奠定了基石。

崔德权，2016年正式接任后石村党委书记和村主任，是土生土长的后石村人，在乡亲们眼中，他是一个敢于迎接挑战的经营型人才，更是一个踏实肯干、无私奉献的好带头人。后石村以发展集体经济而闻名全国，崔德权正是后石集体经济的创建者之一。在新时期，要做好这个"全国典型"村的新当家人着实不容易。接手之初，后石村的集体企业具有规模较小、产品档次较低、科技含量不高等缺陷，不提档升级，就会被市场淘汰。目前，国内外的经济形势已经发生了巨大的变化，要让"后石集体经济"这面旗帜继续迎风飘扬，崔德权身上所承受的压力可想而知。面对前所未有的困境，崔德权和"两委"班子不等不靠，变压力为动力，采取稳中求进的态度，千方百计谋生存、求发展，他们从农业和工业两个方面主动出击，打响了一场集体经济转型升级的攻坚战。

为了适应供给侧改革新形势，崔德权带领大家外出学习，引进新技术、新理念，加大对企业进行改造的投资力度，主动淘汰落后产能，淘汰市场滞销商品，压缩减少低档次、低效益产品产量，增加市场畅销产品生产。同时，全面加强企业管理，实行严格的成本控制，挖掘企业内涵潜力，使村办集体企业在国内外市场不景气的双重压力下突出重围。为了给具有传统优势的果树种植业增添新活力，他从"补短板"入手，一手抓农业基础设施建设，一手抓新品种引进。为村里积极争取金普新区农口相关部门专项资金近500万元，顺利完成了176公顷果园节水灌溉及基础设施扩建工程；引进了一部分大樱桃和苹果新品种，为果树更新换代打下了良好的基础，育苗工作走在了新区前列。

在崔德权带领下，工农业"两翼齐飞"，后石村的集体企业全部实现了盈利。2017年全村集体企业总体生产经营状况是历史上最好的一年，全年实现企业总收入近亿元，人均纯收入近5万元。

崔德权实事求是、大胆创新，充分发挥一心为公、为民谋利，铁肩担道义的"后石精神"，用实际行动影响着身边的每一个人。在他的带领下，村"两委"班子非常团结，廉洁自律，一心为村民干实事。特别是在股权分配中，"两委"班子和村民持股比例相同，不搞特殊化。

通过真抓实干，如今的后石村不仅集体经济实现了可持续发展，更构建起一个生活富裕、精神富有、和谐安康的社会主义大家庭。随着海上旅游等新项目的相继启动，后石村的经济发展和村民生活还将再上一个新台阶。

（二）集体经济发展，是乡村振兴的坚实保障

乡村振兴是各级各部门当前的一项重大政治任务。而发展壮大集体经济，提升造血功能是实现乡村振兴的关键所在。多地研究表明，村庄在发展过程中，所处的地理位置、自然资源不同，经营体制各有差异。但是，要实现乡村全面振兴，没有集体经济作为保障，是没有可持续性的。

后石村在多年发展过程中，一直以集体经济为核心。改革开放初期，后石村选择"村级所有，统分结合；专业承包，分业管理；联产计酬，超欠奖惩"的承包责任制，使集体经济一轮独转。1985年有了个体经济，随后有了个体与地方国营厂家合作的内联企业。1991年个体经济有了较大发展，外商合资经济起步。其后，外引内联步伐加快，个体经济迅速发展，村内私营经济与地方国营厂家合作，外来私营投资内联企业发展增速。2000年之后，先后建起了合作企业和股份制企业。到此，集体、联营、"三资"、个体、私营、股份"六轮同转"的新格局形成，以集体经济为主体，各种所有制经济共同发展的体制基本确立。在所有发展过程中，村集体经济板块一直占主导地位，因此，村里的投资、合作、村庄整治、股份改造、村民福利和产业提升与村庄发展才有了保障，才能实现真正意义上的乡村全面振兴。

（三）产业融合，是海滨村庄发展的有效途径

村庄特色是包含地理环境、气候条件、文化传统、生活方式、民俗风情及建筑景观等要素的综合产物，是在内容和形式上明显不同于其他村庄的内在和外部特征。滨海渔村型村庄因其独特的地缘特征以及生产方式，赋予了自身独具地域性的村庄特色，也造就了不同的产业结构和产业特色。

海滨渔村产业一般经过几个阶段：出海打鱼+农业种植、传统养殖阶段，海水养殖+海产品加工阶段，海滨旅游+物流服务阶段，既是产业链的延伸，也是一二三产业的融合发展。后石村则是这种三产融合的典型代表。

改革开放之前，后石人祖祖辈辈靠打鱼和农业种植为生，随着经济快速发展，海洋污染问题严重，危及渔业资源；同时，捕捞强度过大，捕捞方式与周期的不合理导致渔场存在严重的过度捕捞等问题，海洋捕捞空间不断缩小，致使可捕捞海域内的渔业资源进一步枯竭。后石人转战海洋渔业养殖和海产品加工业，在此过程中，由于村集体经济和地域的吸引力，引进外资，形成一定范围内的工业园区和房地产项目。随着科技进步和经济发展，人们的休闲时间与日俱增，休闲度假已成为现代社会人们的重要生活方式，休闲经济成为经济社会发展的重要经济形态。后石村滨海休闲旅游项目因其优良的自然、地理条件以及异质性的休闲项目而逐渐兴起，目前，海洋休闲旅游业已成为后石村产业重要的组成部分。由此，后石三产业融合的完整体系形成。

这种发展途径是后石村多年经验探索出来的，也是部分海滨村庄实现产业振兴的有效路径之一，值得进一步的实践与推广。

高效配置资源
让乡村振兴"战旗"飞扬

——四川省成都市郫都区战旗村调研

资源配置对于任何部门、任何行业的发展都是非常重要的，对于农业农村尤其如此。目前全国2.4亿农户，每户只种几亩地，种植品种、水平和结构存在较大差异，每个行政村的农户数量、村民文化水平、资源状况千差万别，文化底蕴也各有差异。村庄如何在现有的基础上实现乡村振兴，不同地域做法各不相同。四川省成都市郫都区战旗村则是在传统村庄资源基础上，促进要素合理配置，推进一二三产业有机融合，打造川渝乡村振兴新样板，被誉为"战旗飘飘，名副其实"。

一、战旗村基本情况

战旗村位于成都市郫都区唐昌镇西部，郫都区、都江堰市、彭州市三地交界处，地处横山脚下、柏条河畔，距离成都市40公里。全村面积5.36平方公里，1445户，4493人，有耕地5441.5亩，16个村民小组，村党委下设6个党支部，党员165人。2018年习近平总书记视察战旗村时称赞其"战旗飘飘，名副其实"，战旗村牢记嘱托，感恩奋进，全面推进乡村振兴"五大振兴"发展，先后获"全国先进基层党组织""军民共建社会主义精神文明单位""全国文明村""中国美丽休闲乡村""全国乡村振兴示范村""省级四好村""四川集体经济十强村"等荣誉称号。

战旗村积极践行"两山"理念，把生态文明建设作为产业发展的重要指标，先后关停搬迁多家有污染、高耗能的企业，逐步转型，形成了以农、商、文、旅融合发展的产业格局。

二、村庄资源与有效配置

2000年以前，战旗村主要是以农业生产为主。其主要资源为村集体土地、乡土文化和都江堰水系，以及成都市郊的优势。其间，战旗村尝试过创办村集体企业，如机砖厂、酿酒厂、复合肥厂、豆瓣厂等。随着经济发展，一些高耗能企业在产业转型中逐渐衰落，土地出现闲置。2001年以后，战旗村利用土地资源，进行产权治理与土地开发；利用文化资源，重新修建了文化大院和乡村十八坊；利用地域资源，建设妈妈农庄项目；利用人才资源，创建战旗乡村振兴培训学院。目前战旗村实行一二三产业联动发展，以旅助农推动乡村振兴，形成了"资源+资本+品牌"的农业产业模式。

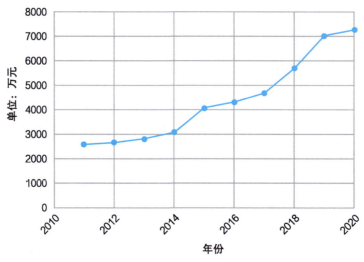

❶ 战旗村集体固定资产情况

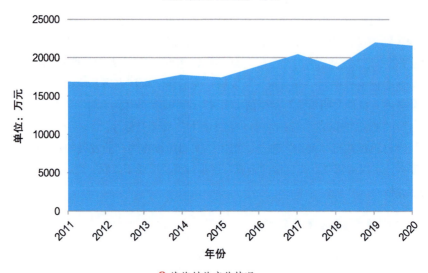

❶ 战旗村总产值情况

（一）利用土地政策，锤开集体土地入市第一拍

法国经济学家萨伊提出，商品的价值是由劳动、资本和土地这三个生产要素协同创造的，三者缺一不可。在我国，土地是村集体和农民最大的资源，如何配置好土地资源，促进乡村振兴，是乡村发展的关键。2015年初，全国人大常委会授权全国33个县（市、区）开展农村土地制度改革三项试点工作，成都市郫县（今郫都区）承担了此次集体经营性建设用地入市的改革任务，并根据相关土地管理法规的有关规定，探索制定出集体土地出让制度、规则、管理办法和实施意见等14条综合管理措施文件，在规范的体系下保障了村民和村集体的整体利益诉求。

战旗村抓住这一机会，按照14条交易规定和管理办法所提出的"收储入市交易的土地必须是村集体所有"的要求，经全体村民大会讨论通过并以全体村民参股的形式成立了郫县唐昌镇战旗资产管理有限公司，以一个法律主体资格正式对外经营。

2015年9月7日，战旗村一块面积为13.447亩的集体经营性建设用地使用权挂牌成交。该块农村集体土地以与国有建设用地同等入市、同权同价的使用权挂牌成交，落下了全面深化改革背景下四川省集体经营性建设用地入市的"第一槌"，标志着四川省实施集体经营性建设用地入市改革试点进入全面实施阶段。

1. "第一槌"的落地，探索出一条集体土地入市管理措施和可推广的经验

据时任郫县国土局副局长王怀光介绍，根据集体土地管理流程，郫县唐昌镇战旗资产管理有限公司将要挂牌出让的集体土地，交由第三方土地评估机构以农村集体

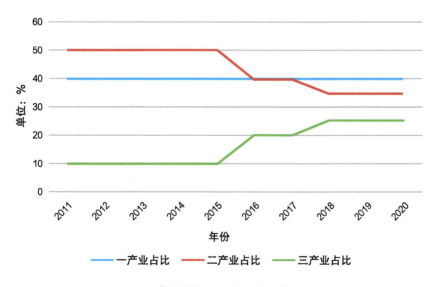

⊕ 战旗村一二三产业占比情况

土地的基准地价，对所要挂牌出让的地块进行全面价值评估。评估结果出来后，由资产管理公司负责编制该土地的位置图、空间范围、面积、使用年限、土地移交时间、规划条件、开工时间以及起始价竞买方案和分配方案等一系列入市方案，再经由村民大会讨论同意后，将该入市方案交由镇政府审核通过并报县国土局审查。再由县国土局牵头，联合建设、规划、环境等部门出具最终审查意见，最后进入县公共资源交易中心进行交易。

王怀光说，按照"试制度、试规则"的总体要求，郫县逐步修订完善集体经营性建设用地入市的相关配套制度，建立起兼顾国家、集体、个人的土地增值收益分配机制，切实维护农民土地财产权益、保障农民公平分享增值收益，为全国农村土地制度改革提供可复制、可推广、利修法的经验成果。

2. "第一槌"的落地，盘活了村集体土地存量

"每亩以52.5万元的价格成交，比原来预想的价格高出许多。"回忆起当时土地被高价成交的情形，战旗村党委书记高德敏满脸喜悦。

高德敏介绍，唐昌镇战旗资产管理有限公司是战旗村集体经营性建设用地入市的主体，当时交易出让的地块属于原村集体所办复合肥厂、预制厂和村委会老办公楼用地，原来租给一些业主使用，每年租金只有几万元。那次四川迈高公司通过竞标的形式，获得出让地块40年的使用权，村集体获得了想要的收益，而迈高公司得到了自己想要的土地，大家各取所需。迈高公司取得土地以后，投资打造休闲度假酒店和乡村旅游综合体项目，村民们还可就近上班挣钱。

当时村民得知村里的集体土地入市交易成功的消息后，纷纷盘算着怎么享受土地给自己带来的实惠。对此，高德敏介绍说："按照战旗村的资金规划，那笔资金作为村里的公益金、公积金、风险金由村民共同分配。有了资金以后，就能进一步发展相关产业，带动经济发展，增加就业机会，以促进当地农民增收致富。"

（二）利用自然资源，让乡村产业落地开花

党的十八大以来，战旗村坚持以农业供给侧结构性改革为主线，深化农村土地集体产权、农业新型经营主体社会化服务体系等综合配套改革，着力三个"主战场"：一是提升农业发展质量，培育乡村发展新动能；二是推进乡村绿色发展，打造人与自然和谐共生发展新格局；三是整合乡村资源，培养多种经营体制的新业态。

1. 培育新动能，促进农业高质量发展

从土地入手，培育农业产业园区。战旗村引导农民以土地入股、村集体注入资金组建战旗土地股份合作社，启动了规划1万亩的战旗现代农业产业园区。园区规划为种植区和蔬菜初加工区，并通过项目招商、企业招商，形成了龙头企业带动农副产品产销一体的现代农业产业化发展格局。以"支部+合作社+公司+农户"的形式实行

以市场为导向的订单生产模式。目前，按照建基地、创品牌、搞加工的思路，做强做优绿色产品品牌，建成绿色有机蔬菜种植基地800余亩。

与科研院所联手，搭建产业孵化链。战旗村与周边高校科研院所建立产学研用合作机制，如培育优质菌种，以绿色高端农业和体验农业推动农业经营模式创新，发挥新技术对高端产业的支撑作用。

引进新技术，完善产业加工链。战旗村运用新技术、新设备提升生产加工质效。聚集中延榕珍菌业、浪大爷等农产品生产加工企业6家，建立自动出菇车间等多条自动化生产线，实现标准化、智能化、高效化生产。

借助平台，延伸产业营销链条。战旗村以消费需求为导向，做大做强天府水源地公共品牌；与"猪八戒网""天下星农"等知名品牌营销公司合作，对绿色有机农产品进行包装设计和精准营销，将有机蔬菜卖到了北京盒马鲜生超市；利用京东云创对系列产品进行"梳妆打扮"，按众筹方式，利用大数据为消费者"画像"，精准生产、精准投放，同时倒逼村集体企业建立食品质量安全追溯体系。

自2011年成立农业股份合作社后，战旗村着力发展现代农业，形成了以有机蔬菜、农副产品加工、郫县豆瓣、食用菌等为主导的农业产业。其中，战旗蔬菜专业合作社辐射带动周边农户种植有机蔬菜2000亩，年产值4000万元，本村入社率97%。此外，战旗村还形成了浪大爷、富友等多家土生土长的调味品企业，以生产郫县豆瓣、豆豉、豆腐乳为主，带动农户就近就业100多人。

2. 培养新业态，做强特色产业

战旗村利用自然风景优美、临近成都巨大市场等区位优势，以农业为根本，按照一二三产业互动的方式，发展特色乡村产业。

——妈妈农庄，打响特色休闲乡村品牌。2010年，战旗村引进了有着成都"小普罗旺斯"之称的妈妈农庄，这是四川第一家规模化薰衣草种植基地，是"一三联动、以旅助农"的典型代表。在解决就业问题的同时，还借助妈妈农庄向外宣传战旗村，以提升知名度，增强战旗村影响力。

——乡村十八坊，创新战旗"活态"文化。"农村集体经济的发展仅有农业是远远不够的，需要延长农业的产业链，形成农、旅、文、体、商一体发展格局。"战旗村党委书记高德敏表示，乡村十八坊是战旗村尝试自主开发经营的项目，之前村里很多小作坊因为环保不达标、市场有限，传统工艺处于濒临失传的状态。为了给村里的传统工匠找一个"好去处"，2017年6月起，村里开始筹建这个以传承非物质文化技艺为核心，集产品制作展示、参观学习、体验销售于一体的旅游商业文化综合体。

十八坊由豆瓣坊、酱油坊、辣椒坊、布鞋坊、蜀绣坊等18个传统工艺作坊组成，于2018年8月开街，取意乡村"十八般武艺"。该地块50余亩，原是村上的腾退

🕛 战旗村第5季·妈妈农庄

🕛 战旗村乡村十八坊

老院落、文化大院和养猪场，属于闲置集体建设用地。村集体就地取材，按照"免租+押金+10%营业额分红"模式招商，引入了"唐昌布鞋""郫县豆瓣""蜀绣坊"等优质项目，一跃成为网红打卡地和集体经济重要蓄水池。

乡村十八坊也是战旗村实行产业富民的一个缩影。由于乡村十八坊由战旗村集体出资兴建，所以其经营也会增加战旗村集体收益。经营形式采用的是合股联营模

❶ 十八坊——酱坊

式，即店家出产品，村集体出固定资产的方式联合经营，店面和收银机都是村里提供的。来自战旗村1组的袁志建在乡村十八坊上班，他所在的"唐昌豆腐"店如今销售豆瓣、豆腐乳等十多个品种的产品，节假日期间日均营业额可达3000多元。按照约定，他们店在营业3个月后，根据经营情况与村集体商定股份占比，之后店里的经营收入村集体都可以按比例分红。十八坊经营所得，村里留存一部分用作村集体发展基金，其余的也按股给村民们分红。

——第5季·香境，提升乡村旅游业态。第5季·香境项目整体总建筑面积近1万平方米，商铺70家左右、总面积为3200平方米，酒店100多间、面积为6300平方米，以独特的川西民居建筑风格，打造情景院落式商业街区，现已入驻香境酒店、红旗连锁等多个品牌商家，主要经营特色餐饮、美食、旅游纪念品等，引进京东云创建成绿色战旗品牌创新中心、青年文创等，形成集观光农业、酒店、餐饮、会议服务、展览、婚纱摄影、婚庆服务、运动休闲、乡村旅游度假、当代艺术观赏于一体的新业态。

在管理方面，第5季·香境引进专业运营团队，从景区规划、招商，到景区统一推广运营，确保景区人气持续火爆，让景区彻底摆脱假日经济怪圈，做到假日生意火爆，平时人气不断。

战旗村6组村民范光明，以分期付款的形式花55万元买下位于商业街一间77平方米的铺面，从事超市经营。"以前，我在村里租民房搞了10多年超市经营，现在终于有了自己的大气门面，希望旅游发展后能进一步带动生意。"

3. 传承川西林盘文化，共享生态红利

川西林盘，是指成都平原及丘陵地区农家院落和周边高大乔木、竹林、河流及外围耕地等自然环境有机融合形成的农村居住环境形态，是集生产、生活和景观于一体的复合型居住模式，其生活形态和建筑形式在长期的历史积淀中，已演变为一种文化符号深深烙印于川西民风民俗之中。它不仅是川西农耕文化的载体，更是传统农耕时代文明的结晶。这一生产生活模式历时悠久，与成都平原农耕条件、传统农耕方式和居住生活需要相互协调，并扮演着维护成都平原生态环境的重要角色。

战旗村所在地是成都市饮用水源保护区，距离都江堰10多公里，具有良好的林盘基础，吕家院子就是典型代表。2019年，战旗村合作社在村民自愿互惠的基础上，

⊕ 川西林盘——吕家院子

通过租用方式流转了吕家院子现有住户的宅基地、林地、农用地以及闲置房屋，随后又引入国有平台公司，对林盘进行了外部风貌打造，整体提升了吕家院子的林盘风貌。林盘变美的同时，还需要让林盘的内容也丰富起来，在突出特色的前提下，增加其商业价值，也就是将生态价值转换为商业价值。

多番酝酿，战旗村"两委"提出一个大胆想法：让招引进来的项目，除租金外，再

按照营业额的3%给村集体进行生态环境分红，分红的收入主要用于战旗村的生态环境建设。"每个进驻吕家院子的项目，都享受了我们良好的生态环境，而为了维护这样的生态环境，我们需要持续的投入。"高德敏书记解释说。在大家都不太看好的招商新规定推出后，望丛釜，成为吕家院子用"生态环境分红"模式引进的首个项目的业主。

望丛釜是第一个"志同道合"的项目业主，负责人是一个叫杨真君的"90后"创业者。"我们原本就在郫都区做火锅品牌，已经开了几家店，偶然看到这里有一个环境这么好的林盘，就想着尝试做一个园林式火锅。"对于战旗村提出的"生态环境分红"，杨真君接受得很快，"一方面，能够参与到乡村振兴中，是我们企业社会责任感的体现；另一方面，村里的生态环境整体提升了，来玩的人就多了，对我们的营业也会有很大帮助。"

2019年10月，望丛釜在战旗村的项目开始试营业，当月就向村集体分红8803元。据介绍，不到一年的时间，仅这一个项目，就给村集体分红超过5万元。目前，新的项目都会参照生态环境分红规定入驻战旗村。

（三）利用经验积聚，创立乡村振兴培训学院

2018年2月12日，习近平总书记亲临成都市郫都区战旗村视察，殷切嘱托"要继续把乡村振兴这件事办好，走在前列、起好示范"。战旗村"两委"始终牢记总书记嘱托，全面落实"五大振兴"总体部署，牢牢抓住乡村人才振兴这个关键，自筹资金、自主经营、自治管理、自负盈亏，创新开办了四川战旗乡村振兴培训学院。

❶ 村级培训学院

2019年2月12日，四川战旗乡村振兴培训学院全面建成并运营。学院一期占地18亩，建筑面积6500平方米，能同时容纳1200人培训学习。

学院秉承"走在前列、起好示范"的校训，面向农业农村第一线和基层村级党组织负责人及村（社区）干部，着力培养现代化职业农民、职业经理人、新型市场主体，致力于"新农人"培训教育，解决"种田者能"的问题，打造立足成都、辐射全省、面向全国的乡村振兴教育基地、新农人学习成长基地和乡村振兴战略研究、交流、展示、推广基地，打造最接地气、最有特色、最具实效的乡村振兴人才教育培训典范。

学院确定10个方面的全方位培训课程：基层干部能力提升、干部群众素能提升、新型职业农民培养、农村劳动技能人才培养、农村电商人才培养、乡村旅游经营型人才培养、乡村社工人才培养、乡村振兴巾帼力量培养、农村青年人才培养、乡村规划师培养等。

学院本着"双向结合、办出特色"的原则，在运营上，以"市场化+公益性"模式，按照"党委领导、市场运作、社会参与"原则，探索培训学院建设运营新模式。在师资力量上，实行"专业化+乡村味"模式，精准定位，聚焦探索乡村振兴重点领域，坚持理论指导与实践创新相结合，构建"大专家+兼职讲师+土专家"的特色师资队伍体系。在课程安排上，实行"特色化+订单式"模式，坚持需求导向，积极开发具有地方特色、符合基层实际系列课程，提升培训内容的针对性、实践经验的可及性。在教学上，采用"模块化+体验式"的模式，改变"台上讲、台下听"的传统教学培训方式，采取小组讨论、学习活动、交流发言、学习游戏等多种互动教学方式，充分调动学员的积极性、主动性。在目标方面，采取"现代化+育人才"的模式，坚持人才培育助推农业农村现代化方向，提高全员素质，推动农村一二三产业融合发展，促进产业发展和社会进步相融相长、耦合共生。

学院按照"一年打基础、两年上台阶、三年创品牌"的工作步骤，利用3年左右时间将学院打造成为集教育培训、政策研究、学术交流、智库咨询于一体的综合性院校。据统计，到2020年，学院成立1周年，累计开展培训业务150期，培训2万人次，实现营业收入600万元以上。

三、党建引领，让"战旗"飞扬

在战旗村发展过程中，村"两委"班子始终抓住"党建引领"这个关键，通过组织带动产业、人才、文化、生态振兴，产业规模持续壮大，村民收入持续增长，村庄治理水平有了很大提升，在乡村振兴的道路上"战旗"飞扬。

（一）"火车头"带领"战旗号"砥砺前行

在公园般的战旗村，村前广场旁一列蒸汽机车的车头格外显眼。火车头取名

"战旗号",在村民眼里,它不仅是游客的打卡地,更是战旗村在党组织引领下接力奋斗的象征。

从大力发展经济创办村集体企业,到发展农产品加工,探索产业化经营模式;从明晰集体资产产权,开始土地规模化流转经营,到完成全村土地权属调整,成功敲响四川土地入市改革"第一槌"……战旗村发展一路高歌。"火车跑得快,全靠车头带",在战旗村的发展历程中,"火车头"是党组织,而跑得快的关键便是始终抓住"党建引领"不放松。

"在战旗村,党员们要经常问自己:入党为了什么?作为党员做了什么?作为合格党员示范带动了什么?"战旗村党委书记高德敏说,"在战旗村,每一位党员都要发挥先锋模范作用,要带着大家干,干给大家看。"特别是近年来,一些年轻党员纷纷回到家乡,成为景区和产业园的工作人员。他们了解外面的情况,更熟悉村里的现状,也是村里为未来培养的人才,让他们参与乡村治理至关重要。全村165名党员主动带头领办项目、参与村务,赢得了村民信赖。

战旗村党委始终抓住"党建引领"这个关键,提出七个"满覆盖"战旗党建工作法,建立党员"三问三亮六带头"工作机制,确保党员"有知识,懂业务",实现了"建强战斗堡垒,引领改革兴村,引领生态宜居,引领产业富民,引领乡风文明,引领服务便民"的"一强五引领"。

(二)民主集中,让制度为发展护航

"各项'规矩'的制定都需要群众参与,要深入每个院落、走进每家每户,讲解宣传各项事宜,搜集群众的意见建议,'坝坝会'就是最好形式。"高德敏表示,"坝坝会"这种深入群众中的"办公"方式,去除了党员干部身上的"傲气",能够设身处地从群众立场去思考问题、去倾听群众的声音。

战旗村充分发挥民主管理制度作用,尊重村民主体地位,坚持"民事民议、民权民定"管理机制,规范决议公示、社会评价等六个民主议事程序,组建新型社区业主委员会和物业管理自治组织,制定符合村情的村规民约并坚决执行,推进基层自治。

常态化公示党务、村务和财务,接受村民监督,把账算明白,让群众放心。在战旗村,试点推行了村级小微权力清单制度,通过"清权""晒权""束权",细化明确村干部权力"边界"及决策程序。近年来,全村未发生一起治安案件,群众满意度达95%以上,村民的安全感倍增。

坚持党组织的领导,以自治为基础,法治为保障,德治为引领,"三治融合"实现村庄和谐发展。战旗村如今设立了战旗便民服务中心、卫生服务站、金融服务站等综合服务体,为村民提供优质高效的服务。

（三）谋划先行，一张蓝图绘到底

村民有句口头禅："穿不穷、吃不穷，没得计划肯定穷。"村庄要发展，先谋而动。战旗村先后制定了乡村形态规划、产业规划、绿色可持续发展规划等，最重要的是，紧紧抓住集体经济这个龙头，带动全村村民走上共同富裕的道路。

2020年，战旗村通过村级建制优化调整，与周边的几个村合并成为新的战旗村，面积从过去的2.06平方公里扩大到5.36平方公里。战旗村党委着手"摸家底"，在此基础上，坚持抓党建促乡村振兴，制定全新的发展规划。

在发展过程中，战旗村还创新了"溢价分红""对外出租""集体入市""自建自营"等八种土地经营管理模式，以此实现利益均衡。另外，村集体以"生态环境"为"股本"，按照营业额3%享受项目生态分红，将生态价值转化为实实在在的经济价值。

据统计，2020年战旗村全村集体资产达8120万元，集体收入653万元，村民年人均可支配收入达3.52万余元。2021年，战旗村已吸引游客106.94万人次，集体经济收入达655万元。

❶ 战旗村川西民居特色

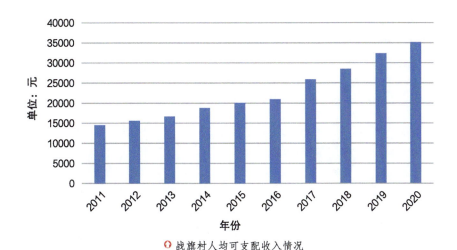

战旗村人均可支配收入情况

四、经验与启示

（一）带头人高德敏，像经营家庭一样经营村庄

59岁的高德敏生在战旗村，长在战旗村，干在战旗村，梦想也在战旗村。2002年当上村主任，2011年任村支书至今，10多年的时间，战旗村已成为城里人也羡慕的"网红村"。作为"领路人"，高德敏的付出，也得到了各个层面的认可：2014年被四川省委评为"农村优秀党组织书记"；2015年被评为"十大杰出村官"；2018年获得成都市"五一劳动奖章"；2019年被四川省委评为"优秀共产党员"；2020年荣获"全国劳动模范"称号……

摸清家底，实干兴村。上任伊始，高德敏把战旗村的一花一树、一田一塘"摸"了个透，在此基础上，他善于钻研政策、钻研民情、钻研村子发展。战旗村建新型社区，他带领村干部挨家挨户做动员工作，村民有困惑，他找来介绍当时华西村发展的光碟，每个组轮流播放，指着画面告诉村民，这就是新农村的样子。村民没有认知，他就引导大家树立目标，"也要搞个让别人羡慕的新农村！"村里发展没有资金，从走马上任的第一天开始，他的步子就没停过，四处学习取经，东奔西跑办项目、要政策……凭借着一股钻劲，在高德敏的带领下，村民们全部搬进了集中居住社区，住上了漂亮的乡村别墅，日子越过越红火。

勇于创新，让土地生金。每个人都能看到农村穷，却不知道为什么穷、怎么斩断穷根。在高德敏看来，"要发展就要敢做第一个吃螃蟹的人"。他利用国家

❶ 村党委书记高德敏向来访者介绍战旗村情况

政策，将村集体闲置土地上市交易，为村里发展挣来第一桶金，从此打开了社会资本、民间资金有序进入战旗土地落户的大门。高德敏认为，农村集体经济不能就农业发展农业，只有延长农业的产业链才有出路，也就是在农业产业基础上填装其他项目，从而形成农、旅、文、体、商一体化发展格局，才是战旗村发展的"秘诀"。

随着项目的陆续落地，2015年至2019年可谓是战旗村发展的"黄金五年"。2015年以前，战旗村的乡村旅游产业年收入最多两三千万元，2019年这个数字变成了五六千万元；2015年，战旗村村民人均年收入2万元左右，2019年达3万元，2020年更是一跃到了3.52万元。高德敏让战旗村成为四川农村土地改革的一面"战旗"。

锐意进取，发展不停步。战旗村10多年来已经取得显著成绩，但近花甲之年的高德敏，工作生活一点都没有歇下来的迹象。在村民的印象中，现在的他还跟10年前一样，干起工作来不知疲倦，把战旗村当成自己的家一样。"为了我们这个大家庭，高书记总是四处奔忙，不是在去别的村子取经的路上，就是前往各上级部门和政府了解政策，争取项目。"高德敏介绍，在未来的发展中，战旗村会在保护土地资源的基础上，对生态资源进行顺应自然的合理规划，实现乡村资源的科学循环，打造"天府之国"的乡村记忆。同时，通过多元业态留住年轻人，吸引有知识有资金的人才进来，共同发展战旗村。

（二）充分挖掘资源，促进产业融合

村庄特色是由地理环境、气候条件、文化传统、生活方式、民俗风情及建筑景观等综合演变的产物。因地制宜地进行规划，利用或把握好这些特殊的发展条件，才能凸显村庄特色，逐渐形成一个带有浓郁本土文化气息的新农村。

在四川省，资源特色突出的村庄很多，战旗村资源并不丰富，虽然距成都市区和都江堰景区较近，但其处于成都市水源地，产业开发受到限制，特别是发展较快的工业项目，在战旗村是被明令禁止的。

在这种资源背景情况下，战旗村从国家政策层面入手，以闲置土地入市作为切入口，引进项目，盘活存量，完成村集体资产原始积累。并在传统农业项目中，嫁接乡村旅游项目，在传统乡村旅游项目的基础上，再提升、创新项目，从而促进一二三产业的融合。在完成村庄有效治理的基础上，推进集体经济发展，实现共同富裕。

（三）抢抓机遇，落实政策促发展

纵观战旗村的发展历程可以看出，改革开放之初的战旗村在政策引导下，发展一些小作坊式的产业，但产业提升和做大做强还存在很多缺憾，这些不足导致作坊企业的关闭。2011年之后，战旗村在落实政策方面，抢抓了机遇，并在机遇中，得到了快速发展。

一是抓住了全国农村土地制度改革试点工作的机遇，敲下了四川省集体经营性建设用地入市的"第一槌"，为资金、项目和人才的集聚奠定了基础。

二是抓住了乡村旅游创新项目落地的契合点。2011年之后，成都市周边乡村旅游项目较多，起步也较早，但创新旅游项目不多，战旗村在此时引进妈妈农庄、乡村十八坊和第5季·香境等项目，在时间节点上避开了乡村旅游同质化问题，解决了"乡村旅游游什么"的困境。

这些机遇还体现在把握了农本与农耕的结合，农业多功能性的嫁接，村庄有效治理，人才培训学院，等等。战旗村在关键时刻，充分把握好国家政策，在发展自身的同时，还为传统村落转型发展树立了标杆，让"战旗"在乡村振兴的大地上飞扬。

"两山"理念孕育的"醉"美乡村

——浙江省安吉县余村调研

一、"两山"理念的实践：安吉余村

余村，位于浙江省湖州市安吉县天荒坪镇西侧，因地处天目山余脉而得名，曾是一个名不见经传的小山村。20世纪末，为了生存与发展，余村走上了"靠山吃山"的路子，炸山开矿办厂，虽然发展很快，但环境也变得越来越差。村民们回忆说，当时灰尘遮天蔽日，水泥厂、石灰厂冒出的黑烟似乌云翻滚，空气中散发的刺鼻怪味，令人窒息。

2005年8月15日，时任浙江省委书记的习近平走进余村，首次发表了"绿水青山就是金山银山"的科学论断。在"两山"理念的指引下，余村人大念"山水经"，关停矿山、关闭工厂、修复环境，发展乡村旅游。如今的余村已成为国家AAAA级景区，280户农户镶嵌在4.86平方公里的青山绿水间，1050名村民劳作在景区里，生活在图画中，如世外桃源。2020年3月30日，习近平总书记在浙江省安吉县天荒坪镇余村考察，了解该村多年来践行"绿水青山就是金山银山"理念、推动绿色发展发生的巨大变化。

（一）秉承生态理念，醉情绿水青山

余村山里分布着优质的石灰石资源。20世纪七八十年代，余村人开始大力发展矿山经济，采石矿、造水泥、烧石灰……这里一度成为安吉县规模最大的石灰石开采区。全村200多户村民，一半以上家庭有人在矿区务工。矿山给余村每年带来300多万元净利润，余村是全县响当当的富裕村。

但与余村矿山经济结伴而来的是土地裸露、满山"疤痕"、水土流失、扬尘四起、黑雾冲天、树叶蒙尘、粉尘蔽日，连生命力顽强的竹笋也连年减产，余村人甚至无法呼吸到一口干净的空气。恶劣的生态环境，使所谓的矿山经济到了难以为继的地步。

❶ 安吉县余村"两山"纪念碑

2003年，浙江成为全国第5个生态建设试点省，安吉随之作出了建设全国第一个生态县的规划。此时的余村走到了十字路口。一面是每年300多万元的效益，一面是绿色发展的企盼，如何抉择？面对全村人的犹豫，村党支部决定采用"大事项集体决策"的制度，请村民选择。关停矿山、工厂的决定最终以微弱优势通过。过程虽然艰难，但余村人已经痛下决心寻回遗失的"绿水青山"。当时支柱产业关停，村集体收入锐减至20万元，曾经多年的排头兵垫了底，村民没了收入来源，纷纷外出打工，埋怨和质疑声四起。恰在此时，习近平总书记"绿水青山就是金山银山"的科学论断为彷徨中的余村人注入了强心剂。余村人下决心封山护水。

2008年，余村在全县率先开展美丽乡村建设，重新编制村规划，把全村划分成生态旅游区、美丽宜居区和田园观光区3个区块，投资建设荷花山景区，并于当年被评为首批精品村。

2012年，余村大力开展以"三改一拆、四边三化、五水共治"为主要内容的区域环境综合整治，关停一大批低小散竹制品加工企业，全面改造老厂区、旧农房、破围墙，全力整治违章建筑和违法用地，完成山塘水库修复、生态河道建设、节点景观改造和沿线坟墓搬迁，推进垃圾不落地与分类管理、截污纳管全覆盖，推行环境卫生大物业长效管理，实现了"寸山青、滴水净、无违建、零污染、亮美景"。

经过十余年的坚持，余村变"靓"了。这里青山环绕，漫山翠竹，小溪潺潺，鸟语花香。

（二）挖掘风景文化，唤醒金山银山

"绿水青山"回来了，余村人开始发展"美丽"经济，把绿水青山转化成农民的金山银山。在美丽经济的打造下，2020年余村集体经济收入达724万元，农民人均可支配收入达55680元。

一是"卖风景"。余村完成全县首批"农家乐服务中心"接待点建设，开民办旅游之先河。村集体投入400多万元，成功开发龙庆园旅游景点，逐步形成河道漂流、户外拓展、休闲会务、登山垂钓、果蔬采摘、农事体验的休闲旅游产业链，荷花山景区、千年银杏树、葡萄采摘园、水上漂流、农家乐声名鹊起，吸引了不少游客前来休闲度假。2015年开始，余村完成了村庄环境提升等一系列工作后，开始探索"村景合一、全域经营、景区运作"的乡村旅游发展模式，完成了国家AAAA级景区创建，休闲旅游经济蓬勃兴盛，打响了"生态旅游、绿色休闲、藏富于民"的特色品牌，成为全省闻名的特色农家乐集聚区和精品民宿集群，开辟了美丽环境向美丽经济多元转化的渠道。目前全村从事旅游休闲产业的农户50余家，床位500余张，2020年接待游客90万人次，旅游总收入达3500万元，带动农民人均年增收5000多元。

二是"卖文化"。以创建国家AAAA级旅游景区为载体，使余村"两山"转化的通道不断拓宽，旅游+品质农业、文化创意、乡村研学、教育培训、健康养生、生态影视、体育赛事等新业态、新元素、新产品竞相涌现，金宝农庄、荷花山漂流等项目加快提质升级。

三是"卖品牌"。余村借助"两山"品牌，打造了矿山遗址公园，展示"两山"变化。建成了"绿色发展"展示馆，集中展示当年习近平同志发表"绿水青山就是金山银山"科学论断的珍贵影像资料。余村还成立了全国一流的美丽乡村研学推广中心，结合"旅游+农业""旅游+文化""旅游+互联网""旅游+研学"等新兴业态，全面立体地呈现生态文明教育的鲜活样本，深入具体地展现绿色发展理念传播的生动案例。

（三）完善治理体系，确保行稳致远

比山水更美的是人的心灵，比金山银山更富的是人的精神。余村人在经济发展的同时尤其注重治理，这也为走好"两山"路奠定了坚实基础。

余村的做法可归纳为四用。

一是用"四化"机制锻造村班子。农村要进步，关键看干部，乡村治理离不开党的坚强领导。余村始终抓住党员队伍牢牢不放，做到党建责任刚性化、党性锻炼常态化、纪律要求明确化、示范带头标杆化，切实发挥好党员干部示范带头作用。党建责任刚性化，即村党支部书记作为党建第一责任人，确定"三张清单一张表"，逐件抓好落实，接受监督。党性锻炼常态化，即每月25日开展"生态主题党日活动"，通过"学、议、做、评、带"五步法锻炼党性。纪律要求明确化，即引导党员在长处中找短处，在补短中找先进，在常态中守底线。示范带头标杆化，即在村党建广场建立"党员树"，每位党员亮身份、亮承诺，通过挂牌亮相，以自身的模范作用带动和影响周边群众。

二是用"四会"组织助推村级事务自治。2017年余村创新发起成立了"两山"议事会，包含村民议事会、道德评议会、健康生活会、红白理事会，统筹负责村民生产生活行为管理与监督，探索出一套"自主提事、按需议事、约请参事、民主评事、跟踪监事"的议事机制。其中，村民议事会主要是邀请村里退居二线的老村干部定期、不定期来村指导，或现任村"两委"等定期、不定期去老干部家中走访座谈，请他们对村里的重大工作、重大决策提出意见建议。通过请进来、走出去等形式，加大村级事务决策和执行的科学性与可操作性。道德评议会主要是邀请村里8个村民小组中德高望重的乡贤、能人、代表等，参与到村里的各项考核考评中来，赋予他们更高的打分权重，并由他们带头开展文明乡风的劝导和引领工作。健康生活会（原为禁毒禁赌会）由每个村民小组的妇女队长组成，充分发挥妇女半边天的作用，重点开展文体、健康、宣讲、垃圾分类、垃圾不落地等活动。红白理事会由每个村民小组长担任该队农户红白喜事的总务，在担任总务的同时，做好"双禁"（禁止销售、燃放烟花爆竹）劝导、节俭办事、酒水减负等移风易俗工作。余村是湖州市农村成功推行全面禁售禁放烟花爆竹的第一村，在如何做好"双禁"上，当初红白理事会铆足了劲，持续不断走访和征求意见，大年三十还进组入户拉家常、做工作，理事会成员更是做表率立标杆，最终得到了村民广泛支持，并成功实现整个村域内烟花爆竹禁燃禁放。"四会"组织作为民主议事的常态化机制，大大提高了民主决策的质量，提高了群众的参与积极性。

三是用法律武器建设法治村。余村历来重视普法教育，通过建设法治文化广场，开展寓教于乐的法治文化活动，引导群众自觉学法、知法、守法、用法。1974年余村就有了村办企业，当时开展对外经济活动时，余村人发现很多合同、协议如果有专业的法律顾问把关，可以避免很多不必要的纠纷和麻烦，因此余村是全国较早聘请法律顾问的村庄之一。到后来，余村人的法治思想逐渐从经济领域延伸到村庄事务管理、村民矛盾调处等方面。过去村里的法律问题大多是婚姻关系、邻里纠纷，现在更多的是旅游纠纷、知识产权保护，这说明村民的法律意识大大增强了。余村还成立了矛盾调解委员会，近年来余村的矛盾纠纷调解率和调解成功率均达100％。

❶ 安吉县余村水泥厂旧貌

❶ 安吉县余村的美丽新貌

四是用文明新风践行价值观。如今进入余村，随处都可以感受到扑面而来的文明新风和崇德向善的浓厚氛围。在民主协商的基础上，余村制订了村规民约20条，还形成了家家户户立家规家训、亮家规家训的一道独特风景。现在全村每户人家都根据各自家风制订了家规，并以竹匾或书法作品形式悬挂在家里的醒目位置，提醒每一位成员时刻谨守家规家训，弘扬美好家风。近年来村里还通过开展星级文明户、美丽家庭和"最美"系列评选等活动，形成了学身边好人、做荣誉村民、当道德模范的浓厚氛围。

近20年来，从开山挖矿、四处污染，到竹海延绵、百姓富足，生态理念始终贯穿余村。现在天荒坪镇统筹余村和周边村，打造余村示范区，构建"1+1+4"协同发展机制，推进余村同周边村庄的产业互补、联动发展。"1+1+4"即将余村、天荒坪镇镇区以及周边的山河、银坑、马吉、横路资源整合，投入资金、土地等要素，再将之后所得收入进行分红，最终实现各村抱团发展、共建共享，避免重复投入、重复建设、资源浪费。

余村人民牢记总书记的嘱托，坚定不移沿着"绿水青山就是金山银山"理念指引的道路奋勇前行，围绕"村强、民富、景美、人和"的总体目标，拓展"两山"转化通道、扩大"两山"共享成果，努力贡献更多可推广的"余村方案""余村经验"，努力让绿水青山颜值更高、金山银山成色更足、百姓生活品质更好，让乡村成为人人向往的美丽宜居家园。

"绿水逶迤去，青山相向开。"如今，在"两山"之路上余村人越走越有信心。川流不息的游客来余村后感悟良多。有人说，余村是一首壮丽的诗篇，依山而建、鳞次栉比的别墅就像平平仄仄的韵律，铿锵激昂，意味深长；有人说，余村是一幅美丽的图画，山山水水、竹海茶园的风景就像油和墨，典雅高贵，朴素自然；还有人说，余村是一首动听的歌曲，逶迤蜿蜒、红蓝相间的绿道就像词和句，赏心悦目，分外妖娆……余村的发展是"绿水青山就是金山银山"理念经历时代检验的缩影，相信经过时间的洗礼后，这一理念所蕴含的深邃思想将愈显光辉，其饱含的科学理论也将更有力量！

二、安吉余村"两山"理念实践的经验与启示

余村是习近平总书记"两山"理念的发源地，更是"两山"理念的践行者和传播者。余村的发展历程折射出我国生态文明建设过程中面临的重重挑战、巨大压力、突出矛盾。为了破解干部难定夺、百姓难接受、收入难持续的问题，余村以"两山"理念为指引，探索出了"支部带村""发展强村""民主管村""依法治村"等乡村善治模式。通过党建责任刚性化、党性锻炼常态化、纪律要求明确化、示范带头标杆化的"四化"机制，形成了以党风促民风带村风的良好氛围。通过村庄景区化变革、资源股份化改造，让村民就近挣薪金、拿租金、分股金、转盈利，打通了"绿水青山"和"金山银山"的转化通道，实现了经济发展与生态保护双赢。通过"两山"议事会等民主商议体系，将矛盾化解在基层、消灭在萌芽状态。通过聘请法律顾问、设立"巡回法庭"，让法律意识和法制观念深入人心，也让村民在处理大事小情时心有所依、心有所安。

"绿水青山就是金山银山"的理念，深刻体现了中国共产党在执政理念上以人

民为中心、不断满足人民对美好生活的需要的价值取向。随着我国经济的快速发展，人民生活显著改善，对美好生活的向往更加强烈，不仅对物质文化生活提出了更高要求，而且对环境等方面的要求日益增长，生态环境状况直接影响到人民群众的幸福感。习近平总书记指出，环境就是民生，青山就是美丽，蓝天也是幸福。要像保护眼睛一样保护生态环境，像对待生命一样对待生态环境。党的十八大以来，以习近平同志为核心的党中央坚定不移推动形成绿色发展方式和生活方式，完善生态文明制度体系，开创了社会主义生态文明新时代。"绿水青山就是金山银山"的理念及实践，有力推动实现了经济发展与生态环境保护有机统一的绿色发展，极大地增强了我们走生产发展、生活富裕、生态良好的文明发展道路的信心。

产业兴旺是乡村振兴的基础，也是首要目标，乡村应结合当地资源禀赋的特点，利用绿水青山的优势构建现代化的产品和产业，逐渐实现一二三产业的融合发展。同时创新优化资源要素配置，在发展乡村经济的同时最大限度地保护生态资源，坚持协调发展理念，充分平衡保护与开发、投入与产出的关系，平衡生产、生活、生态三大功能的关系。找到将静态资源转化为价值产出的路径和方式，切实将生态环境优势转化为经济优势，促进绿水青山与金山银山的良性循环。

乡土文化助推乡村振兴

——江苏省徐州市马庄村调研

一、文化振兴之实践缘起：马庄村

1988年，江苏省徐州市贾汪区马庄村凭其创建的"苏北第一支农民铜管乐团"第一次进入全国民众的视野，从而声名远播。20世纪80年代，马庄村依靠其煤矿资源发展采矿行业，农民的腰包渐鼓，但是精神空虚、思想混乱等问题接踵而至。村"两委"为了改善村民的精神面貌，决定以"文化润村"的方式把农民的精气神儿"聚"起来，这一支农民铜管乐团应运而生。此外，马庄重点开发最早始于汉代的以新、奇、美、真为特色的香包产业，香包作为非物质文化遗产也吸引着全国各地的游客。以文化为底蕴的发展模式使马庄村踏上了乡村振兴的新道路。如今，马庄村2863

 马庄村全景

名农户在4.1平方公里的土地上齐声欢唱，言笑晏晏，将欢声笑语撒在马庄的每一片土地上。

2017年12月12日，习近平总书记在党的十九大后来到马庄村视察，观看了马庄的文化活动后，称赞农民乐团自编的快板节目"编得好、演得好"。马庄村丰富多彩的文化生活与村民积极的精神风貌让习近平总书记高兴地说道："我们的文化振兴、乡村振兴，群众的文化普及和精神文明建设，在这里看到了实实在在的落实和弘扬。"习近平总书记对村里的基层党建工作和精神文明建设给予了充分肯定，并指示，认真总结马庄发展经验，学习文化兴村的"马庄模式"。一时间马庄村驰名全国，参观学习者络绎不绝。

（一）加快集体产业转型，寻求持续发展道路

马庄的产业转型主要分为两个阶段：一是由资源开发型产业建设转向生态文明建设的绿色转型阶段，二是以单一工业发展为主转向手工业、旅游业协同发展的多元化转型阶段。

资源开发型产业建设向生态文明建设的绿色转型阶段（20世纪80年代—2012年）。改革开放后，由于马庄村有煤炭资源，村"两委"为改变马庄村贫困的面貌，提高村民生活水平，决定在其自然资源基础上发展采矿业、煤矿加工业等相关产业。但煤炭产业严重依赖煤炭这一不可再生资源的开采，所以马庄村随着煤炭资源的枯竭而面临迫在眉睫的转型问题。煤炭资源枯竭后，曾经的马庄村坑塘遍布、耕地损毁、道路断裂、房屋沉降及荒草丛生，"黑、脏、乱"现象触目惊心，采煤塌陷地面积达13.23万亩之多，占徐州全市采煤塌陷地的1/3。区域内村庄数次搬迁，生态环境极其恶劣，造成严重的生态问题。马庄村前期的工业化发展过度依赖煤炭资源，这使其在21世纪陷入资源枯竭、后续发展动力不足的困境，发展短板也逐渐显现。煤炭资源枯竭、产业结构单一与生态环境破坏等问题促使马庄村开始注重产业转型、生态重塑等工作。2001年，马庄村关停所有煤矿，对因采煤而塌陷的土地进行综合整治，并且设立专项资金用于马庄村生态环境修复的绿色建设。然后建立了化工厂、水泥厂等16家企业，这些企业也于2013年陆续关闭。全村每年会产生大量的农作物秸秆，马庄村充分利用秸秆，推广使用以秸秆为主要原料的沼气工程，以减少污染改善村貌，目前已经为400多户农户提供管道沼气。

以单一工业发展为主转向手工业、旅游业协同发展的多元化转型阶段（2013年至今）。在生态文明建设思想的指导下，2012年，贾汪区在面积最大的一块采煤塌陷地上建成了1.1万亩的潘安湖湿地公园。潘安湖的建设为马庄村产业转型带来了新的发展契机。依托农民乐团和民俗文化表演团，马庄村积极开展丰富多彩、积极向上的文化活动，借助潘安湖景区旅游行业建设，将香包民俗文化与旅游观光相结合，集

🔺 马庄村锣鼓表演

全村之力推进马庄村观光旅游业跨越式发展。2017年习近平总书记视察马庄村之后，"马庄香包"火遍全国，供不应求。为充分发挥马庄村文化特色产业优势，加强民俗文化的品牌建设，2018年1月24日，马庄香包文化大院开工建设，以深入挖掘马庄香包文化内涵，升级香包产品，开发制作新款香包，并扩大生产经营规模，把香包产业打造成为支柱产业。文化大院于该年3月中旬竣工并投入运营，可容纳300余人同时作业。此外，马庄村还成立香包生产合作社，并注册成立了有限公司负责销售，每年香包产值达600余万元。同时，马庄村启动农家乐一条街改造工程，加快推进乡村旅游建设，提高农家乐农户收入。虽然马庄农民铜管乐团于1988年就已成立，但是当时并未当作马庄村主要产业加以发展，煤炭产业仍然是其主要产业，因而第一阶段与第二阶段的产业转型主要以集中全村资源大力发展第三产业的2013年作为分界线。

（二）加强基础设施建设，纵情文化娱乐交流

为了给广大村民开展文化活动提供更好的场所，营造更好的文化氛围，从2003年到2015年，马庄村先后建造了农民文化中心广场、民俗文化广场、村史展览馆、图书馆和文化大礼堂等文化活动场所。这些场所可以组织文化演出，并开展文化宣讲、技能培训、民俗展示等活动。特别值得一提的是2015年基于原址按照民俗风格改建的新马庄文化礼堂。新马庄文化礼堂占地面积为380平方米，舞台面积为80平方米，舞台设施齐全，有灯光、音箱等固定装置，并配备了150把中式座椅，总投资120

万元，是一个集演出、讲堂、展示、培训等功能于一体的综合性文化活动场所。

此外，马庄村还邀请浙江大学的专家对全村进行统一规划，将村庄分为几个功能区域，把香包、民宿、商业一条街以及民俗博物馆都规划到不同功能区中，形成融"文化+旅游"为一体的多功能区，从而有助于做大做强民俗文化的品牌，传递马庄特色文化内涵，取得更长远的发展。

文化场所的建造有助于村民开展以乐队为中心的、各式各样的文化活动，马庄村先后组建了百人锣鼓队、民俗文化表演团等。经常性的文化活动有每周五晚上的周末舞会，每月1日举行的全村升旗仪式，并时常举办电影放映、文化科学知识讲座等。另外还有季节性的特色文化活动：夏季组织乘凉晚会，秋季开展群众运动会，新年举办春节晚会、元宵灯会等文化活动。值得一提的是，村里若举行文艺演出，则要求参赛节目一律由村民自编自演，并鼓励村民积极踊跃参与，因而有将近一半的村民经常参加各种文化活动，其内容丰富多彩。节目内容不限，一般都是根据身边发生的真实事件进行编排，包括计划生育、婆媳关系、儿女上学、邻里互助等与村民密切相关的主题，使大家比较有代入感与真实感，且更容易从中受到教育，宣传效果较好。丰富多彩的文化生活让大家晚上要么参加文化活动，要么准备文艺演出，所以没有空余时间在街头打牌闲逛，打架斗殴现象几乎没有了，邻里关系更加和睦，马庄的村风与民风也焕然一新。十几年来，刑事和重大治安案件鲜有发生，封建迷信活动也不曾发生，没有不孝顺老人和婚丧嫁娶铺张浪费的现象。

（三）运用新兴数字技术，焕发文化发展活力

随着数字技术的迅速发展，农村文化产业发展也搭上技术日新月异的高速快车，其发展前景亦不容小觑。农村通信基础设施不断完善，以通信基建为基础的互联网信号也愈加稳定与快速，使得农民可以更加便捷、低成本地掌握外界信息。越来越多的农村地区逐步接通宽带网线，互联网覆盖的区域不断扩大，马庄村也充分利用通信技术的优势，通过互联网对外宣传与销售马庄香包，吸引外地游客来马庄观光旅游。

在马庄村"两委"的帮助与联系下，马庄的一些香包工作坊与相关学校建立了紧密的合作关系。一方面，学校师生帮助开发马庄香包新款式。在合作中，充分发挥学校图形创意工作室、品牌形象设计工作室的设计创意优势，通过学习运用扎染、刺绣、手工钩针等传统技艺，并与现代数码印花等技术融合，对马庄传统香包加以开发、创新，增加其非遗包装设计，为香包赋予现代流行元素，在最大限度地保留香包传统特色的同时，根据不同年龄人群的喜好，改造香包并增加定制服务，以此吸引更多消费者，提高香包的市场竞争力。另一方面，学校可通过多种方式为马庄村拓宽销售渠道。互联网直播是当前炙手可热的销售方式，学校团队成员可利用其丰富的线上线下品牌推广方面的经验，借助其与抖音、斗鱼等短视频平台建立的密切合作关系，继续扩大马庄香包的知名度与销售渠道。马庄村与学校的合作项目帮助马庄村充分认识自身的文化资源优势，在"互联网+"背景下为马庄香包推广创造了有利空间，并为其注入新鲜血液，使马庄香包文化焕发出蓬勃生机。

除了寻求互联网专业人员的帮助之外，马庄村还加快本村互联网专业人才的培养，并自主寻找可以合作的企业。"授人以鱼，不如授人以渔"，马庄村重视培育本村电商人才，利用淘宝、京东等电商平台拓宽线上销售渠道，打破香包线下销售渠道单一的格局，扩大马庄香包在全国的影响力。此外，马庄村还与上海米瓦设计公司直接对接合作，设计开发了背包、书签、手提袋等一系列具有鲜明马庄特色的文创产品，开发了各种款式的功能性香包，将"马庄香包"的品牌正式打响，抓住机遇将小香包打造成大产业。马庄也依然重视香包作为旅游商品的销售渠道，以香包为亮点，吸引游客到马庄村旅游参观。除了扩大香包销路之外，马庄也在香包原料环节加大了投资。在马庄特色田园乡村规划中，实施了100亩中草药试验田项目，这实现了香包原材料的本土种植，有助于延伸香包价值链，从而实现香包产业可持续高质量发展。

二、马庄村文化振兴实践的经验与启示

马庄村是乡村振兴战略中文化振兴的践行者与受益者。马庄村由贫困的小山村华丽转身，成为获得全国文明村、中国十佳小康村、中国民俗文化村等40余项国家级奖项的经济、生态、文化全面发展的全国知名村庄。其华丽蜕变的成功经验为其他乡村带来深刻启示，其发展具有可复制性与推广性。

（一）用文化振兴为乡村振兴铸魂赋能

乡村全面振兴需要激活乡村振兴内生动力，将文化融入乡土人的基因之中，可为乡村振兴实践提供价值指导与发展活力。所以乡村振兴要注重保护各个乡村的特色文化景观，鼓励特色村庄在保护传统风貌的基础上，挖掘与开发地方文化基因，以促进乡土文化功能的发挥。此外，还要寻求传统文化保护的经济驱动力，将旅游业与乡土文化相结合，发展"文化+旅游"的特色地方产业，以实现产业发展与特色文化保护和传承的良性互动。文化建设是经济建设的灵魂，而经济建设是文化建设的坚实物质基础。没有经济支撑的文化发展只是"空中楼阁"，处理好文化保护与经济发展的关系，需要在二者之间寻求平衡点，从而促进文化与经济共同发展，助力乡村振兴战略的实施。

（二）用人力资本为文化振兴凝心聚力

人才是发展的基础，以人为本是文化建设与发展的基本准则与行为规范。没有

🟠 马庄香包深受国内外游客喜爱

人才支持的文化建设如无根浮萍，无法传承、无法发展。因而在文化建设中需要充分发挥人才的主观能动性。一方面，挖掘现有的乡土文化人才，为他们提供展示的平台，提高其参与乡土文化活动的积极性，并使用文字、照片、视频等载体将其完整地记录下来，设立专项资金对特殊人才的传统文化技艺进行系统性保护与发掘；另一方面，应加强培育新一代乡土人才，建立"传、帮、带"的科学培养体系，从而形成乡土文化人才储备的良性发展。乡土文化并不是凭空出现的，而是以祖辈、父辈与子辈之间口耳相传等方式传承而来，充分发挥老一辈"文化宝库"的作用，以其为中心开展传授活动，有助于乡土文化一脉相承。

（三）用新兴技术为文化振兴提能增效

民间手工艺品是乡土文化的载体，民间手艺与手工艺品赖以生存的经济、社会条件随着时代的发展而发生了改变，仅靠传承人的技艺传承还远远不够，必须要对其合理开发利用，挖掘民间手艺与手工艺品所蕴含的珍贵文化价值，赋予其新的时代特征，在传承中发展，在发展中传承。互联网技术将民间手艺与互联网接轨，可使民间手艺成为新时尚，不仅可以让在外游子获得心灵慰藉以解乡愁，激发其投身发展家乡事业的热情，还可以让外来的游客更好地体验民间手艺，为乡村振兴营造良好氛围。将民间手工艺品与互联网联结，可使手工艺品打破空间与时间的限制，通过网络销售渠道送至全国各地消费者的手中，让其体会不同地区的文化特色，增强文化熏陶，进而提高其文化自信。

　　乡土文化兴则乡村兴，乡土文化强则农民强。乡村不仅是农民的生活场所，更是其温馨的精神家园。认识是行为的前提，首先，要重视乡土文化，全面认识乡村文化振兴；其次，选择合适的文化振兴路径，深入挖掘与利用各具特色的乡土文化，让乡村迸发出更大的活力，从而助推乡村振兴宏伟目标的实现。乡村振兴战略要坚持文化传承，将乡土文化与乡村振兴有机结合起来。乡村振兴绝不是通过大型项目与大规模建设开发，把乡村变成一个个千篇一律的小城镇，而是要坚持乡土文化传承，挖掘乡村的风土人情，让文化成为乡村的第一生产力。只有坚持文化传承，才能使乡村具有特色鲜明的乡村魅力，形成"百花齐放春满园"的乡土文化格局。

产业融合助力乡村振兴

——江苏省无锡市山联村调研

一、产业融合促发展样板——山联村

江苏省无锡市锡山区东港镇的山联村，地处无锡东北角，与无锡、常熟、江阴三市交界，常住人口6300多人，由40个自然村组成，全村总面积6.8平方公里，背靠顾山，毗邻"全国百强县级市"常熟和江阴，素有"鸡鸣闻三县"之称，自然条件并不优越，交通出行也不便捷，仅有锡张高速、S228省道靠近村落。2008年之前，山联村环境破坏严重，属于"先污染后治理"模式的"环污村"典型。山联村前期过于依赖矿产资源，盲目开发锡山、顾山等地矿物资源，且不重视保护环境，致使该村环境遭到严重破坏。随着矿产资源枯竭，山联村陷入"既无绿水青山，又无金山银山"的"未富先污"僵局。此外，山联村没有合理发展当地农业，农民收入得不到保障，只好外出打工谋生，因此农村"空心化"问题严重。与此同时，村集体也负债累累，资金欠款达1000多万元，而上级政府也未给予山联村过多的资金"扶贫"和政策"帮扶"，并且就地域环境而言，山联村的招商引资工作缺乏独特的优势和条件。

截至2019年，山联村已获得"无锡市乡村旅游示范点""江苏最美乡村""第一批全国乡村旅游重点村""江苏省四星级乡村旅游景点""全国文明村""中国美丽乡村""中国特色村""全国休闲农业与乡村旅游示范村"等荣誉称号。2019年12月，山联村村委会主任朱虹获"全国农村青年致富带头人标兵"荣誉称号。是什么让山联村发生了翻天覆地的变化呢？答案就是，在三代人"党建带团建"思路引领下，山联村"准确识变、科学应变、主动求变"，通过开发农家乐、做大菊花产业，打造生态休闲旅游，布局康养产业，闯出了一条颇具"山联特色"的产业融合促发展之路。

（一）结合自身禀赋，发展特色产业

山联村拥有山地和平原等多样地貌，适宜发展种植养殖业，采用农业规模经营模式，建设了3600亩红豆杉种植地，1000亩菊花种植地，500亩果品、蔬菜、花卉苗木种植地，以及500亩特色养殖地等。在发展种植养殖业过程中，遵从绿色循环理念，在红豆杉林里养殖走地鸡，运用物联网养殖黄鳝等水产。目前山联村已建有20多家农庄，形成了特色种植养殖产业链条。

山联村改变农户低效的传统耕种模式，积极推广现代化生产方式，围绕"金色田园·自在山联"的发展主题，挖掘山联三"金"特色——金花（皇菊）、金条（黄鳝）、金粉（灵芝孢子粉），发展金色产品和产业。山联村种植油菜花和菊花等黄色农作物，故而又被称为"金色山联"。山联村借助了无锡市的区位优势和一系列推进农产品深加工的政策扶持，通过与周边企业和无锡本地的江南大学食品学院合作，将那些品相不好、无法制作成花茶的菊花进行深加工，推出了"菊花伴"植物饮料，推动农产品加工业由初级加工向精深加工转变。一方面增加了菊花的附加价值，延伸产业链，在提高农作物利用率的同时也提高了农民的经济收入水平；另一方面充分利用资源，将以往丢弃的菊花充分利用，既避免了资源浪费又提高了农产品

↑ 金色山联之菊花丛

的质量安全保障。与此同时，山联村还通过"合作社+大户""合作社+家庭农场"等新型农业经营模式，鼓励村民自发创业，形成家庭农场、农家乐、采摘基地之间的联合经营。在山联村物联网黄鳝养殖基地，二三十个池子里放满了钢架网，黄鳝就在里面"蜗居"。游客兴致勃勃地尝试，在钓钩上穿好蚯蚓饵投入池中，不一会儿一条鲜活的黄鳝就被钓了上来，围观的亲朋好友发出一阵欢快的笑声。黄鳝可以做成鳝丝、鳝片、鳝筒，各种吃法任你选，村里打造出与众不同的"黄鳝宴"，为四面八方的游客推介美丽山联。

（二）挖掘文化内涵，提升产业品质

山联村在建设初期就注重文化建设，打造文化产业、文化创意、乡村研学、教育培训和健康养生等新业态、新元素和新产品。主要包括顾山文化、早茶文化、农耕文化、红色党建文化。顾山文化，借用"昭明太子"作为文化旅游品牌进行宣传，开发建设了顾山的状元路、神龟回头、九曲桥等景观，并挖掘整理顾山的历史文化。山联村在建设新农村时代走出了一条不同寻常的路，没有把村民集中迁出居住，而是让农舍错落有致地点缀在田园景色中，有的农舍还改造成为农家客栈，相互融合，别有一番韵味。40个小自然村，每个村庄都有其独特的历史文化底蕴，历史、人文、农居在这里巧妙地融合在一起。30多家农家乐，每家都有自己独有的原生态农家特色菜品；200余亩水果采摘园里各色水果轮番上阵，让山联村一年四季都充满果香。

山联村还借助"千年红豆杉"打造了世界第八长寿之乡。依托农耕文化、红色党建文化，建设"农家书屋"、"农村青年书屋"、农村综合科普馆、村史馆等宣传农耕文化，以及对三代人"党建带团建"共建社会主义新农村的故事进行引导和宣传，同时还通过"道德讲堂"、百姓书场、多媒体播放室弘扬"孝义崇善"传统美德，成为无锡及周边各单位红色党建文化组织、学习基地。早茶文化是山联村的早茶特色，喝菊花茶，吃黄鳝面，很多游客慕名而来，节假日早茶接待量也超过1万人次。而且山联村连续数年在金秋十月举办的"金色山联菊花旅游文化节"，已成为长三角地区菊花爱好者的盛会。据山联村吴书记介绍，每年11月正值菊花采摘的时节，山联村向游客推出"鲜花采摘体验"活动，游客可以用自己采摘的鲜花按比例换成烘焙好的花茶，这样既使游客体验特色农业生产活动，也能让农户减少菊花采摘的人力资本投入，逐渐形成了独具特色的乡村旅游模式。

2019年山联村投资50万元建成金色山联乡村大舞台，推出"印象山联"大型剧目，让游客在品尝美食、欣赏美景的同时，享受丰富的文化盛宴。此外，为扩大山联村的知名度、影响力，提升文化内涵，山联村"两委"向市公交集团申请，开通了"无锡汽车站—山联村""无锡东站—山联村"2条金色山联旅游专线，打响了山联文化品牌。

（三）巧用生态资源，打造绿色产业

农村党组织面临纷繁复杂的村务需要整治，而其基础性的治理内容则在于"发展好农村经济，治理好农村环境"。山联村的发展前期因为"边发展边污染""过度开发矿产"等造成了环境破坏，使得村民对村集体决策不信任；而之后为了重新恢复信任关系，村党组织采取了"农村经济发展与农村环境保护并重"的政策，既让村民在发展农村经济中"致富"，满足村民的生活生计需求，又使村民在保护农村环境中"享乐"，满足村民的生态安全需求。自2008年开始，山联村党组织针对山联村治理做的第一件事就是"要想富，先美村"，针对前期开发顾山矿产资源所造成的环境污染，如过度开发所造成的荒地、荒坑等，进行环境集中整治，用植树造林活动绿化乡村，改造村容村貌。只有让百姓有好的生活环境，才有可能"以美丽乡村吸引外部投资"。山联村在面对"矿山开发污染"时，部分村民们是持观望态度的，而村党组织通过优先发展生态农业和相应的农产品加工行业，实施农村的生活区、生产区、治污区三区分离，治理好了当地的生态问题后，村里的其他治理难题也就迎刃而解了。

与此同时，山联村党组织充分利用本村的山水禀赋资源，积极向镇里争取打造示范村项目，并获得了相关的政策扶持，逐步解决了坟堆迁移、废旧厂房拆除、荒地开发、河道清淤、绿化美化等系列难题。"比山水更美的是人的心灵，比金山银山

❶ 山联美景

更富的是人的精神。"山联村的发展以"金菊花""生态鸡"等特色农产品为突破口，着力打造特色农业产业，并借助"互联网+"的农业供给侧改革，利用物联网、云技术、大数据、互联网、手机移动网等信息技术资源，结合市场调研情况，有效细分市场对"金菊花"等农林牧副渔产品的需求信息，满足互联网时代个性化定制需求，并成立"富民供销社"和"金菊花"农业产业协会，帮助村民"种对卖好"，规避农产品市场的滞后调节。农村党组织既重视发展农村经济，满足村民生计生活需求，又保护了农村生态环境，确保村民享有农村生态安全。山联村"乡村振兴"的样板性，关键就在实施"环保+农业"模式下的美丽农村建设，依靠村民群众的主体力量，大力发展特色农业"金菊花"和辅助农业优化土地资源利用，实现了农村治理绩效增长，让农民"守规"受益，促进干群信任和合作共治。

○ 山联村民宿

（四）发展特色旅游，助力经济新发展

为迎合城市居民回归自然、体验农家生活的需求，山联村凭借地理优势及特色种植养殖业形成的生态环境优势，分析消费者特点，开发打造乡村特色休闲旅游业；尤其着力打造2小时旅游圈，吸引周边城市游客。践行"绿水青山就是金山银山"理念，依托优越的自然条件和丰富的农产品，山联村设置了红豆杉天然氧吧绿色

观光区，千亩菊花采摘体验、观光区，水果、蔬菜、花卉采摘体验区，农村动物园观光区。除了生态农业园，还规划了香山顶寺、山前嘉园和省内首家乡村动物园，以此为依托，发展"农家休闲、客栈度假、生态体验、人文感悟、会务经济"五大项目，吸引周边城市游客进行周末农业休闲游，并依时序打造了"春赏花、夏耕耘、秋摘果、冬庆年"的独具山联特色的乡村生态休闲旅游模式。目前已形成旅游文化企业4家，民宿、农家客栈20多家，农家乐20多家。

目前，20余家农家乐、11家民宿客栈、10多家茶社、15家生态农庄构成了山联村乡村旅游的"基本盘"，"春赏花、夏耕耘、秋摘果、冬庆年"的农村休闲旅游模式深入人心，年接待游客突破百万人次。水云居·小湾里是目前无锡抢手的民宿。一幢幢白墙黛瓦的别墅现代感十足，花、草、树、木营造出开阔疏朗的景致，与周边的田园风光相得益彰，仿佛置身在一个大花园里。"这里原本是破旧的农村住房，经过统一设计、统一翻建，成了一个集健康养生、休闲度假于一体的高端民宿村落。"小湾里民宿项目负责人张兰介绍说，总共37个房间，自开业以来入住率保持在80%以上，不少人会举家包下一幢别墅共度周末。乡村旅游给村民带来了真正的实惠。小湾里民宿由社会投资翻建，每年给农户租金2万元，每5年租金增加5%，20年后房子交还给农户。届时，农房价值将数倍提高，相当于增加财产性收入，闲置农房成了富民增收的"黄金屋"。

"我们倡导的是这样一种乡村生活：休闲、自在、绿色、幸福。"朱虹说，"不断做强做优乡村旅游，从传统农业到现代科技农业，从农房改造到民宿提档升级，从产品升级到服务升级，让城里人来了就不想走！"

通过乡村旅游，山联村直接转移安置劳动力400多人，间接带动上千人就业。农民人均收入达3.9万元，十年间翻了四番。山联村结合"旅游+农业、旅游+文化、旅游+互联网、旅游+研学"等新兴业态，全面立体地呈现生态文明建设的鲜活样本，深入具体地展现绿色发展理念传播的生动案例。

（五）多维产业融合，行稳致远促进步

2008年，山联村党组织研究了村里产业发展情况后，走出去到安徽学经验，主要学菊花种植，而后寻找有关领域专家，指导山联村的村民种植可以"饮食"的菊花。这样山联村便可实现本土化谋创新，借助菊花村建设，既发展"金色菊花"旅游，又打造一个农业品牌"金色山联菊花茶"。近年来，山联村围绕菊花和油菜花这两种作物的种植和加工，一二三产业融合发展，打造出了"金色山联"的鲜明特色。"一产"即农业种植，菊花和油菜两季轮种，土地资源得以充分利用。山联村菊花种植面积500亩，每到花季，村落便掩映在一片金黄中，美不胜收，被称为"菊花村"。"二产"即菊花和油菜的深度加工，并借助"互联网+"，实现"金色山联

⬆ 山联村党总支书记朱虹推介本村产品

菊花茶"网络在线销售。目前，山联村已形成菊花茶、菊花饮料、菊花米酒、菊花糕点等十多个系列的产品。"三产"即观光旅游服务，创造了良好的经济效益。

在山联村入口，"金色山联"标牌夺人眼球。"'金色'是山联村的特色和底色，也代表着老百姓对幸福生活的期待。"山联村党总支书记朱虹介绍道。村里投资4000多万元建设农业园区，重点打造千亩菊园。每到花季全村都会掩映在一片金黄中，美不胜收，吸引了许多慕名而来的游客。有商业头脑的山联人还对菊花进行深加工，发展食用菊、药用菊，提升产业附加值。在村里的特色农产品商店，菊花茶、菊花米酒、菊花糕点等十几个系列的产品琳琅满目。他们与江南大学食品学院合作研发的"菊花伴"饮料，销售点开到了全国40多个大中城市，成了"金色山联"的又一招牌。2017年，山联村党组织在盘活集体资产的同时，还融入了乡村旅游的规划理念，先后投入3000余万元修建"山前嘉园"产业，成为新时代山联村

"乡村振兴"的代表作。

山联村建有综合型农家乐企业23家，农家乐特色食品菊花宴、特色小食炸菊花、红豆杉林的走地鸡都是乡土特色食品。此外，山联村建有12家茶室，喝菊花茶、吃黄鳝面也是山联特色餐饮。与此同时，山联村还注重农产品深加工，通过与周边企业和江南大学食品学院合作，加工生产"菊花伴"饮料、菊花茶、菊花米酒、菊花醋、菊花掼蛋、菊花糕点等乡土特色食品。随着乡村旅游的升级，生活水平的提高，人们更加注重健康、养生，山联村布局康养产业，以绿色生态环境为依托，建设红豆杉康养小镇，突出世界第八长寿之乡和走地鸡、农家菜等生态农产品特色，又进一步建设了"百村康乐工程"和老年文体活动室、多媒体室、戏曲文化室等活动场所，布局康养小镇建设。

二、经验启示与展望

一路走来，山联村呈现"产业兴旺、生态宜居、乡风文明、治理有效、生活富裕"的乡村振兴现实模样。山联村是其他地区实施乡村振兴战略的学习榜样。山联村自然景观和村庄环境快速改观，促进了现代高效农业和农业生态旅游等现代农业产业的兴起。因此，实施乡村振兴战略，要坚持人与自然和谐共生，走乡村绿色发展之路。要以绿色发展引领生态振兴，真正践行"绿水青山就是金山银山"的发展理念，坚持以节约优先、保护优先、自然恢复为主的方针，推进绿色发展。此外，对于农村住房改造，山联村没有采用"穿衣戴帽"的方式，即仅关注外观统一而忽视民居的多样性。事实上，从规划建设伊始，山联村就注重融入文化和旅游元素，以顾山历史文化为依托，相继修建了一批人文和自然景观，并建成了凉亭、曲桥、门楼等景观辅助设施。

山联村工业基础薄弱，通过发展工业实现振兴不现实，而且还会对村环境造成更大的伤害。因此山联村大胆突破"无工不富"的传统模式，坚持"以农富农"的生态模式，充分挖掘其地域文化优势，大力发展特色高效农业和休闲旅游产业，走出了一条新农村建设与现代农业、生态旅游相结合的创新之路。山联村在"农"字上做文章，走发展生态农业的道路，一二三产业融合发展，打造"金色山联"品牌。此外，山联村以农业富民合作社为龙头，搭建公司化运作平台，形成3000多亩农业园区，积极发展现代高效农业和农业生态旅游等高附加值的新型农业，并不断地探索村级经济发展和群众增收致富的新路径。此外，山联村实行"合作社+大户""合作社+家庭农场"的新型农业经营模式，鼓励个体户成立家庭农场，支持农业种植大户、农家乐、采摘基地之间开展多种形式的联合经营，实现了合作共赢。

　　展望未来，推进山联村一二三产业进一步融合发展，还需再加强其基础设施建设，夯实三大产业融合发展的基础，尝试延伸农业产业链，提高农产品附加值。一方面，完善山联村交通网建设，保障进村及村内道路畅通，提高与城市交通设施互联互通的水平，改善农村生态环境和卫生条件，减少企业建设成本，增强对投资商的吸引力，打造交通便捷的乡村旅游都市圈。深度挖掘农业的多种功能，积极推进农业与旅游、文化、健康等产业的融合，大力发展休闲农业、乡村旅游业、康养小镇等新兴业态。另一方面，加快完善山联村物流设施建设，逐步健全农村的物流网络体系，对在农村地区开展业务的物流快递企业给予财税支持，为"实体+电商"的营销模式营造良好的环境，有利于增强山联村特色农产品的市场推广力，做强当地经济。

走好农业农村现代化之路的永联经验

——江苏省张家港市永联村调研

党的十九大报告指出，实施乡村振兴战略，要坚持农业农村优先发展，按照"产业兴旺、生态宜居、乡风文明、治理有效、生活富裕"的总要求，建立健全城乡融合发展体制机制和政策体系，加快推进农业农村现代化。在迈向第二个百年奋斗目标新征程中，如何利用乡村特有资源，破解当前乡村经济发展动力不足的难题，激发乡村发展活力，实现乡村全面振兴是全社会共同关注的话题。江苏省张家港市南丰镇永联村建村50多年，特别是改革开放40多年来，走出了一条以工业化为牵引，带动城镇化建设，进而实现农业农村现代化的发展道路，打造了新时代乡村振兴的"永联样本"。

一、永联村基本概况

永联村1970年围垦，1971年建村，当初只有254户人家、700多人、近800亩地。由于地势低洼，十涝九灾，建村后虽然连续换了几任工作组和党支部班子，但都未能摘掉贫困的帽子。直到1978年，村民人均收入仅为68元，村集体负债6万多元，仍是全县（原沙洲县）最小、最穷的一个村。1978年，第五任党支部书记、第七任工作组组长吴栋材被南丰公社派驻到永联村任职，当年底召开的党的十一届三中全会，给永联村带来了生机和活力，使永联村发生了翻天覆地的变化。如今的永联村，村域面积达10.5平方公里，有村民约1.1万人，常住人口2.5万余人。产业兴旺，拥有钢铁制造、新能源、赋能制造、环保、建筑、金融贸易、现代农业、现代商贸、乡村旅游、社区服务等产业板块。2021年村级可支配收入达3.7亿元，村民人均可支配收入6万多元，在全国数十万个行政村中，综合实力名列前茅。生态宜居，村域内河网密布，小桥流水相映，亭台楼榭独自成趣，景色秀美宜人，是国家级生态村。农民集中居住区——永联小镇，是国家AAAA级景区、江苏省五星级乡村旅游示范区。乡风文明，连续6届被评为"全国文明村"，还是"全国民主法治示范村"，村党委两次被

中组部命名为"全国先进基层党组织"。治理有效，村企产权明晰，政经分离，公共
服务和公共管理实现了城乡均等化，构建了党建引领、区域协同、群众参与、依法办
事的治理机制，是苏州市第一个被评为"全国乡村治理示范村"的村庄。生活富裕，
坚持在共建中共享，村民家家有产权房、人人有工作、个个有福利。

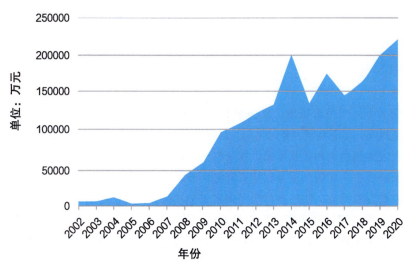

❂ 永联村集体固定资产情况

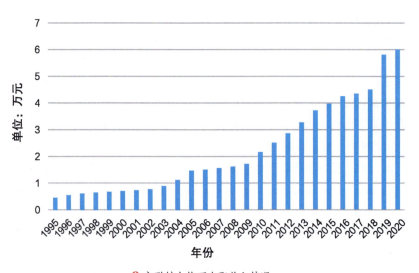

❂ 永联村人均可支配收入情况

二、永联奋进现代化的具体实践

永联村由穷村变富村、小村变大村、传统乡村发展成为现代化农村，与改革开放同频共振，奋斗了40多年。这40多年来，永联村经历了围垦建村、走上工业化、推进城镇化、实现现代化四个阶段，但无论在哪个阶段，永联村干部队伍一心为民谋发展的初心不变，始终坚持做到以下四点：

（一）发展壮大集体经济，为农业农村现代化提供坚实基础

乡村振兴，产业兴旺是基础。但是，永联村的基础、条件、资源都很有限，发展经济的难度很大。数十年来，永联村自力更生、攻坚克难，实现了集体经济的不断发展壮大。

1. 挖掘自身潜在资源。1978年，吴栋材书记来到永联村时，面对永联村地势低洼、十涝九灾的现状，组织全体村民肩挑手推，奋战一个冬天，开挖了50亩鱼塘，同时垫高了周围200多亩土地，第二年鱼塘里的鱼和地里的粮食喜获双丰收，低洼的土地变成了优势资源。借助当时水产品可以自由交易的政策优势，村里掘到了第一桶金。苏南农村人多地少，光靠农业难以走出困境，但苏南农村能工巧匠多，于是村里组织会绣花的妇女，办起了枕头套厂；组织木匠，办起了人造革沙发厂。吴栋材书记曾经当过兵，也在无锡打过工，有一些朋友和熟人，这是人脉资源。他就找当时在无锡市建设局工作的老领导帮忙，组织青壮年村民到无锡的工地上打工，后来还在无锡

↑ 永联小镇金手指广场

办起了水泥预制板厂，给无锡工地上供应水泥预制板。这些年来，到永联村来参观考察的人慢慢多了起来，现任村党委书记吴惠芳认识到，名气和人流也是资源，于是注册成立了培训中心，后来又升级为干部学院，把培训经济做了起来。在发展乡村旅游方面，永联村既不靠山，也不靠水，更没有历史文化遗存，但吴惠芳充分挖掘农耕文化资源，利用边角料土地，建起了500亩的农耕文化园；利用当地的美食，建起了美食街，通过举办"永联美食节""夏季奇幻夜""农民丰收节"等节庆活动，着力打造"时尚乡村、传奇永联"乡村旅游品牌，永联村先后荣获"中国乡村旅游模范村""全国乡村旅游重点村"等称号；永联小镇成为国家AAAA级景区，年接待游客达100万人次。

2. 抢抓发展机遇。机遇稍纵即逝，发展的机遇，只有抢到手抓住了，才能成为发展的现实。1984年初，有人到南丰镇来推销一台淘汰的轧机，但没人接手。吴栋材书记得知后，立即赶到那个厂家，要求买下这台轧机。那时，很多农民开始建造楼房，需要大量的钢筋，吴栋材书记认为办轧钢厂前景广阔。于是村里自筹资金买下了这台轧机，开启了永联村以钢兴村的发展道路。2002年是"亚洲金融风暴"的后期，市场出现面粉比面包还贵的现象，永联轧钢厂作为加工型企业，被倒挂的价格逼到了死亡的边缘。有人说，永钢继续靠买钢坯过日子，那就是等死；如果上炼钢，由于资金、人才、政策等因素，那也可能是找死。在这样的情况下，永联人做出决

❶ 永钢炼钢场景

一死战、上炼钢项目的决定。于是自筹10多亿元资金，克服2003年初非典疫情干扰，用了341天时间，把永钢变身为大型联合型钢铁企业，创造了中国冶金建设史上的奇迹，从此，永联村的集体经济发展进入了快车道。2006年，国土资源部在张家港市进行"城乡建设用地增减指标挂钩试点"。永联村意识到，农民集中居住，既能实现农村城镇化，又能为永钢发展腾挪空间，因此决定投入10多亿元，把散居在田间地头的3000多户村民全部聚合起来，实行集中居住。经过不懈的努力，一座现代化小镇拔地而起，也为永钢的发展扫清了地面障碍。2008年，面对金融危机的影响，国家实施4万亿投资拉动计划，永钢集团趁势叫响"三年再造一个新永钢"的口号，大干快上，钢铁产能从450万吨扩大到了900万吨。当前，国家鼓励发展低碳经济，支持绿色循环经济，2021年12月，永卓控股公司在永钢集团基础上创建成立，旗下整合形成钢铁制造、新能源、赋能制造、环保、建筑、金融贸易等6个产业板块，抢抓机遇，打造全国统一大市场的历史新局面。

3. **坚持五湖四海用人。** 人才是第一资源，发展壮大集体经济，更加需要人才支撑。但是，村里的人才资源是极其有限的，永联村就敞开大门、眼睛向外，五湖四海用人。永联轧钢厂开办之初，缺少各类型人才，村里就从镇上的机关、供销社、农机厂、周边村，招聘了一大批人才到厂里当厂长、会计、技术员、销售员等，但还是缺少具有专业技术的专家型人才。一天，黑龙江一家钢厂的厂长来到永联轧钢厂考察，在与永钢生产现场的干部交流时提出了几条改进意见，之后就赶往了无锡火车站。这件事让吴栋材书记知道后，立马派了两名副厂长追到无锡火车站，恳请该厂长来永钢工作。该厂长被吴栋材的真诚所打动，来到了永钢工作，轧钢厂的工艺技术水平得到了快速提升。自2006年开始，永联村每年从全国各大院校招聘300名以上的大学生，充实到各类岗位。为从大城市招聘高端人才，永钢专门在上海、苏州等地注册开办公司，为这些人才解决社保和落户问题。随着来自五湖四海的人才不断增多，永联村又先后投入近7亿元，建设6幢2300套公租房，配以良好的服务设施，为人才队伍提供生活保障。永卓控股虽然是民营企业，主要领导在企业内任职可以不受年龄限制，但他们感到，当今社会知识技术迭代更新的速度越来越快，现有领导班子多数成员因年龄原因，知识结构难以跟上时代步伐，因此决定，从总裁开始，班子成员年满60周岁必须辞去行政职务，对少数学历低的班子成员提前调整了职务，现在永卓经营班子成员都是专业对口的"70后""80后"。永联村股份经济合作社有6个职能部门、5家实体公司，年销售收入超过5亿元，领导班子及团队的招聘全部是市场化招聘，来自政府机关、大型国企、知名民营企业等省内外各类人才投身永联的乡村振兴一线。

4. **按市场规则办事。** 经济是有规律的，市场是有规则的。发展壮大集体经济，必须要把握规律、遵守规则。比如，效率优先是重要的经济法则。20世纪80年代初，轧钢厂还是永联村的全资集体企业，为了调动销售人员的积极性，采取了绩效提成的办法，并且上不封顶，有的销售员一年能拿十多万元的收入，这在当时已是相当高的了。为了开发高端产品，永钢招聘人才开出了300万元年薪的待遇，事实证明，高年薪能够引来高级人才，高级人才能够带来高额效益。在企业，个人的收益与单位的效益捆绑得越紧，管理就越有效。因此，永卓控股对永钢集团旗下的分公司、子公司，进行股份制改造，对管理层干部和主要技术人员实施股权激励，这一招使大家与企业之间形成了利益共同体，极大地调动了干部职工的积极性和创造性。村经济合作社采用的也是市场化薪酬机制，薪酬能高能低，人员能进能出，干部能上能下，对于经营团队，凡完成年度考核任务的，实行超额奖励，有的还实行股份制。

（二）共建共享共同富裕，为农业农村现代化提供发展动力

共建共享、共同富裕，既是实现农业农村现代化的目的，也是建设农业农村现代化的动力。几十年来，永联村坚持用共建共享、共同富裕目标来团结群众、凝聚人心、谋求发展。

1. 共享经济成果。永联轧钢厂办起来之后，一部分人在厂里上班有了工资收入，但更多的人还在土地上摸爬滚打，于是村里建立了奖农补副的标准体系，把企业的利润公平地再分配，为种植养殖户带来二次收入，这一下，让永联的农业、副业也兴旺了起来。2006年，全村实施农民集中居住，永联村并没有采用常规的拆迁安置方式，而是制定了拆归拆、分归分的办法。"拆归拆"，就是拆的时候按市场价格一次性货币化赔偿到位，尊重和维护农民家庭的存量资产；"分归分"，就是安置的时候按一户一套，每套145平方米，每平方米500元的价格，办理大产权红本子，一张结婚证为一户。村党委认为，城镇化建设，农民的最大贡献是宅基地，而农民家庭拥有宅基地指标的权利是均等的。城镇化建设资金的主要来源是集体经济，而集体经济组织成员的权利也是均等的。这两个"均等"，决定了住房安置应该一户一套。永联村的做法，实际是以城镇化为契机，把货币形态的集体资产，公平地转化为家家户户的实物房产，让村民共享经济发展成果，这样的拆迁安置办法得到了村民的积极拥护，全村很快完成了拆迁。2021年，永联村制定"十四五"发展规划，明确提出"十四五"期末社员从集体分配的收入翻一番的奋斗目标。2022年，永联村召开社员代表大会，审议通过了增加村民生活补助费和养老金等7个议案。为了增强村民获得感、幸福感，自去年开始，永联村全面实施数字乡村改造，率先实现双千兆+5G专网全覆盖，建成数字生活服务中心。与中国移动公司合作，开通了电视机上的永联频道，村民们免费观看4K高清影视。另外，还自筹资金，对93幢157个单元的多层住宅陆续加装电梯。

2. 共享就业机会。就业，是民生之本，也是共同致富的根本途径。永联村党委发挥永钢大企业优势，录用员工时，同等条件下永联人优先。但是，还有许多学历低、年龄大、身体弱的村民，被挡在了企业大门外。于是，永联村股份经济合作社就成立了劳务公司、保安物业公司，与周边企业签订保洁、保绿、保安服务协议，为那些低技能劳动力提供就业岗位。现在，永联村劳务公司和保安物业公司共吸纳近1500名低技能劳动力。

3. 共享创业平台。集体经济壮大之后，共享创业平台是效率最高的共同致富方式。2006年，永联投资1500万元建设了农民创业园，共有8幢近一万平方米的厂房，村里把水、电、气通到厂房门口，并以每年每平方米43元的价格，租赁给有能力创业的村民，现在，农民创业园内共有20家小企业。同时，以创业带动就业，农民创业园共吸收劳动力600余人。2006年开始，永联村在永联小镇上建了三条街，共有270个门面房，当时的门面房还很紧俏，但永联村并没有一卖了之，而是把这些门面房的产权留在村里，由经济合作社统一经营开发，同等条件下永联人优先租用。现在三条街上生意红火，共有72家永联村村民开店经营。

4. 共享文化资源。共建共享、共同富裕，帮助村民实现"脑袋"富才是最根本的。永联村先后于1995年、2005年、2014年投入巨资，支持政府对永联小学实施新建、改建、扩建，把村里的经济优势转化为孩子们读书学习的环境条件优势。为了让孩子们享受到与城里孩子一样的高雅艺术学习培训机会，永联村与北京荷风艺术基金会合作，在永联小学成立管弦乐团，并从上海请来一流的老师进行教学。孩子们先后到上海大剧院、北京天桥大剧院演出。永联村投资近1亿元建设了永联文化活动中心和永联戏楼，经常邀请各类文艺团体前来演出，对村民们进行常态化的艺术熏陶。在永联小镇的爱心街上，建有一个藏书达4万册的农家书屋，24小时无人值守、对外开放，供村民、职工自由阅读。还建了一个智力加油站，花了近百万元购买各类玩具，供孩子们训练智力，不让孩子们因家庭经济上的差异而导致智力训练条件的不平等。2022年，永联村改扩建集书画、器乐、戏楼、舞蹈、游泳、健身、影院于一体的永联俱乐部，丰富村民的文化、体育、娱乐生活。

（三）创新乡村治理机制，为农业农村现代化提供可靠保障

随着工业化发展和城镇化推进，农村的人口结构、社会形态、农民的生活方式、精神诉求、农业的环境条件、生产方式等也发生变化。这些变化迫使永联村以变应变，及时改革创新治理机制。

1. 理顺村企关系。村企合一，这在集体经济发展壮大初期，有利于统一使用人才、资金、土地，实施统一领导和管理，曾是集体经济迅速发展壮大的重要法宝。但随着市场经济的不断深入，由村企合一引发的矛盾也变得突出起来。比如：企业经营决策机制与村民自治制度之间的矛盾，村民分配愿望与企业分配原则之间的矛盾，企业薪酬激励要求与集体所有制规定之间的矛盾等。这些矛盾成了村与企业发展的障碍。为此永联村先后两次对永钢集团清资核产，把永钢集团从永联村的集体资产中剥离出来，进行股份制改造，永联村经济合作社持有永钢集团25%股权，永钢集团中高层管理人员持有75%股权，永联村成了永钢集团的投资人。同时，把村里的干部和财务从永钢集团中分离出来，建立独立的运行体系和机制。从此，永钢集团按现代企业制度自我运行，永联村按乡规民约充分自治。

2. 实行政企分离。村企关系理顺后，永钢集团进入了发展的快车道，永联村经济合作社依靠25%的股权收益，集体资产也得到了快速增长。这时，处在政经合一状态的村民委员会，对集体资产经营管理的任务越来越重。同时，随着永联城镇化的快速发展，村民委员会面临的社会治理任务也越来越复杂。这时，村民委员会管资产能力不足、抓治理精力不够的问题日益突出。为此，从2012年开始，永联村着手实施政经分离，把集体资产经营管理职能从村民委员会中剥离出来，充分发挥村经济合作社的经营管理功能。永联村用了一年半的时间研究制定了《经济合作社社员资格确权办法》，确定了10676名经济合作社社员，选举产生了239名社员代表。研究制定了《经济合作社章程》，召开了社员代表大会，选举产生了理事会成员和理事长，监事会成员和监事长。组建了经济合作社管理机构，聘任了经济合作社社长、副社长、部门经理等，从此，集体经济的经营管理职能从村民委员会中剥离了出来，由经济合作社公

❶ 永联现代粮食基地

司化运行。村民委员会集中精力履行社会治理的职能。

3. 调整自治体制。随着永联小镇建设的逐步到位，永联村村民全部被安置到了小镇上。同时，永钢集团的快速扩张，使小镇上的外来人口急剧增加。永联村民委员会虽然职能任务比较单一，精力也比较集中，但是村民自治的体制方式与城镇化的社区治理要求明显不相适应。为此，永联村在2013年的基层"两委"换届选举中，经过上级审批同意，永联村不再举行村民委员会选举，全体村民参加永合社区选举，产生永合社区居民委员会。从此，永联村的社会治理由村民委员会体制下的村民自治转变为居民委员会体制下的居民自治。永联村村民的身份转化为永合社区居民和永联村经济合作社社员。永联村的实践让我们体会到，在农村城镇化、城乡均等化条件下，农村居民治理的社区化、集体资产管理的股份合作化，是农业农村发展的必然趋势和要求。

4. 推动公共管理均等化。永联村长期以来把"城里人有的我们也要有"作为缩小城乡差距的目标，先后建起了农贸市场、小学、幼儿园、医院、商业街等城镇基础设施，甚至在村里安装了8个红绿灯和5个卡口，这些物质上的城镇化一度给永联人带来了喜悦和方便，比如在家门口就可以上学、买菜、看病等。但是，由此引发的矛盾和烦恼，也逐渐多了起来，甚至有的成了损害村民利益的因素。比如农贸市场里蔬菜上农药残留物超标，小镇上的车辆超速闯红灯，这些事，村里管不了也管不好。永联村大多数村民交纳的是城镇居民医保，但到永联医院看病，医生是"赤脚医生"的水平，报销是农村合作医疗的标准，村民的利益直接受到了损害。这让永联村意识

❶ 藏书最多的村级图书馆——永联图书馆

到，"城里人有的我们也要有"仍然是他们的追求，而且追求的内容也应该升级为城里人拥有的公共管理和公共服务，实现城乡公共管理和公共服务的均等化。于是永联村就主动向市、镇两级党委政府反映情况，积极争取支持。很快，上级政府在永联村设立了社会事务管理协调领导小组，由一名副镇长任组长，把公安、交警、工商、卫生、城管、消防等公共管理机构和人员派驻到永联村，将永联村领导班子从那些管不了也管不好的事务中解放出来，永联小镇变得秩序井然。

5. 开展文明创建。永联村党委坚持既富口袋更富脑袋，实行物质文明和精神文明"两手抓两手硬"。从20世纪90年代起，就在村里成立了精神文明建设办公室，发挥村集体经济厚实的优势，把精神文明创建与物质利益挂钩。进入21世纪，永联村改革设立家庭文明奖，建立了村民行为奖惩办法，凡是村民做了村规民约中禁止或反对的事就扣分，凡是做了提倡或鼓励的事就加分。到年底，凡是没有被扣过分的家庭，按获得加分多少进行排序，给前10名家庭颁发精神文明标兵奖，给前100名家庭颁发金色文明家庭奖，给其余没有被扣过分的家庭颁发银色文明家庭奖，并把奖牌挂在每家的大门口，这块奖牌就成了社区居民家风的标志。一块小小的奖牌，变成了一股引人向上向善的强大力量。为了适应新的形势发展需要，2021年4月，永联村率先启动永联信用体系建设，以永联现有的信息化管理系统、数据现状和"文明家庭积分"评比体系为基础，将居民的文明行为和金融活动融合形成能够进行评价的指标体

❶ 幸福永联人

系，构建个人信用模型。根据评价对象得分等级，提供商品折扣、文娱活动、医疗服务、数字消费券等非金融场景和信贷服务、利率优惠等金融场景，让永联老百姓真正享受数字生活带来的实惠，助力乡风文明建设，提升乡村治理能力。

（四）加强班子队伍建设，为农业农村现代化提供能力保障

在乡村振兴的道路上，工作千头万绪，矛盾层出不穷，但一切事在人为。长期以来，永联村十分重视领导班子队伍建设，培养和造就领导班子队伍引领发展的能力、公道正派的作风、淡泊名利的品格，较好地发挥了领导班子队伍在乡村振兴道路上的"领头雁"作用。

1. 引领发展的能力。1984年永联村将一台轧钢机买回来之后，在申办永联轧钢厂时，冶金工业局批了"无米之炊、不予办理"8个字。这时，班子队伍是否具有破解难题、攻克难关的能力，直接决定着事业能否成功。面对困局，吴栋材书记采取与镇上供销社合资办厂的办法，取名金属压延厂，避开冶金工业局，请县供销合作总社办理了审批手续。轧钢厂办起来了，但村里的枕套厂、沙发厂、水泥预制板厂等8个小厂在运行中与轧钢厂争资金、争人手，给刚起步的轧钢厂增加了困难。面对这种情

⚫ 吴栋材在钢铁厂查看产品质量

❶ 村党委书记吴惠芳（右一）慰问老人

况，村党支部审时度势谋大局，认为轧钢厂前景广阔，应该突出重点保发展，果断决定采取抓大放小的战略，一举关掉了这8个还在赚钱的小厂。2005年，刚从部队师政治部主任岗位上转业、自主择业回村的现任村党委书记吴惠芳，敏锐地感受到党的十六届五中全会提出新农村建设的精神，结合村里的实际，研究制定了永联村五年发展规划，提出生产方式工业化、居住方式城镇化、就业方式多样化、生活方式市民化、管理方式规范化、收入方式多元化的目标，并于2006年9月5日组织召开村民代表大会，讨论通过了《关于建设社会主义现代化永联村的决议》，全面掀起了建设新农村的热潮。党的十八大以来，村党委书记吴惠芳带领全体干部群众，立足经济发展新业态，抢抓乡村振兴战略新机遇，打造了一个产业兴旺、生态宜居、治理有效、乡风文明、生活富裕的现代化永联。

随着5G网络、大数据、云计算、物联网、人工智能、区块链等新一代信息通信技术迅猛发展，数字乡村建设成为乡村振兴的主要战略方向，代表着未来发展方向的先进乡村形态。吴惠芳认为，要让永联居民跟上时代的步伐，过上更加美好的生活，就必须加快乡村数字化改造，用数字赋能永联发展，这是永联率先实现农业农村现代化的必由之路。2021年，永联村提出了数字永联建设"1+3+N"的战略目标，即通过打造"5G专网+双千兆"、数据中台等新基建建设，聚焦数字产业、数字治理、数字民生三个方向，建设多个数字化应用场景，以此让永联现代化建设插上"数字化翅膀"。

2. 公道正派的作风。1985年的一天，吴栋材书记让轧钢厂的工人用钢筋头子做了一个自己家里老灶头上用的炉垫，还特意让工人称了炉垫的重量，到财务处按钢材的成品价结了账。这件事让很多人不理解：厂里到处都是被剪切下来的钢筋头子，又不值钱，没必要这么做。但吴栋材书记不这么认为，他说，我当书记的贪一个炉垫，工人就不能拿一根钢筋？厂里钢筋头子再多，也经不起大家拿。在农村，谁都有七大姑八大姨，各种关系盘根错节，干部一旦失去了公平就失去了群众的信任，发号施令就会缺少底气和力量。吴栋材书记经常讲，风气建设关键靠做。他是一个公道正派、疾恶如仇的人，他的行为就是无声的命令，激励和鞭策着大家。经历过边境作战炮火的洗礼、经历过九江洪水肆虐的考验，现任村党委书记吴惠芳薪火相传，勇挑重担。这些年来，面对乡村的"熟人社会"，虽然他手中握有权力，但吴惠芳始终不改军人本色，始终牢记党员使命，清正廉洁、公道正派，赢得了永联百姓的一致称赞。吴惠芳书记先后获得"全国优秀共产党员""全国最美退役军人"等荣誉称号和第七届道德模范提名奖。

3. 淡泊名利的品格。1978年吴栋材书记一到村里，就向全村老百姓承诺："我不是'飞鸽'牌的，我会做'永久'牌的书记。"1986年时，永联村已经是苏州市10个富裕村之一，市里领导想让吴栋材书记到镇上当领导，吴栋材书记说："我哪里也不去，就在村里干！"这一干就是37年。吴栋材书记常讲，做官大小无所谓，关键要为老百姓做实事。他还说，追名逐利是工作不扎实、班子不团结的总根子。他的这种思想和行为教育影响着永联村领导班子成员。2000年，永钢集团进行股份制改造，领导班子成员个个让出一半股份，给全村老百姓保留了25%的股权。2014年，领导班子队伍带头，全体干部表决，把历年来的14.94亿元未分配利润，全部捐赠给集体。现任村党委书记吴惠芳不做军官当村官，放弃在杭州大城市与妻女共同生活的机会，放弃师职干部留在部队的大好前程，这本身就是一种品格、一种情怀。尽管离开军营近20年，但吴惠芳身上的军人印记仍然十分明显——每天早晚按时锻炼，说话干脆利落，从不拖延时间，吃得了苦吞得下难。

三、经验与启示

永联村半个世纪的发展历程，既有先发地区的普遍特点，更有独树一帜的典型特质，其经验启示主要有以下几点：

启示一：党旗作引领，发展靠支部，只有始终保持"铁心向党、永葆先进"的坚强信念，才能夯实乡村振兴的组织基础和群众基础。永联村之所以能够脱颖而出，最根本的原因在于坚持党的领导，最核心的经验是"选好一个支书、建好一个支部、带好一支队伍"。在"永久"牌书记吴栋材、"全国优秀共产党员""全国最美退役军人"吴惠芳的带领下，永联村用党的路线方针政策指导工作，无论是办社队企业、抓转型升级，还是推动强村富民、实现文明进步，都是"旗帜鲜明讲政治"的具象化体现。

启示二：产业打头阵，项目来助力，只有始终保持"敢闯敢拼、自强不息"的创业精神，才能筑牢乡村振兴的坚实底座和形成有力支撑。"无农不稳，无工不富，无商不活"仍然是颠扑不破的发展真理。永联村从挖塘养鱼，到建办8个小工厂；从创办小型轧钢厂，到成立现代企业永钢集团；从"一业独大、做精主业"到"创新转型、多业融合"，正是做好了"稳农、强工、活商"三篇产业文章，才实现了经济发展的"脱胎换骨"。永钢集团的成功模式难以复制，但是"以工业化带动城镇化"的发展思路、"生态优先、绿色发展"的理念、发展壮大村级集体经济的路径机制是值得借鉴的。农村地区要发展，产业永远是基础和支撑，而发展什么样的产业，既需要因地制宜有所取舍，更需要看准时机大干快上，并根据市场的变化不断调整策略、更新设备、提高技能、创新产品，这样才能在乡村的"沃土"上浇灌出最适宜生长的"产业之花"。

启示三：广发英雄帖，广聚八方才，只有始终保持"求贤若渴、五湖四海"的宽阔胸襟，才能激发乡村振兴的不竭动力和巨大合力。人才是第一资源，乡村振兴离不开人才振兴。永联村打破只用本村人的禁锢，打破只信身边人的思维，树立五湖四海用人的观念，以及"能者上、优者奖、庸者下、劣者汰"的用人机制，并为人才的"衣食住行"提供"全链服务"，让1万多名"新永联人"奋斗在"第二故乡"。对于广大乡村地区的发展来说，最仰仗的是人才，最缺少的也是人才，任人唯亲搞不好发展，唯才是举才能人尽其用。不论处于何种发展阶段，只要在思想上尊重知识、尊重人才，在行动上培养人才、选拔人才，在生活上吸引人才、留住人才，就一定能迸发出海纳百川的巨大潜力。

启示四：先富帮后富，共创致富路，只有始终保持"人民至上、共建共享"的炽热情怀，才能实现乡村振兴的初心使命和价值追求。发展为了人民、发展依靠人民、发展成果由人民共享，这是我国推进改革开放和社会主义现代化建设的根本目的。从几百人的"小村庄"发展成上万人的"旗舰村"，永联村始终坚持共建共享的原则，不仅通过保留股权、二次分配、提供福利等途径，让本村村民充分参与富裕的进程、共建富裕的家园、共享富裕的果实，实现"家家有新房、人人有工作、个个有福利"，还在富裕起来之后，通过并队扩村、利益共享、对外帮扶等方式，让更多的人享受到永联发展红利，带动了周边村庄乃至省内、国内合作共建地区共同致富，打破了"以村为单位、村村自发展"的小农格局。

启示五：制度定纷争，文明领风尚，只有始终保持"协同共治、成风化人"的善治艺术，才能营造乡村振兴的和谐氛围和人文底蕴。乡村是一个熟人社会，其治理不仅要体现刚性制度，更要讲究柔性管理。永联村面对"家大业大、管理难度也在不断加大"的客观实际，与时俱进地改革乡村治理机制，以精神文明创建营造良好氛围，形成了党建引领、区域协同、社会参与、依法办事的"自治、法治、德治、智治"相结合的乡村治理体系，为新时代农村善治之路提供了生动样本。

启示六：思想不停滞，改革不止步，只有始终保持"敢破敢立、革故鼎新"的非凡魄力，才能开启乡村振兴的全新格局和崭新篇章。永联的事业在解放思想、改革创新中薪火相传。无论是突破"以粮为纲"的思想禁锢，还是破立并举做精钢铁主业；无论是大刀阔斧实施股份制改革，还是农工商综合经营推进全面发展，其由弱到强、由穷到富的发展之路，始终镌刻着解放思想的印记，始终走在了改革开放的前列。广大农村要想在时代大潮中抓住机遇、在顺应大势中率先突围，保持快速发展、持续发展的生机活力，就必须坚持"解放思想，实事求是，与时俱进，改革创新"，敢于设定挑战性目标，勇于拿出争先性举措，善于闯出突破性路径，这是"无名山丘崛起为峰"的思想密码，也是"从一个胜利走向另一个胜利"的动力源泉。

乡村振兴在路上

——浙江省新昌县四村调研

新昌县，位于绍兴南部，建县已有1100多年历史，被白居易誉为"东南眉目"，李白的《梦游天姥吟留别》写的就是新昌天姥山。近年来，新昌县坚持经济实体化、产业高新化，走出了一条从科技强到产业优、生态好的发展新路，用11年的时间实现了从全省次贫县到全国百强县的跨越，用10年的时间实现了从省环境污染重点监管区到国家级生态县的跨越。新昌县的旅游资源非常丰富，既是浙东唐诗之路、佛教之旅、茶道之源的精华所在，又有天姥山国家级风景名胜区和大佛寺、穿岩十九峰、达利丝绸三个国家AAAA级旅游景区，是浙江省首批大花园典型示范培育单位。深厚的文化底蕴和丰富的山水资源正吸引越来越多的人到新昌休闲旅游、创新创业。

基于新昌县旅游资源丰富，乡村振兴特色突出，2021年9月7—10日，我们对东茗乡后岱山村、金山村、镜岭镇外婆坑村、澄潭街道梅渚村进行了走访式调研。

一、后岱山村
网红书记，五年打通双向发展通道

后岱山村地处东茗乡南部，村庄占地面积275亩，耕地面积1333亩，林地面积5187亩，共有449户，1067人，共有党员34人，村民小组11个。主要农产品是茶叶、迷你红薯等。

2017年，王国洋回村担任村党支部书记。回村前是个成功的商人，回村后，他充分发挥村里党员和村"两委"班子作用，用短短5年时间，打通了人才引进、技术引进和景点输出、品牌输出、经验输出的双向发展通道。

（一）多方位吸引人才，提升村域凝聚力

一是村"两委"班子年轻人才的配备。在后岱山村，除党支部书记王国洋是"70后"，其他均是"80后""90后"，多有本科学历，新思想和新做法是确保村庄发展的关键要素。

二是创意人才的挖掘与引进。后岱山村有一幅创意新颖的《骏马图》，以拼接木板铺底为纸，以创意构思为笔，拿枯树根和树皮制作成图，是后岱山村网红打卡点之一。这是村里的乡贤、文化名人王焕均的杰作，寓意后岱山村要快马加鞭，振兴乡村经济，建设美丽乡村，全面实现小康。

红星广场、黄金书屋、民宿广场、记忆巷、木偶广场……在后岱山村一圈走下来，让人感觉像是进了一个创意小花园，一步一景色，一路一标识，一户一特点，这些都是后岱山村充分挖掘村中能人集思广益共同打造而成的。台阶两侧画了十二生肖的陶罐、原生态木块制成的标识牌、两侧门头分别是名为黄金屋和颜如玉的老屋书舍、老房子拆下来的楼梯改造而成的书架、农户临着村道窗下的小花台、由茅坑屋改建而成的小花园景观节点等，各种别出心裁的改造和别具匠心的景致极富创意，对于发展乡村旅游的村庄来说，可以参考借鉴这些思路，低成本打造村庄创意景观，美化村庄的同时，为吸引游客打下基础。

三是充分发挥乡贤作用。乡贤是后岱山村"三支队伍"中的一支，村书记王国洋将村里的发展归功于干部、党员、乡贤这三支队伍。他经常说："我们村能够取得这样的进步，不是我一个人在战斗，而是靠我们三支充满战斗力的队伍。"王国洋原本也是乡贤，他相信村里肯定还有其他愿意为家乡发展献计献策、出力建言的贤才志士。具备商人精明头脑的王国洋在村庄治理方面频出妙招，充分调动乡贤们的积极性与能动性参与村庄建设，效果显著。

后岱山村的红台门里，正对天井的厅堂墙上，鲜红的党徽占了将近大半面积的墙，左右两联"铁锤打造盛世，镰刀收获丰年"。这是一个有故事的党徽，2017年8月22日，村里的四个老党员利用灯光投影一笔一笔画出来，时刻提醒村里的每位党员不忘身份永远跟党走。其中一位画党徽的老党员是有63年党龄的刘华驹，已经87岁，是后岱山村除了王国洋之外的另一个网红，老人扮演的孙悟空出神入化，是新昌县四星级民间人才，曾代表新昌参加过2019年的浙江春晚，还被省委书记接见过。"老党员是后岱山村过去的见证者和建设的参与者，是我们开展工作的最大靠山。"在王国洋眼里，后岱山村党龄在50年以上的7位老党员就是村里的"宝"，他们的能量是无穷的。当初村里拆违工作时，刘华驹将自己在路边有房产证的小房子都拆了，说不好看，影响村里的整体美观；还发挥他擅长演美猴王的专长，将门口的电线杆装点成金箍棒，成了村景中的一个亮点。通过王国洋和村"两委"干部的努力，在刘华驹等老党员的示范带动下，后岱山村的党员和乡贤纷纷有所作为，成为村庄发展的强劲支撑力量。

2018年的党中央一号文件给乡贤定义并明确提出要"积极发挥新乡贤作用"。新时代的乡贤，他们具有丰富的理论知识和丰厚的实践经验，掌握着资金技术与较为广泛的人脉资源，更有回乡创业、奉献家乡的情怀与激情，是乡村振兴的宝贵人才资源。如何汇聚乡村振兴乡贤力量，值得每一个村庄探索与践行。

四是挖掘村庄文化资源，为发展旅游奠定基础。文化是一个国家、一个民族发展中最基本、最深沉、最持久的力量。文化振兴是乡村振兴的重要组成部分，实施乡村振兴战略不仅要满足农民的物质需求，更要满足农民的精神需求，让农民在乡村振兴中有参与感、获得感和幸福感，真正让文化培根铸魂，化人养心。通过对乡村具有鲜明区域特点和民族特色的文化资源开发，形成独特的创意农业和特色文化产业，有利于构建乡村的一二三产融合发展体系，是乡村振兴的重要支撑力量。

在村里布袋木偶戏广场，作者了解到，后岱山村的布袋木偶戏曾兴盛一时，有清代、民国时期的台门古建以及流传百年的布袋木偶表演。王国洋上任后，专门请来新昌布袋木偶戏非遗传承人、60多岁的乡贤王秋芹，让她担任后岱山村的"文化专员"。经过王秋芹的精心规划，布袋木偶戏和民间绍剧又"活"了起来，村里的乌石巷弄更敞亮了，古井边、台门里热闹起来了，布袋木偶戏广场也成了网红打卡点之一。后岱山村新的主题定位，就是把布袋木偶戏、绍剧、狮子班等民间艺术重新搬上戏台，打造"布袋木偶戏，百年岱山梦"，以"茶乡戏台"振兴古村文化。乡村振兴，文化是魂，乡村旅游有了文化支撑，后岱山村沉睡的文化基因也被重新激活，引领着村民在文化滋养中焕发昂扬向上的精神风貌。

（二）凝心聚力，展示后岱山村新品牌

一是网红书记的品牌。2017年，当时51岁的王国洋办过企业，跑过销售，在股票投资方面也颇有造诣，看到周边的村庄一个个发展起来，强烈的家乡情怀，让他不忍心对自己家乡的贫穷落后不管不顾，最终放弃经商回村任职。通过5年努力，把村庄打造成网红村的同时，自己也成了网红村官。

❶ 后岱山村一角

利用媒体多渠道宣传后岱山村，红台门里的墙上挂着2017年12月5日的《人民日报》，一篇《后岱山村是怎样逆袭的？》文章在第九版"C位"刊发，介绍后岱山村如何从昔日的穷山村变成如今家喻户晓的"明星村"，记者归纳总结了后岱山村逆袭路上的"五求"，求变、求实、求法、求己、求真。其中，求变，则是王国洋

↑ 王国洋（左）与刘华驹（右）老台门里话家常

上任那天在记事本上写下的"四个一"：一个梦，一条心，一根筋，一股劲。这里面，包含着王国洋的家乡情怀、治村理念和强村富民的决心。新班子也以王国洋为核心，拧成一股绳，劲往一处使，以身作则，以民为先，全力以赴，20天打赢环境整治攻坚战，使得旧村换新颜，也让村民们看到了村干部强悍的战斗力和执行力。在后岱山村，干部队伍是领头雁、党员队伍是排头兵、乡贤队伍是参谋员，后岱山的"三支队伍"建设，得到了浙江省委领导的批示肯定，在全县各村推广。

二是产品网销品牌。"这是产自我们后岱山茶园的'龙井43'，清香淡雅，相信疫情过后，我们村的'云上茶'会被更多人喜欢，也欢迎大家常来后岱山村走一走、看一看……"在后岱山村"茗香客厅"的直播间，王国洋对着自己组装的直播设备，一边直播介绍后岱山村茶叶的采摘、收购与售价情况，一边与网友互动。后岱山村主要农产品是茶叶、迷你红薯等，通过王国洋的直播带货，销售范围和销售量有了大幅度提升。

后岱山村困难户张六妃高兴地告诉记者，家里有4亩茶园，以前每年都要担心茶叶销售，现今根本不愁。村里21户低收入农户提前收到了绍兴茗香文化发展有限公司送上的订购协议与订金。这是王国洋与村"两委"班子招募乡贤一起出的帮扶点子——"新村民计划"。从全国招募的21名新村民与村里21户低收入农户结成帮扶对子，通过"订单认购、产业扶贫"方式，促使农户自主增收，茶叶就是其中之一。

后岱山村专门成立了禾源文化发展有限公司，由村集体控股51%，其余49%吸纳村民参与，统一经营特色农副产品，合力开发民宿经济，共同提高经营性收入。此外，王国洋还带领新班子不遗余力"推销"村庄、集聚人气，上任以来先后组织开展了迷你红薯节等22场活动。同时，他还把后岱山的每一个变化、每一项活动都通过微信及时"晒"出来、传出去，希望能让更多人知晓这个地方。

三是乡村旅游品牌。后岱山村集体与"荣誉村委会主任"萧去疾合资成立了绍兴茗香文化发展有限公司，推出"新乡贤计划"，计划激活村集体统一收回的37间闲置房，面向全国招募新乡贤，来自上海、江苏、内蒙古等地的14位新乡贤已正式签约入驻，另有23位新乡贤达成签约意向。

这些房屋主要用于民宿开发，让游客在后岱山村有看的，有吃的，更有住的。目前，后岱山村平均每天都要接待游客约500人次。许多村民表示，后岱山村从来没有这样热闹过。只要在村里，王国洋就会戴着耳麦当"导游书记"。仅2017年6月25日至11月27日期间，后岱山村先后接待了123批观摩团、1426人次前来考察学习，累计接待游客超过3万人次。

四是培训品牌。后岱山村在推进乡村振兴的过程中，涌现出"凉帽书记的治村八法""三支队伍、三张脸""握手言和机制"等生动做法，成立茗香乡村振兴学院，探索"1+X"的课程模式，形成了党建引领乡村振兴的红色研学线路和生动活泼的讲课素材。后岱山村积极与市委党校、组织部门以及浙江大学等合作，同时邀请有发展经验的名村官做讲师，师资力量得到极大提升，目前茗香乡村振兴学院已被列为绍兴市乡村振兴学院教学点、市县党校教学基地。

我们认为，后岱山村是一个处于正在规范与成长阶段的村庄，产业发展是放在第一位的，在规避雷同的同时，其增长点主要体现在四个方面：一是产业板块打造特色品牌，如后岱山村的茶叶和迷你红薯等特色农产品，一定要做到品质保障和品牌保证两点；二是乡村旅游板块要设计活动引导流量，并做好配套服务工作；三是联合周边打造乡村振兴产业带，对接国家发展战略，促进乡村组团发展；四是乡村培训要做出特色。

二、金山村
数字引领，为古村发展开新篇

浙江省新昌县东茗乡金山村，由后金山、黄潭两个自然村组成，全村共462户1114人，党员54名，村民小组16个。全村共有耕地面积734亩，林地面积500亩，茶园面积1197亩，目前村民主要经济收入为茶叶。

❶ 青山环绕的金山村

金山村位于穿岩十九峰东面，建村于北宋晚期至南宋初期之间，天姥王氏始居。金山村有古道、古墙、古戏台三大传统村落印记，在"云上茶乡"的整体规划下，因势利导设定了"茶乡古韵"记忆小村的主题定位，着力再现"山坡晓度老村月，石栈春含野墅烟"的茶马古道形象，寻回消逝的"乡貌、乡音、乡愁"，打造"走茶马古道，品悠悠乡愁"的"记忆小村"。

虽与后岱山村相邻，但金山村的景观资源却更胜后岱山村。村口左侧，与千亩梯田隔空相望的即是穿岩十九峰。

（一）"80后"总裁回村，描绘发展新蓝图

"80后"的赵斌锋出生在金山村，在新昌有多家企业，他的服装品牌很早就入驻唯品会，在电商方面经验十足。赵斌锋的党组织关系在金山村，每月5号都会回来参加组织生活会，这几年他看到周边村庄像下岩贝、后岱山都慢慢崛起了，但是金山村还是老样子，村民还只是以种茶为主，经济收入也比较低，他就一心想要为村里做点事情。经东茗乡领导的引导鼓励，2020年初赵斌锋义无反顾地回村挑起了金山村的大梁，企业交给别人打理，他则一心扑在村庄发展上。

"若要富、先修路"是一句老话，也是一句真话。赵斌锋上任后，第一件事就是商议打通拓宽村中的主干道。为尽快打开工作局面，他和村"两委"班子成员一起，挨家挨户上门做工作，签一户拆一户，最终做通全部涉拆农户工作。赵斌锋总结道："政策处理工作很多需要方式方法，蛮干肯定行不通。我始终相信一句话，一个人干不过一群人，一群人干不过一村人。我们只要把村民融入发展的大队伍中来，让

老百姓以主人翁的角色参与其中，干群齐心，做起工作来事半功倍。"村中主干道拓宽接通后，将为旅游大巴的出入提供便捷，也与村后景色秀美的千亩茶园连为一体，届时将有更多的村民享受乡村旅游带来的福利。在赵斌锋的设想与计划中，1.2公里的穿村路打通后，两边种上紫藤或凌霄花，花架下面布上灯光，稍微偏僻点的地方也会打造成酒吧或露天音乐吧，让游客晚上也有地方可以尽享闲暇，同时布局打造玫瑰小院、紫藤小院等不同的创意民宿小院，让游客玩得开心、住得舒心。这看似一条路通，实则三条路皆通：第一条是乡村振兴路，为发展乡村旅游奠定基础；第二条是凝聚人心的同心路，通过做这件事情，老百姓看到了村"两委"为他们办实事的决心；第三条是平安路，路通后之前开不进去的消防车能进去了，为村庄的安全提供了保障。

（二）产业愿景，实现落地项目新特色

瞄准金山村最突出的短板，聚焦村民最关切的问题，完成了修路硬任务的同时，金山村正在打造产业落地新项目。

一是引进诗意（新昌）茶叶科技有限公司的数字化茶叶育苗项目，占地200多亩，目前已开工。

二是邀请浙江大学设计团队，为村里量身打造AAAAA级景区村，目前已经到了第二期的设计阶段，专家评审通过后项目即可落地实施。

三是从浙江大学引进七彩油菜花项目。本着对百姓负责的态度，由村委先行试种60亩。此种油菜花开九种颜色，色泽鲜艳，花开的时候，村口千亩梯田将美不胜收，而且结出的果实比一般的要大，菜籽油增产也是肯定的。试验通过后，10月会鼓励村民大面积种植七彩油菜花，为村里提供油菜籽并一亩补贴200元，后期回购村民种植的所有油菜籽，解决销售的后顾之忧。同时，成立七彩油坊，引进出油率高的榨油设备，把油菜的观赏价值、食用价值和经济价值结合起来。

四是打造金山村"十景五坊项目"。目前正在建设中的金衣工坊，则是改造废弃的粮仓，让村中现有的4家豆腐皮作坊集聚经营，一楼加工金山特有的黄金豆腐皮，二楼作为游客体验区，可以品尝到当地特色的豆腐花、豆腐脑、豆浆，还有刚捞出来的、蘸蘸酱油就可以吃的新鲜豆腐皮，解决游客有得吃的问题。

五是金山村品牌项目。作为企业家的赵斌锋非常注重品牌建设，统一注册了"金山素油""黄金衣"等商标，包括LOGO的打造，统一包装、统一销售、统一运营。打造"金山三宝"作为面向游客和市场的主打产品，通过政府渠道，结合商超，运用赵斌锋自身的电商优势，通过互联网让产品走进千家万户，让村里发展的各项产业均能成为全体村民的致富产业，切切实实让老百姓增收。

六是民宿和农家乐项目。结合当地实际，尽量多发展短租民宿小院，吸引大

城市如上海退休的人来到这里住半个月，白天到周边景点去旅游，晚上回来住在村里。为吸引村民把闲置的农房利用起来，村"两委"做了不少工作，一个房间补助最低2500元的装修费，通过政策公示、上门宣讲等方式，最大限度地让老百姓支持并配合村里的整体发展规划，最终让金山村有业可创，吸引更多的年轻人回到村里发展，在自己家门口就能赚钱。民宿和农家乐，从产品属性来看，两者是相辅相成的。农家乐是适应城市假日经济的产物，可以满足人们短程、短时消费需求；民宿则能适应人们对田园生活方式的向往与需求，能够吸引交通便利的、与大城市在两到三小时范围内的、以度假为主的消费人群。金山村的短租民宿小院设想，如果是以前可能还有一定的客源局限，但是现在，杭台高铁已经开通运营，连通沪昆、商合杭、宁杭、杭黄、杭深高铁，接入长三角地区高铁网，形成一条长三角核心区辐射浙西南地区、浙江省内沟通杭州都市圈与温台沿海城市群的快捷通道，而"嵊州新昌站"正是杭台高铁沿线8个车站之一，大家到新昌旅行将更加便捷、快速。届时风景优美且已打出品牌的金山村将是一个极佳的旅游目的地，吸引大量游客前来不是问题。

七是茶园和小番薯加工项目。金山村的千亩茶园蔚为壮观，环顾四周，近处茶树梯田层叠有序、连绵不断，远眺云雾弥漫、层峦叠嶂、若隐若现，与茶园相连的小番薯基地也是绿意盎然、生机无限。

金山村里的小番薯，红色的外皮，较少的根须，手掌大些的一手拿四五个不在话下。赵斌锋介绍，小番薯的颜色有白、红、紫、黄四种，一两以上三两以下的重

❶ 迷你小番薯

量最佳，生吃味道也是极好。小番薯6月种下去，正常情况下一年种两回，差不多三个月轮种一次，连种的话亩均收入超过8000元。之前小番薯1斤卖价2—2.5元，现在通过茗乡小薯产业协会，一箱5斤的价格达到35—38元，等于市场销售价格卖到7元多1斤，比一般的经济作物增收很多。今年小番薯比较走俏，附近几个村每天都销售三五百箱，老百姓也看到了销售的势头，之后将有更多农户加入种植团队。

八是文化兴村项目。村口的金山公约墙，是用修通村路时拆下来的上百年的旧瓦片完成的，金山十景的景观节点，很多都是利用废旧材料打造的，不仅节约成本，另外看起来还有一种年代的岁月感。制订金山公约时发动了全村之力，内容是全村老百姓讨论出来的，全是适合农村的，字是村里退休的语文老师写的。之所以建在村口，是因为整村呈狭长形，村民进出都能看得到。赵斌锋欣慰地说："村里的工作始终建立在民主的基础上，所有事情都是提交到党员大会和村民代表大会，大家发表想法和建议。这墙出来以后，老百姓都在一条条对照着做，素质真的提高了。"

我们认为，金山村在传统农业基础上，项目分类与产业发展刚刚起步，其未来切入点主要体现在以下几个方面：一是金山村自己定位的数字乡村发展思路，就要在整个产业及建设中把数字化体现出来，如农业生产中的茶叶育苗数字化；二是电商销售产品的同时，进一步完善品牌建设，辐射带动周边；三是发展乡村旅游做好配套服务和保障，把美丽风景转化为美丽经济；四是对外合作注意模式选择，大力发展村庄集体经济；五是建议在十景五坊的基础上，将金山村传统手工业挖掘出来，打造金山十九坊，与穿岩十九峰协同发展。

三、外婆坑村
引进要素，成就浙江民族第一村

外婆坑村位于新昌县镜岭镇，地处新昌、嵊州、磐安、东阳四地交界处，距新昌县城45公里，全村有350户1050人，聚居着苗族、傣族、白族等13个少数民族。村民主要以栽种茶叶为主。

（一）外婆坑村领路人

外婆坑村所处的地理位置，决定其发展历程的艰辛。曾经的外婆坑村，交通不便，村民到镇里走一趟都要好几个小时。车在山中绕，九曲十八弯。1988年，全村400多人仅有耕地27亩，一年有9个月靠政府救济粮度日，82户人家有38个光棍，被称为新昌的"光棍第一村"，在浙江省贫困村中也是属于垫底的。

外婆坑的领路人林金仁，16岁去金华箍桶，一箍20年，在1983年就成为村里的"万元户"。1990年，穷怕了的外婆坑村人急需一个能人带领大家走出困境，"跑过三省码头"的林金仁就被选举为村委会主任。从此他放下了箍桶担，挑起了外婆坑村这个重担，一挑就是30年。上任后，林金仁做的第一件事便是排除万难修好路，在他看来，路通了，万事皆通。修好路之后，林金仁和村"两委"带领外婆坑村的老百姓一起，发展并做大茶产业，拥有了自己的茶叶品牌——外婆坑龙井；利用村里13个少数民族聚居的情况打民族牌，并大力发展乡村旅游。2020年，外婆坑村成功创建国家AAA级景区村，尽管受新冠疫情影响，2021年仍接待游客22万人次，村集体经济收入244.88万元，村民人均收入43560元，旅游综合收入1200万元。

从1990年人均收入不足百元，到现在人均4万多元，外婆坑村实现了从"光棍第一村"到"江南民族第一村"的蜕变，穷山恶水的小山村发展成了绿水青山的样板村。之所以有这样天翻地覆的变化，除了当地政府支持之外，还有一个重要因素是人，也就是林金仁这个村民们选举出来的领头雁。

（二）"五个一"，成就名村发展之路

"一条路。"在林金仁讲述当年修路的故事中，为了筹集资金，他一年内连续跑了86趟县城，跑破了3双解放鞋。在时任浙江省省长沈祖伦来外婆坑村调研时，林金仁带着全村男女老少起早摸黑加班加点地干，终于完成了60天在崇山峻岭中劈出路坯子的保证，赢得了省长的支持与多年的持续关注，省长曾先后8次到外婆坑村调研。这条通村的环山路，正是林金仁带领全村人民建设新农村迈出的艰难第一步，也

❶ 生态外婆坑村

是外婆坑村艰苦奋斗的创业富民路。修路的过程虽辛苦，但林金仁却很决绝，因为他知道，这是老百姓盼了多少年的，也是他新官上任的第一把火，点燃的不仅是百姓对他的信任，也是外婆坑村未来发展的希望之光。

"一片叶"，指的是鼎鼎大名的外婆坑村大佛龙井。连接外面的路修好后，林金仁和村"两委"结合村子实际决定发展茶产业。当年新昌本地做的大多是珠茶，外婆坑村也是如此，但珠茶卖价低，供销社收购才2元一斤，百姓收入并不高。林金仁在外箍桶时，看到西湖龙井一斤居然可以卖到20多元，于是发动村民种龙井茶，在新昌第一个从外面引进10万株名优茶，免费给村民种，第一年就卖了个好价钱。随着龙井茶种植农户越来越多，林金仁又培训村民炒茶技术，并培训出一批炒茶高手。榜样的力量是无穷的，外婆坑村的老百姓挣到了钱，周边百姓看在眼里，从此龙井茶在新昌遍地开花。在周边跟风都种起龙井茶的时候，林金仁成立了新昌县第一家农民专业合作社，因带头带得好被县里奖励50万元。两三年后当新昌有87个合作社的时候，他又开始带头种起了有机茶。当周边都提出有机茶的概念时，他则注册了自己村庄的品牌——外婆坑大佛龙井，并把品牌建设作为名茶生产的后继力量。林金仁认为，发展一村一品，一定要做精品，品牌做起来产品就能卖出好价钱。打个比方，同样的茶叶，周边村庄卖300元，加上外婆坑这几个字就能卖到600元，如果拉到杭州按西湖龙井来卖3000元都是可以的，所以一定要做好品牌建设。早年外出箍桶走南闯北的经历让林金仁头脑灵活、思路超前，他的远见在外婆坑茶叶发展之路上得到充分的显现。

"一家人。"外婆坑村有优美的自然风光、千亩茶园、保存完好的古村风貌，又是红军走过的地方，这些都是发展乡村旅游得天独厚的资源。再加上白族、苗族、彝族、土家族等10多个少数民族的30多个妇女，在村里的重点培养下，农闲时，这些来自不同民族、有着不同生活习俗的媳妇们相聚在一起，穿起自己民族的服饰，唱民族歌，跳民族舞，举行泼水节、火把节，她们用独特的方式展示着各自民族的文化特色。慢慢地，本地村民也加入了她们的行列，不同民族的文化基因在这里相互交流、渗透、吸引和传承，真真正正成了民族团结一家人。对于发展乡村旅游，林金仁认为，要"无中生有"，没有条件要创造条件，没有优势要创造优势，外婆坑村正是遵循这些理念，实现了从"无优势、无特色、无产业"到"有故事、有文化IP、有特色产业"的转变。现在，来外婆坑村旅游的人越来越多，"江南民族第一村"的品牌也越来越响亮，林金仁30年前谋划的乡村旅游已全面铺开，给村里的百姓带来收入增长的同时，更是为村子的长远发展夯实了基础。

"一张饼。"随着乡村旅游的发展，外婆坑村的老百姓依靠茶叶和办农家乐富了口袋，几乎家家在县城都有房子。而林金仁并没有停止发展的脚步，一直在用他那

🔺 特色民居

双慧眼为百姓寻找新的增收点，他看中的是家家户户日常吃的玉米饼。说到这个玉米饼，是外婆坑村人300多年来的日常吃食，原来没有田没有饭，老百姓只能做玉米饼来果腹。2010年，当林金仁提出给每户人家补助3000元让他们做玉米饼时，没有一个人响应，说村里人自己都不吃肯定卖不掉。林金仁只一句话："卖不掉我帮你们背到县上去卖掉。"然而长年累月的生活习惯很容易让人思维固化，举步不前。直到三年后，有几个村民终于尝试行动起来做玉米饼，然后一发不可收，2户带4户，4户带8户，玉米饼迅速成为外婆坑村人的新宠，又因为好吃不贵，而且是纯手工蒸晒而成的粗粮健康食品，被游客喜爱并带回去送亲赠友，发展到现在玉米饼已经成为外婆坑村的网红小吃，供不应求，去年一年销售额近700万元，村中一个老太太光卖玉米饼一年挣了十多万元。林金仁在接受中央电视台专访时曾形象地说，玉米饼给村民自己吃一块钱都挣不到，是次品；做出来卖给老板两块钱，是精品。主持人连声称赞他讲得好。为了更好地推广玉米饼，林金仁还把玉米饼带到了北京的饭店。曾经只为果腹的一张饼，被林金仁推出来并做出了大市场，他独到的眼光委实令人叹服。

"一张金名片。"在外婆坑村的民俗博物馆内，5项国家级荣誉、18项省级荣誉

❶ 特色旅游产品

以及许多项市县级荣誉挂满了一面墙，几乎村庄能够得到的所有荣誉这面墙上都有，记录着这个村庄的蜕变。作为1949年以后新昌唯一的全国劳动模范村干部，67岁的林金仁仍然坚守在他为之奉献了30多年的岗位上。他说，正是因为小时候太苦了，饭都吃不饱，后来才抱着一定要带老百姓有饭吃、有房住、有车开的决心在村里干到现在。对于外婆坑村今后的发展方向，林金仁也充满信心，提档升级、扩大规模、招商引资，把所有资源都利用起来，让老百姓共同富裕。

正所谓：

外婆坑里好风光，一条大路通八方。
品牌茶叶销路好，玉米小饼大市场。
民族风情有特色，乡村旅游做文章。
山林刨出金饭碗，仁义书记美名扬。
乡村振兴巧谋划，共同富裕奔小康。

四、梅渚村
城乡融合，古镇注入新内涵

梅渚村隶属于澄潭街道，地处城乡接合部。始建于宋代，是一座有着千年文化底蕴的古村，是浙江省首批40个历史文化村落保护利用重点村之一，也是国家级传统村落。走进梅渚村，曲折深巷，白墙黛瓦，错落有序的老式建筑，与村内新添的文化礼堂、景观小品、休闲公园相得益彰。曾经的梅渚村因为保护不力，古建筑有的破败，有的坍塌，鹅卵石青石板铺成的古道也被浇成了水泥路。为了让千年古村名副其实，2014年以来，村里以"保护为主，适度旅游开发"为主旨着手古村落重建，陆续投资上千万元修复古建筑民居、古街小巷。

目前梅渚村景区包含两大区域，由老风味街、老手艺街、老作坊街组成的街坊区域，和以印象馆、记忆馆等为代表的8个乡村旅游体验馆。3个街坊区域，租了村中50多间闲置农房，进行统一装修，邀请一批有手艺、有想法，但风险承担能力较弱的村民前来入驻。来梅渚古村创业的商户，则可以享受3年免房租的优惠，村里还提供"管家式"服务，这是梅渚村"两委"专门到陕西袁家村"取经"的结果。目前梅渚村已引进有活力、有趣味、年轻化的项目和业态20多个，很多都深受年轻人喜爱。

通过一系列组合拳，如今梅渚村已经成为新昌文旅融合的"一张金名片"，外地旅行社也将梅渚村作为旅游的一个景点。2019年10月1日正式投入运营以来，游客络绎不绝。旅游的兴旺也带动了村民就业，梅渚村从一个矛盾较多、班子较弱的村，变成了村民团结、村"两委"威信度高的和谐乡村。梅渚村从粮区村到园区村再到现在的景区村，真正做到文旅融合助推乡村振兴。

❶ 老台门

❶ 梅渚古韵

结语：

新昌县四村的调研，所涉及的村庄发展各有特点。在党建引领的大前提下，梅渚村属于城乡融合类型，其土地流转增值，古镇改造转型是主要发展路径；外婆坑村是大山中的村落，利用外来民族资源，经过30多年发展，成为浙江乡村振兴的典范；后岱山村则是以带头人发展理念，用短短5年时间，将默默无闻的村落发展成网红村；而金山村则是能人回村，利用现有资源，描绘新蓝图。四个村代表着乡村振兴发展过程的不同时段，有已经走在乡村振兴前列的，有正处于推进过程中的，更有刚刚起步的。从一个横切面反映了新昌县乡村振兴实践的多样性，值得进一步探索与研究。

火山石上的村庄振兴之路

——海南省海口市施茶村调研

　　"石头村"在我国有很多，但以石头为资源走出一条乡村振兴之路的村庄不多。纵观我国善用石头资源的村庄，有以奇特的石山大景观吸引游客发展乡村旅游为主的，如河南省的郭亮村、云南省的石城村等；有靠捡石头发家致富的，如四川省泸州市河溪镇何家坝村；也有以石头开采加工富裕起来的村庄，如湖北的尧治河村、河北的白沙村等。但以火山石为资源发展产业的村庄很少，施茶村在火山石上发展种植产业，是全国独有的。

一、施茶村基本情况

　　施茶村位于海南省秀英区石山镇北部，北与海秀镇交界，西与永兴镇交界，距离镇人民政府所在地——石山墟约3公里。辖有美社、儒黄、春藏、吴洪、博抚、美富、国群、官良8个自然村。该村856户3635人，村民主要以农业生产和务工获得收益。全村总土地面积2万余亩，主要是火山岩石，耕地面积2058亩。施茶村是海口羊山地区典型的"石头村"，雨水稀少，土地相对贫瘠，以前村民只能从石头缝里"抠"出一层薄土种木薯、地瓜等农作物。

　　改变发生在2013年。施茶村"两委"班子外出考察时发现火山石块上可以种植一种叫作石斛的兰科植物，具有较高的食用价值和观赏价值。回村后，便带头在昔日荒山乱石上因地制宜种植石斛，并引导村民参与。借助美丽乡村建设和脱贫攻坚契机，施茶村又进一步引进企业，采取"公司+合作社+农户"的模式吸收农户入股、提供工作岗位。从此，石斛种植产业不断做大做优，逐步成为施茶村的产业"招牌"。2018年4月13日，习近平总书记在施茶村考察乡村振兴工作，并留下了殷切嘱托："乡村振兴要靠产业，产业发展要有特色，要走出一条人无我有、科学发展、符合自身实际的道路。"4年来，施茶村村民牢记习近平总书记嘱托，大力发展石斛种植产业，种植面积从2018年的200亩扩大至2022年的830亩。同时依托村庄与火山口地质公

🔆 施茶村火山石斛园

园相邻的优质旅游资源，施茶村党支部带领村民在不破坏生态环境的前提下，发展旅游服务业、庭院经济等。在村中打造了一条20公里长的旅游便道，串起了施茶村8个自然村、5个火山口、9个溶洞；沿途有火山石斛园、家风家训馆以及12家农家乐、9家火山风情民宿，近年来游客越来越多，旅游影响力不断增强。据统计，施茶村村民人均年收入从2018年的18830元增长到2021年的32000元，施茶村走上了一条具有自身特色的乡村振兴之路。

施茶村在美丽乡村建设过程中，以石斛特色产业为抓手，采用"公司＋村集体＋农户"管理模式，实现了三方和谐共建共赢，依托民宿和乡村文化带动乡村旅游发展，促成"三农"联动，解决了"三农"问题。2019年被认定为全国乡村治理示范村并入选第二批国家森林乡村名单，2020年入选第二批全国乡村旅游重点村、中国美丽休闲乡村、全国一村一品示范村镇、全国文明村镇，2021年入选全国民主法治示范村、全国乡村特色产业亿元村。施茶村的发展是从经济到社会民生、从产业到村民生活的各个方面系统而有序展开的。

二、昔日施茶村

2010年以前，施茶村和"乡村振兴示范村"几乎不沾边，当时的施茶村是要产业没有、要文史资源没有、要环境卫生没有、要经济实力没有的"多无"村庄。甚至可以说，若非抓住了产业振兴的契机，施茶村很有可能和大多数海南村庄一样，将是逐渐走向衰退和消亡的那种村庄类型。

（一）无新型产业业态

2010年以前，地处火山脚下的施茶村，有90%以上的土地被火山喷发后的岩石覆盖。从石头缝抠泥种地，吃水就用大缸接雨水，8个自然村只有1米宽的泥路相连。由于村里耕地面积太少，没有其他产业，大部分人都外出打工，年轻人一个个走出去，在外闯出名堂的人也有，但愿意回来的却很少。一些村民也办过养猪、养鸡场，产业属于小农业，基本自给自足，对环境影响不小，但利润却不高。

（二）环境卫生脏乱差

火山岩石是施茶村的一大特色，就地取材用来建房在施茶村随处可见，但简易的石头房、简易厕所、违章建筑随处可见，海南雨水多，房屋漏雨，道路污秽不堪。全村没有一个垃圾箱，生活垃圾随地可见，脏、乱、差的村庄环境令村干部拉来投资的朋友摇头便走。

（三）文化内涵无从说起

施茶村的村名是有传说的，相传明代大学士丘濬回乡送葬母亲，发现很长一段路程没有人家，来往行人渴体乏，没有个落脚的地方，他就在路中间地段设置了个茶亭，为来往行人无偿提供喝茶休息的地方。后来这个茶亭依然保留，阴晴无阻、常年设置，迎来送往、有求必应，逐渐形成了个扶危解难的施善点，也逐渐有人在这里住宿、安家。久而久之，人越住越多，便形成了一个小村庄，于是就把施茶亭更名为施茶村。但后人所知者甚少，既没有记载，也没有传承，没有名人故居，没有风景名胜，没有古迹村落，拿得出手去发展文旅产业的文史资源一样都没有。

（四）交通出行虽近犹远

虽然施茶村距海口主城区十多公里，但是出村道路路况很差，路宽只有3米，而且当时的施茶村面临无景可看的尴尬境地，虽有紧邻火山口地质公园的区位优势，却是路难通、景难有，区位优势并不能带来区位经济。

（五）集体经济薄弱

20世纪90年代初，整个海南的房地产市场十分火热，因为施茶村特殊的地理位置，房地产的泡沫也扩散到了施茶村。许多村民也开始卖地围墙，村里在很短的时间内"冒"出了一栋栋小楼来。但最终还是抵不过房地产市场泡沫的破灭，许多村民又迅速返贫，那段时间里村人的人均年收入连1000元也没有。施茶村村委会多年在20世纪70年代建的石头房里办公，当年全村无集体收入，曾是远近闻名的落后村。

可以说，以前的施茶村，在中国遍地都是，然而，施茶村却能完成从一贫如洗到富甲一方的"逆袭"，成为从众多同类型农业村庄中杀出血路的标杆，其中的

"秘密"耐人寻味也值得深入探析。

三、施茶村振兴之路

乡村振兴是一个发展问题，其首要任务和基础在于发展乡村产业。施茶村要崛起和振兴，它的产业发展方向在哪里？发展产业所需要的原始资金积累又要怎样去解决？村庄集体经济该如何发展？村民收入该怎么增加？即使施茶村有幸搭上海南省美丽乡村建设的列车，但美丽乡村建设项目是先建后补，它的建设如何启动？对这些问题进行梳理和分析，将有助于我们理解施茶村的振兴历程及其背后的含义。

（一）"点石成金"，产业兴旺

乡村产业兴旺的关键是要将优质自然资源转化为经营资本。施茶村在乱石堆上

❶ 火山石斛基地实现智能化管理

以"三步走"的方式，将"无效"资源转变成了独特资本，实现了华丽转身。

1. 实行"三步走"，推进产业发展壮大

第一步，整理乱石堆，成立合作社。1995年洪义乾担任施茶村书记，多年来，为走出贫困，种蘑菇、种益智（一种中药材）、养鸽子……施茶村"两委"班子带领大家尝试了不少产业，有的因为不适合在羊山地区种植，有的种出来了打不开销路：鸽子卖不掉自己吃，益智卖不掉直接砍了，但长久的摸索却从未浇灭大家的斗志。改变发生在2013年底，施茶村"两委"班子去海口龙华区新坡镇仁里村斌腾村民小组考察。"斌腾村和施茶村同为羊山地貌，自然条件接近。我们看到斌腾村里坑坑洼洼的火山石块荒地和院墙上，都种着金钗石斛。"洪义乾回忆，听说这"仙草"能卖到一斤200多元的好价钱，大家很是惊讶。回到村里，村"两委"班子立马召开村民代表大会，向大家介绍石斛的功效和收益。但听到要种植这从没听过的新鲜事物，村民心里很是犹豫。于是，村党委干部决定拿自己做示范，从自家土地入手，三亩五亩拼土地入股，整出了一块200亩的石斛种植基地，自掏腰包成立施茶村石斛种植合作社。看到石斛真的卖出了好价钱，村民们纷纷用土地租金入股，施茶村也逐渐探索出了"村集体+合作社+农户"的发展模式。因模仿纯野生种植，加上火山石富含硒等微量元素，施茶村种出的石斛品质要大大优于其他地区，在市场和价格上有了

⊕ 村书记洪义乾（右一）指导村民种植石斛

突出的优势。2018年，施茶村的石斛产业产值已超过800万元，为打造火山石斛小镇奠定了基础。

第二步，引进企业，合作发展。施茶村打造火山石斛小镇的发展定位吸引了企业的目光。2019年，采取"合作社+公司+村集体"模式，引进海南胜嵘生物科技有限公司，由公司投入资金，合作社提供火山石地块入股，村集体负责统筹协调，拟打造石斛产业园。公司入驻后，和施茶村石斛种植合作社开展了一系列合作，因地制宜驯化了适合海南高温高湿环境的石斛苗，提供了配套管理技术，扩大种植面积和种植规模。到2021年，公司又和施茶村签订协议，打造由火山口大道至施茶村村委会连片千亩的生态有机火山石斛种植聚集区，火山石斛产业园规模基本形成。

第三步，创品牌，延伸产业链。随着石斛产业园规模扩大，企业在石斛品质上下功夫，请来生物专家团队进行技术攻关，提高石斛种苗的繁育能力和石斛产量，同时打造火山石斛品牌。石斛深加工产品也在不断丰富，从最初的石斛鲜条，到现在的石斛盆景、石斛饮片、石斛酒、石斛化妆品等，一条涵盖组织培养、育苗、种植、深加工、科研的石斛全产业链已初具雏形。2020年，施茶村的组织培养实验室培育出了可以直接在火山石上种植的铁皮石斛苗，并获得了国家专利。如今，施茶村石斛全产业链优势更加凸显，火山石斛的招牌越发闪亮。同时，背靠火山口公园，依托石斛产业，发展旅游服务业，将产业链向纵深推进。

❶ 村民们在石斛园劳作

2. 创新经营模式，促进多方共赢

产业发展定位和方向确定下来后，选择哪种产业发展模式或组织方式才能兼顾产业内各方利益并维持长久合作？为了解决利益分配这一棘手难题，施茶村创新推出了"龙头企业+专业合作社+村集体+农户"的经营模式，既推进规模经营和保留农户发展本色，又使一产和三产融合互促。

在石斛种植方面，村集体协调农户的部分火山石地块，整理集中连片，农户以地块入股，成立合作社。海南胜嵘生物科技有限公司为龙头，注入资金，提供石斛种植技术与管理成本投入，由农户统一种植，并为农户统一提供石斛种苗、栽培技术和管理服务，最后统一保底价回收石斛鲜条，保证种植户的收益。村集体沟通协调，以现有园区为中心，分东西两个方向进行扩种，打造由火山口大道至施茶村村委会连片千亩生态有机火山石斛种植聚集区。同时，项目配套建设施茶乡村振兴学院及火山石斛文化园，用以扩大施茶村集体培训服务业务承载力，解决火山石斛缺少销售、展示平台及文化传播窗口的问题，发展壮大施茶村集体经济。海南胜嵘生物科技有限公司以施茶村作为示范，通过种植、深加工、营销等全产业链发展，扩大石斛产业，打造高品质生态有机火山石斛品牌，在确保村民和村集体利益的基础上，确保公司在石斛产业方面的收益，并为做大做强奠定基础。

❀ 石斛花开

在乡村旅游方面，施茶村依托靠近火山口公园景区的位置优势，与生态有机火山石斛园结合起来，大力发展旅游产业。

一是石斛园产业景观化。利用火山石上种植石斛的特色景观，在园区内建设"施茶人家"馆、种植观赏区、产品展示厅三个板块，形成旅游专线，供旅客游览参观。其中："施茶人家"馆占地235平方米，展示火山人家生活劳作所使用的老物件；种植观赏区占地279亩，种有200亩仿野生种植的火山金钗石斛；产品展示厅占地283平方米，陈列了合作社研发的系列石斛产品，主要有石斛鲜条、石斛盆景、石斛饮片、石斛酒以及其他本地土特产，等等。由于景观的独特性，吸引来了大批的游客，火山石斛园也成为生态优先绿色发展的示范园区。据统计，2019—2021年这3年分别接待游客49412人次、16258人次和22671人次。

❶ 施茶村民居

二是民居民宿化。随着村庄环境的改善，观光人数的增多，施茶村吸引了一批返乡"新农人"通过开农家乐、办民宿等方式参与家乡建设，按照"编规织网、着点连线、典型示范、规范提升、政策扶持"原则，整合村民闲置农房新建成留声机、火山石坞、海南有个家、美社有个房等精品民宿，其中美社有个房获评"海南十佳民宿"。到目前为止，全村共有客房247间、床位500余张，节假日入住率达70%。石山老粉网红店、阆林农家乐等6家石山特色美食农家乐开张，新增餐位850个，带动76人就地就业。借助火山特色农产品打造火山风情美食街，"石山老粉""辣木鸡"等特色餐饮店成了石山美食网红打卡点。

三是村民变讲解员。"当好石斛园讲解员，把'施茶经验'推广出去"的理念已深入施茶村的每一位村民的心中。随着来施茶村参观、学习和旅游的人数越来越多，村民的自豪感和荣誉感增加，讲话的底气也足了，每一个人都是宣传员和讲解员。

村民周娴是负责对石斛园进行日常管护的登记员，"以前都是我们羡慕别的村庄发展快，现在我们施茶发展路子找到了，如今日子越过越美，在村里打工也有奔头。"曾经在外打工多年的周娴，如今回到村里的火山石斛园当登记员，每月底薪2000多元。"除了底薪还有提成，收入比以前在外打工要高，在家门口打工还可以就近照顾老人小孩。"周娴说道。

除了当登记员，周娴还是火山石斛园里的讲解员。每当有外地参观学习和旅游的客人到来，她总是自豪地向大家介绍施茶村这几年的发展变化。"在施茶人家村志展览馆，一张张图片的背后就是一个个生动的故事，曾经的施茶村是一个缺水、土地贫瘠的村庄，如今村里发生了翻天覆地的变化，老百姓的腰包慢慢鼓起来了，家家户户都盖起了新楼房，生活越过越好。"周娴表示，"将努力当好石斛园讲解员，把施茶村乡村振兴经验推广出去。"

（二）村庄蜕变，生态宜居

早期由于遍地火山石，导致施茶村的道路修建成本高，难度大，影响产业发展。早些年在发展过程中，村"两委"本着保护火山石独特资源的原则，不卖地，不租地给人办工厂，一直"咬"着"青山"不放松。但施茶村"两委"的生态宜居梦想从来没有变。施茶党支部副书记陈祖壮一心想把村道扩宽，让汽车能开进村庄；施茶党支部委员陈教章想把村里的路灯装上；施茶党支部委员王新富最大的愿望是把村里的垃圾扫干净。"过去，施茶村道路闭阻崎岖，卫生脏、乱、差。"王新富说，这样的环境，村里人自己都觉得住得不舒服，怎么指望吸引外面的人过来。村民们也都知道改善村容村貌的好处，但因为修路占地等会触及个人利益，没有人愿意主动行动。为了搬开挡在生态文明村建设路上的"绊脚石"，村"两委"干部首先拿自己开刀。洪义乾把自家刚修好的10多米的围墙拆了；陈教章规划让环村道从自家的地里穿过，引得妻子连连抱怨；王新富带着工具去自己的亲哥哥家拆墙，被家人指责不近人情。村干部带了头，村子的工作局面很快打开了。首先是村里党员、干部纷纷跟上，带头拆掉猪圈、羊圈等乱搭乱建。村民们也主动参与到农村环境综合整治中来，让出自家宅基地支持环境整治工作。村民陈盛杨说，"这么多年，大家对村'两委'干部建立了信任，知道他们是实实在在为老百姓办事"。

就这样，采用村集体出大头、村民支持一部分、政府补贴一部分的办法，利用不多的资金，把村里的道路解决了，石山互联网农业小镇也落户施茶村。随着参观学习和旅游人数的增加，旅游线路修建又提上议事日程。

外人都知道海口有个火山口地质公园，却不知这个公园就在施茶的地盘上。海南建设国际旅游岛，游客年年增长，除非到公园里打工，村民分享不到旅游带来的效益。村书记洪义乾下决心修建旅游便道，就是要利用贯穿8个自然村的交通，将游客引进村庄。在狭窄的小路基础上，将路扩宽至4.5米，35公里总长意味着村民要让出100多亩土地。每公里修路成本最少20多万元，但政府拨款每公里仅8万元，其余靠自筹。道理说清楚了，没有一个村民讨价还价，各家主动让出了土地，且投工投劳。每天天一亮，村民带着自家工具，涌向挖土机轰响的施工现场，脸上挂满了对未来美好生活的向往。2018年以来，拆除村民建筑225宗3.45万平方米，完成了火山口大道拓宽工程，建成了20公里旅游公路，串起了施茶村8个自然村、5个火山口、9个溶洞，

🔴 美化施茶

交通路网得到完善。

　　与此同时，旅游公路、旅游厕所、停车场等基础设施也随之全面提升，逐步实现"4G到村、光纤到户、终端到人、重点区域Wi-Fi全覆盖"。

　　修建修缮文化室、文化广场、文化馆，实现了每个村民小组有文化广场、文化活动室和村民议事室，村公共文化设施和阵地功能不断完善。

　　集中开展生活垃圾、污水治理和厕所革命，打造了全省首个生态化、花园化的全自动污水处理站，实现全村垃圾收集转运一体化，建立健全乡村环境治理长效机制，实现生活垃圾全面收运、有效处理。

　　对公共服务设施进行维护修缮，对村口、广场等进行绿化种植，全村新种植黄花梨树2000株，打造了风景优美、环境整洁的村庄风貌。

　　施茶村始终坚持生态优先、绿色发展，严格落实火山口生态红线保护规划，开展保护火山石、种植黄花梨树等生态保护活动，严防滥挖、偷盗火山石行为，大力推进"五网"基础设施建设和农村人居环境整治，建成最美生态宜居乡村。

　　（三）重塑乡风，致力美好生活

　　随着村域经济发展水平的提升，有着1000多年历史的施茶村文化逐步被重视起来，"丘濬施茶"的故事得到了传播，乐善好施的品质有了传承。

　　为了进一步弘扬社会主义核心价值观，发扬最美施茶乡风，村"两委"通过走访调查的形式，深入家家户户，引导每个家庭树立家风家训，并举办了"最美家庭""最美婆媳"的评选。

中华百家姓、古代名人家训、海南"四大才子"的家诫历史、施茶村家风家训……施茶村建起了家风家训馆,发挥文化阵地作用,讲述传统美德,传扬良好家训,弘扬优秀家风,传递向善向上力量。"如今我们的家风家训馆已经成为远近闻名的教育基地,每年都会有不少亲子家庭前来体验家风家训的魅力。"村党支部委员陈爱书说,好家风需要代代传承,借助馆藏建设,发挥家风家训馆的资源优势,挖掘优质资源,助推美丽乡村建设。

有了施茶古风的滋养和润泽,培育了今天施茶村的文明乡风,村民崇德向善、邻里守望相助,文明和谐蔚然成风。近年来,施茶村以创建"双色施茶"为载体,开展了文明家庭、文明村组、好家风好家训等系列活动,成为海口有名的文明和谐村庄,被评为第六届全国文明村。

村民在最美乡村的居住环境中,沐浴着文明乡风,从村庄产业中,享受发展红利,0.36万元、2.4万元、3.2万元,这是施茶村2013年、2019年和2021年的人均可支配收入,村民的幸福指数日益攀升,在火山石上过上了美好生活。

四、施茶村蝶变的密码

短短10年时间,施茶村就实现了"产业兴旺、生态宜居、治理有效、乡风文明、生活富裕"。这是乡村振兴的总方针要求,初步搭建起产业振兴、人才振兴、文化振兴、生态振兴、组织振兴的框架,既有效改善了农村环境,也留住了农业农村农民的"乡产、乡情、乡愁"。本来"先天不足"的乡村,找到自己的优势产业"逆袭"的路径,实现了完美转身。10年里,施茶村人均收入差不多翻了10倍,一幅农业强、农村美、村民富的画卷正徐徐展开。那么,施茶村蝶变的密码是什么?

一是有一个强有力的基层党组织作为"领头羊",充分发挥基层党组织战斗堡垒作用,扎实推进乡村振兴战略在施茶村落地生根。施茶村党委下设8个党支部,共有102名党员,通过建立党员帮扶联系户制度,村党委带领党员与村民代表挂钩联系,以此了解村民的建议、需求与诉求。与此同时,村党员干部在美丽乡村建设、发展乡村经济、为民服务办实事等各方面创优争先,起到了良好的示范带头作用,村党组织的凝聚力和号召力不断增强。村里要修路,村干部率先把自家刚修好的10多米的围墙拆了;道路要拓宽,村干部率先把宅基地让出来了;村里要发展产业,村干部也是率先垂范。在全村党员干部的共同努力下,施茶村党组织的影响力、号召力、凝聚力不断提升。2020年,施茶村设立海口市首个村级党委;2021年,在庆祝中国共产党成立100周年之际,党中央授予施茶村党委"全国先进基层党组织"称号。

二是坚持因地制宜,发展特色产业,实行"农业+文化+旅游"的融合创新模

❶ 施茶村开展党性教育

式。施茶村以现有资源为依托,发展石斛产业,特别是2018年以来,火山石斛园石斛种植面积从200亩增加到近千亩,解决了本村200多人的就业问题;引进龙头企业,新建了石斛培育基地和产业园,形成了火山石斛集组培、育苗、种植、深加工、销售、科研于一体的完整产业链,有效促进农民增收。

与此同时,大力开发火山石斛园周边游、火山古村落骑行采摘游等线路,推出"骑行+采摘""民宿+美食""观光+体验"等精品旅游体验项目,整合村民闲置农房打造了一批特色民宿和农家乐,吸引游客前来观光、骑行、爬山、采摘、住宿、吃农家饭、买农产品等,推动了田园变公园、农房变客房、劳作变体验,有效地改变了之前单一的火山游、生态游、乡村游格局,初步形成全域旅游新格局。

三是发展壮大农村党员队伍,吸收年轻有为、文化水平高、带动致富能力强的人才到党员队伍中来。同时,加大优秀人才的引进力度,注重引导本地大学生和返乡青年回乡创业,推动施茶村人才振兴,为打造乡村振兴提供强大的组织保证和人才支撑。全市首个村级党委、农村实用人才培训基地落户施茶村,挂牌成立省委、市委两个党校现场教学点,创建施茶村全省农村党员教育培训示范基地,引入专业师资力量,打造精品课程,搭建青年创业中心、火山口众创咖啡厅等创业平台,吸引大学生返乡创业。

循环农业打造长三角地区经济强村

——江苏省太仓市东林村调研

东林村以循环农业为引领，实现传统农业改造升级，打造可持续农业发展体系，成为立足农业产业实现乡村振兴的成功案例。

一、东林村的基本情况

东林村地处长三角地区，位于江苏省太仓市城厢镇以北，阳澄湖的支流杨林塘穿村而过。该村2004年由四个村合并而成，现有42个村民小组，768户农户，户籍人口2889人，党员153人。辖区面积7平方公里，全村可耕地面积4400亩，全部集中到村

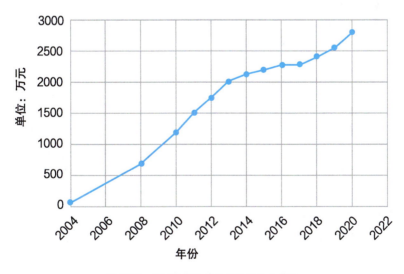

● 2004—2020年东林村集体经济收入情况

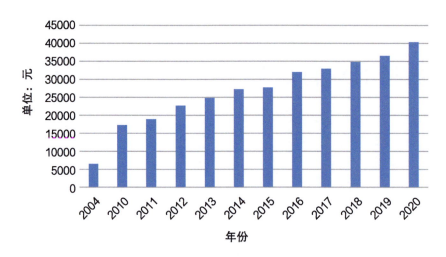

● 2004—2020年东林村村民收入情况

劳务合作社。劳务合作社下设7个公司，分别为物业管理公司、园林绿化公司、家政服务公司、生态养殖公司、净菜合作公司、卫生保洁公司、劳务中介公司。2020年集体经济收益2805万元，村级资产近3亿元。2020年村民人均收入4.05万元。

2009年起，东林村每年都入围太仓市村级经济十强村、苏州市村级经济百强村。获得了国家级生态村、第二批国家森林乡村、江苏省文明村、江苏省民主管理示范村、江苏省卫生村、苏州市党员服务中心示范点以及"太仓市十佳先进基层党组织"、"十佳新型农村合作组织"等多项荣誉。

二、东林村的主要做法

（一）以循环农业为主线，发展村庄产业

地处长三角地区的东林村，周边环绕的多是苏南地区经济强村，如华西村、永联村、长江村等。据东林村党委书记苏齐芳介绍，该村2004年并村之初，村级财力只有70万元，资产不过250万元，与苏南地区发展状况格格不入。由于前期发展失去了先机，在以后的十几年里，立足农本，富民强村成了村"两委"班子的奋斗目标。

1. 集体经营，创新机制，构建生产体系

东林村原来的耕地不多且农田较为零散，难以实现规模经营效益。如何利用有限资源实现集体经济的发展壮大？村"两委"基于太仓市委"城乡一体化发展"的思路，进行村庄土地整治。该村提出了"三集中、三置换"的发展理念，即农民居住向

新型社区集中，农村工业企业向工业园区集中，农村土地向适度规模经营集中；农村宅基地使用权和住房所有权置换城镇公寓房，以农村土地承包经营权置换社会保障，以农民拥有的集体资产所有权置换社区股份合作社股权。

通过土地流转，原有的1400亩承包耕地置换到一起，原有的宅基地复垦，又增加了400亩耕地，这样全村共形成了1800亩集中连片的耕地。如何让整治后的耕地"出效益"？村民们纷纷要求改变农村生产方式，尽快与城市接轨。

"合作农场"在此背景下应运而生。作为太仓市第一个全面完成土地综合整治的村庄，以"大承包、小包干"为核心内容组建合作农场，实行集承包制和合作制优势于一体的农村经营新模式，在东林村最早迈开了探索的步子。

实行规模经营需要一定的前期投入，承包者承担的经营风险较大，本村农民承包耕种的积极性不高。发包给外来企业，虽可以解决资金投入问题，但回报期较长，并带来不确定因素。此外，企业会拿走高效农业创造的大部分收益，村集体和农民的共享收益会很少。搞合作农场，土地承包经营权就牢牢掌握在村集体手里，既可减少无效投入，又能兼顾发展和壮大村级集体经济，有利于增加村民收入。

由东林村、东林劳务合作社、东林农机专业合作社联合发起组建"东林村合作农场专业合作社"，领取农民专业合作社营业执照，简称合作农场。

在东林合作农场新建的550平方米仓库和1000平方米农机库里，有村集体购买的农耕机械：中型拖拉机、高速插秧机、收割机和农药喷灌机等。利用现代农机具，把以往由700多家农户、1000多名农民耕作的土地变成现代化高效农业的产地。在占地4亩多的大型育秧工厂里，现代技术和机器培育出来的新品种秧苗栽种盘被传送带送入电瓶车，电瓶车送往地头田边，再由插秧机将其成批地插入田间，形成智能化种植链条。

两名农机手承包了这片农田，种上了水稻、蔬菜和麦子，也承担了合作农场分场场长的职责，是为"大承包"；20名农场管理员以每亩稻田200元的价格包干了管理费用，并根据各自能力来认定包干面积，是为"小包干"。合作农场以"成本核算、绩效挂钩"的方法作为主要考核手段，对每亩粮田定出一个核定成本价，对实际经营中降低成本者给予适当奖励；超出核定成本者给以相应扣罚。

东林村的农村经营新模式在促进农业产业化经营的同时，提高了村里的经济发展实力。2010年，小小的合作农场实现450万元纯收益。

2. 循环农业，链条延伸，形成产业体系

农为邦本，本固邦宁。东林村以农业起家，利用十余年的时间，以稻田种植为核心，形成现代水稻种植基地、富硒稻米加工厂、秸秆饲料厂、优质羊养殖场、羊粪发酵、羊粪还田的循环农业生产线，形成系列生产线和东林品牌。

东林村还通过与科研单位、高等院校合作，共同研发，将生物营养强化技术和农产品生态循环技术充分结合，将无机硒转化为有机硒，培育出富硒大米，提高大米的营养价值。同时将含硒米糠喂猪、羊等牲畜，并把含硒粪便还田，增加了土壤硒含量，培养多种含硒农产品。

通过开展农牧结合、种养循环生产，产业化经营，东林村走出了一条生态、绿色、可持续发展路径，促进了种植业、养殖业协调发展，全面提高了农产品附加值，获得了亩均综合效益超万元的高经济效益。

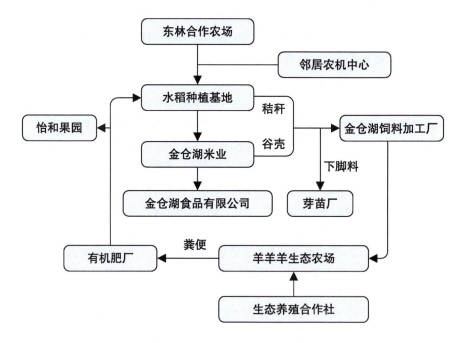

❶ 东林村循环农业产业链结构图

（1）东林合作农场

2007年，东林村对土地进行整治改造提升，建设2200亩高标准农田，建立了村集体经营的合作农场。合作农场共有耕地4400亩，均种植水稻，开发建设智慧农场数字化管理系统，搭建了农机智能装备、智能灌溉系统、田间智能监测系统等综合平台。采用"智能泵站+管道灌溉"节水灌溉新模式，通过软件智能化管理，改善灌溉条件。现共有各类农业机械设备100多台，仅由14个人进行种植管理，迈入现代农业发展进程。

❶ 东林村高标准的农田

（2）金仓湖饲料加工厂

为回收利用大量的稻田剩余秸秆，2014年，东林村成立金仓湖股份农业科技有限公司，与省农科院合作建立"秸秆饲料化产业研究院"。研制生物发酵饲料，建设秸秆饲料厂，把"没人要"的秸秆变成"有人爱"的"宝贝"，将原本为废料的稻麦秸秆收集后，加工制作成牛羊饲料，实现了秸秆综合利用的最佳选择——过腹还田。

东林村是全国工厂化秸秆发酵饲料生产的先行者之一，当年就投入1000万元，从韩国引进了10套（台）秸秆收集机械，稻麦秸秆也实现了从田间打包到饲料生产的机械化。随后又陆续投入3000多万元，引进了秸秆发酵饲料全套生产设备。目前，仅东林村饲料加工厂，就可将全市50%的稻麦秸秆转化为饲料，既丰富了农业机械化的内涵，也促进了农业的生态可循环发展。

据估算，用秸秆生产1吨的饲料，相当于用280公斤粮食生产的饲料。东林村这座占地20多亩，年产量8万吨级的秸秆发酵饲料厂，年均可节约粮食2.52万吨。这种秸秆发酵饲料的"东林模式"也成为农业农村部秸秆综合利用十大主推模式之一。

（3）金仓湖米业

东林村还大力发展品牌农业，建设金仓湖保鲜米加工厂，对农场种植的优质大米、品牌大米进行深加工；引进自动化大米生产线，加工自己的品牌大米；成立金仓湖农业科技发展有限公司，还引进富硒大米种植技术，从育种育苗到烘干包装、冷藏保鲜，实现了全程机械化生产，创建了"金仓湖富硒米""金仓湖生态保鲜大米"等一系列品牌，成为本地及昆山、上海、常熟等周边地区很多市民喜爱的大米品牌。目前该米厂每天加工数千公斤大米供应市场。2020年，米厂营收152万元。2021年，东林农场培育的"金仓湖富硒米"品牌，一举获得"江苏好大米"金奖。

（4）生态养殖合作社

作为循环农业的重要一环，东林村开办了占地50亩的生态养殖场，现有羊舍18栋，每年出栏优质肥羊3万余头，年销售额达3000万元。秸秆饲料占湖羊食物的50%以上，平均每头羊每天可消耗3.5公斤秸秆饲料。养殖场通过"肥料床"收集羊粪，再将羊粪导入有机肥厂，加工成有机肥料，浇灌稻麦田和生态果园。

羊场同时连接着羊肉加工厂，加工能力达每天2000头，自有品牌"牵羊人"羊肉制品，成为东林村生态循环产业链上新的一环。由于产品肉质好，平均卖价比市场每斤高1元。

2020年东林村开始尝试肉牛养殖，和湖羊一起作为循环生态中的一链。1头牛年均消耗5吨秸秆饲料，是1头羊消耗秸秆饲料量的30倍，有利于消化饲料厂的产能。2021年10月，东林村继续试养100头肉牛，以建设智慧牧场为契机，制定标准化肉牛养殖规范，打造精品牛肉品牌。

（5）有机肥厂

在东林羊场，1吨秸秆饲料可生产0.8吨羊粪，总计可生产羊粪7.2万吨，在村里的有机肥厂发酵处理后，成为优质有机肥料抛撒到农田，这一举措使东林合作农场的化肥用量减少约60%，土壤有机质含量从1.9%提升至3.5%，有效提升粮食和果蔬的品质。据了解，东林村还计划建立微生物核心饲料厂，率先占领中国市场，一期达产后年利润能在2000万元以上。此外，东林村还利用本地秸秆和绿化废弃物作为原料，依托现代生物科技种植菌菇，收获较大效益。

（6）邻居农机中心

为了发展循环农业，近两年东林村购置了大批农机，引进的韩国秸秆打捆青贮设备就达10套，村委会决定再新建一座占地5000平方米的农机中心，彻底解决农机停放问题，让农机更好地服务于本村和邻村生产，并可作为办公场所和农民职业培训中心。

（7）怡和果园

2011年底，为进一步发展村级经济，打好乡村旅游基础，东林村决定建设林果基地。村委会专门聘请当地农业专家负责管理，从果园规划、果木引进开始，在仅仅

❶ 怡和果园

两年多的时间里，建成了占地160亩，涵盖翠冠梨、蟠桃、脐橙、葡萄等十多个水果品种的果园，还依托紧邻金仓湖这一优势，将农业生产和休闲旅游相结合，大力发展采摘项目。

（8）乡村旅游

2020年起，东林村以水稻产业园为核心区，在稻田中规划建设了"味稻公园"，通过浏览道和驿站将田园风光和农耕文化串成乡村旅游景观。同时，该村还建设了穗月广场、铜钱湖、彩色透水路、景观桥等"乡味"景观，让来自长三角洲地区的游客们亲身体验乡野乐趣，游玩项目包括游船、和笨猪羊驼玩耍、亲子农耕体验等。

2021年，东林村又启动田园新干线项目，将总长5.3公里的小火车轨道铺设在东林村田间，将生态景观和农业旅游亮点串联起来。此外，云山米都和萌芽工坊等两个项目也投入建设，将进一步促进农旅融合发展。

随着农田展示区工程、旅游拓展区工程、亲子教育拓展区工程等一批旅游配套设施陆续建成，东林村的乡村旅游吸引力与日俱增。每到夏秋旅游旺季，来自上海、苏州等周边地区的游客络绎不绝。据统计，2020年，东林村接待游客超过10万人次，为村里带来400万元收入，为村民就业提供了更多的选择。一幅集生产、休闲、餐饮、体验、旅游、生态于一体的美丽乡村图，已徐徐展开。

如今，东林村已将合作农场、富硒米加工厂、秸秆饲料厂等多种业态打通，形成了"种植—秸秆饲料—养殖—肥料—种植"的农业循环框架模式，打造出"一根草、一只羊、一袋肥、一粒米"的循环经济产业链，实现了"资源—产品—再生资源"的循环发展。合作农场水清岸绿，处处风景怡人，在此基础上村里发展农业旅游项目，吸引游客前来观光采摘，走出了一条一、二、三产业融合互动发展的道路。生态循环效应不断放大，特色农业发展道路越走越宽，整个产业体系每年可为东林村集体经济贡献1200万元。

（二）开展人居环境整治，建设美丽乡村

作为苏州市首批确定的71个"美丽村庄示范村"之一，东林村认真贯彻落实《苏州市美丽村庄建设实施意见》的文件精神，以"富民强村、和谐宜居、品质提升"为核心，迅速开展美丽村庄建设行动，科学规划美丽村庄，完善新型农村社区服务体系。

为改善东林村村民的居住环境，打造生态宜居的美丽村庄，该村从2007年起实施动迁安置工程——东林佳苑小区。东林佳苑小区总建筑面积约21万平方米，总投资约3.5亿元，总套数约1100套，配有复式房、多层房、高层房等房型，绿化景观均按照苏州市的中高档住宅标准设计，带有欧式建筑风格特点，绿化覆盖率达40%以上。该小区规划合理，无空间浪费，设有道路、水、电、有线数字电视等基础设施，还设有生活污水净化处理系统、垃圾分类试点，从源头上保护村内生态环境。与小区同时竣工的还有3500平方米的东林社区服务中心，该服务中心内设有亲子活动室、农民喜事厅、图书阅览室、保健室以及老年人活动中心等；外设有2000平方米室外活动场地：音乐喷泉广场、健身游园、网球场、拳操场等；还设有2000平方米的便民配套设施：爱心超市、放心粮油店、美容理发室等。村集体出资为每户村民购买住房家庭财产保险，加装防护栏，实施24小时监控，维护小区的安宁与和谐。

（三）推进社会福利事业，营造文明乡风

东林村注重乡风文明建设，营造风清气正、健康向上的村风民风。一是利用节假日开展丰富多彩的村民集体活动，如唱戏曲、送春联、猜灯谜、风筝节、赛龙舟等活动；组织开展文明评比系列活动，如"五好家庭"、好婆媳、好姑娌等活动。二是针对村内大量年轻人白天外出工作，留下年迈父母在家，特别是老年人吃午饭困难的问题，东林村成立了老年日间照料中心，70周岁以上的老年人中午可到日间照料中心吃饭，每人每餐收取三元钱，午饭标准是四菜一汤，有荤有素，营养健康。除提供午餐外，日间照料中心还定期举行集体生日会、剪指甲、理发、餐后动手保健操等活动。日间照料中心为村内老年人提供了一个交流、活动、娱悦身心的场所。三是成立志愿者服务队，利用传统的节日集中组织志愿者开展植树造林、关爱孤老残疾、缅怀先烈等志愿服务，受到村民们的一致好评。四是开展移风易俗工作，将红白喜事的场所分开设置；还举办宣讲好人好事活动，将村民们的感人事迹搬上讲堂。

（四）加强管理制度建设，促进治理有效

东林村坚持党建引领乡村治理，实施村党组织"365服务工程"，开展"民生大巡访"活动，建立村干部包片责任区，实施网格化管理，记录"民情日记"；开展社会化评价，委托第三方机构对村民进行满意度调查，及时整改村民所反映的问题，提升村民满意指数。

在此基础上，东林村积极建设新型农村社区服务体系，以服务村民、提升幸福感为宗旨，做好村民集中居住的后续管理工作，制定了东林佳苑小区管理制度。采用党员议事组、业主委员会、物业公司三方协作网格式管理，对入住村民进行考核，考核满分者每户每日发放一元钱的奖励，通过"以奖促改"的方式帮助村民"上楼"过渡。

在"和谐村"创建过程中，东林村成效显著，社会风气良好、村民关系和谐，农村民生问题得到有效改善，社会自治力量得到显著发展，社会稳定与经济发展协同推进，逐步形成了"两委负责、社会协同、公众参与"的多元主体治理格局。

随着互联网时代的发展，东林村还引进数字乡村治理技术和理念，聚焦农业农村大数据治理应用、人居环境整治、乡村治理服务、农民生活服务、乡村产业发展等领域，以"能用、实用、好用"为原则，探索打造"数智乡村"示范村。

（五）发挥人才作用，加速产业兴旺

曾经的东林村，农业产业结构单一，以留守老人种粮为主。他们在生产中完全凭借经验，没有科学的田间管理。为此，村里开始不拘一格，广聚人才，不论年龄籍贯，只要有一技之长，愿意来村里工作的人都将受到欢迎和重视。

在建设林果基地之前，东林村从未搞过规模化、专业化的林果种植，很难找到既懂技术又懂管理的人来负责这项工作。这时，他们了解到本地知名的林果专家汪燕飞正退休在家，这位"汪工"1970年从南京林学院毕业后，一直从事林果生产，有着丰富的经验，于是决定聘请他。汪燕飞虽然年过七旬，但布置起果树管理任务来，既干净利索又条理分明。两年多，他带领10多位基本没有果树种植经验的老年村民，硬是建成了一片130多亩的果园。近年来，东林村的村级经济迅速发展，和村里吸引了一批像汪燕飞这样的人才有着很大的关系，金仓湖米业负责人周耀良，同样属于退休后发挥余热并在工作中作出显著贡献的受聘人才。

三、经验与启示

（一）带头人的现代农本理念是东林村发展的根本

在苏南地区，强村带头人比比皆是，如华西村的吴仁宝、长江村的李良宝、

村党委书记苏齐芳（前排中间）向前来参观的领导介绍东林村情况

永联村的吴栋材、蒋巷村的常德胜等，他们多是工业发家的典型。而东林村党委书记苏齐芳则是以农为本，扎根村里25年，将一个远近闻名的穷村变成了资产超3亿元、年村级集体经济稳定性收入近3000万元、人均收入超4万元的全国生态村、江苏省文明村。苏齐芳先后荣获江苏省"吴仁宝式优秀村书记"、苏州市优秀共产党员等荣誉称号。

1991年，他放弃自家企业，承诺只做3年村书记，没想到在村民群众的极力挽留下，在村书记的岗位上一干就是29年。他始终将"富民、强村、和谐"作为工作重心，积极推广"党支部+"发展模式，筑牢发展红色根基，走出一条具有东林特色的乡村振兴之路。苏齐芳的事例再一次证明，村庄带头人在村庄发展中的重要作用，而其凸显的现代农本理念，是东林村发展的根本，也是东林村区别于其他强村的特色。

（二）在经济强势发展的苏南，东林村是如何立足的

改革开放后，苏南乡镇企业异军突起，创造了以集体经济为主、以乡镇企业为主和共同富裕为主要特征的"苏南模式",与以民营经济为主、以市场经济为主的"温州模式",成为我国两种最具代表性的农村发展路径。

经过几十年发展,苏南农村不断探索集体经济在市场经济条件下的有效实现形式,积极发展合作经济和股份经济,推进社区股份合作制改革,为集体经济注入了新的动力。

与过去相比,当下的苏南村级集体经济形成了资产租赁型、企业股份型、联合发展型和农业开发型等四种新类型。

其中,资产租赁型是目前苏南地区村级集体经济较为普遍的形式,主要体现为标准化厂房和土地租赁。企业股份型的发展则是在历史上苏南乡镇企业改制时部分集体经济曾留下了一定的股份,村民按期分红。联合发展型是以若干临近村庄和社区联合投资或以集体资产入股,共同成立一家企业统一经营盘活共同资产。农业开发型主要集中在土地的使用上,东林村就是这方面的典型代表,土地整治自然是势在必行。

东林村所在的太仓市素有江南"金太仓"之誉,从春秋时期起就一直是鱼米之乡。20世纪70年代末,乘着改革开放的东风,太仓市发生了翻天覆地的变化。二、三产业尤其是外向型经济的迅猛发展,早已使这座曾经的千年农业小县成为位列全国综合实力百强县(市)前十名的苏南名城。大批的农业劳动力被企业所吸引,成为产业工人。村里几乎只剩下了老年人,土地甚至开始出现撂荒。直到

❶ 东林佳苑

2006年，大规模的土地综合整治在这里全面展开后，才开始逐渐恢复"皇家粮仓"的盛况。

当此之时，东林村抓住机遇，率先行动，围绕土地效益问题动员全村开展大讨论，一致同意规模化发展。参与土地整治、"退村进镇"居住的村民们也纷纷要求改变农村生产方式，尽快与城市接轨。"合作农场"就在这样的背景下应运而生。作为太仓市第一个全面完成土地综合整治的村庄，以"大承包、小包干"为核心内容组建合作农场，实行集承包制和合作制优势于一体的农村经营新模式，在东林村最早迈开了探索的脚步。土地承包经营权被牢牢掌握在村集体手里，既可减少无效投入，又能兼顾发展和壮大村级集体经济，有利于增加村民收入。在促进农业产业化经营的同时，有力地提高了村里的经济发展实力，其经验迅速被太仓各村推广。

东林村村民的生活方式，也伴随着土地整治发生了全面改变。700多户村民全部搬进新建的小区公寓——东林佳苑小区；1000多名农村壮劳力除了20多个成为村里合作农场的工人外，全部进入城镇，或打工或经商或创业，融入二、三产业主力军中。村民搬进新小区后，每年还可以拿到分红，集体经济也从"人人有、人人没份"实现了"人人有份、人人有"。

东林村作为太仓市农村土地整治工作的一个亮点，也成为苏南农村土地整治工作的"代表作"之一。

集体经济助乡村振兴解"民生之忧"

——山西省河津市龙门村调研

一、集体经济建设之实践：龙门村

万里黄河，九曲蜿蜒，在吕梁南麓、黄河之滨、秦晋交界的禹门口，有一个古老而崭新的村庄——河津市龙门村，这里也是神话大禹治水、鲤鱼跃龙门的地方。龙门村古称禹门口，历史上人们又习惯称其为口头村。在人们的记忆里，这里经历过艰辛凄楚的悲壮，也有过繁华兴盛的辉煌，在党的十一届三中全会的沐浴下，龙门村鼓风扬帆，乘风破浪，大刀阔斧地发展集体经济和股份制经济，实现了经济的腾飞，焕发出多彩的活力，先后荣获"全国文明村""全国民主法治示范村""中国十佳小康村""中国小康楹联文化名村""全国文化旅游重点村"等称号。村党委书记原贵生先后当选党的十七大、十八大、十九大代表，并荣获"全国优秀共产党员"称号。那么，龙门村在现实中是如何实现"鲤鱼跃龙门"的呢？我们可以从三个角度来看其成长之路。

（一）加快传统产业转型，探索绿色发展之路

龙门村集体经济的发展可分为三个阶段。

第一阶段：1988—2000年，以焦炭业为主业的第二产业掘金阶段。实行家庭联产承包责任制后，龙门村基本实现了温饱，但基础工程建设征地导致龙门村耕地面积减少至原先的25%。龙门村耕地面积本就不多，这么一减少，人均耕地不足0.35亩，如何使村民富起来成为一大难题。龙门村村委会成员认识到，只靠一产，从土地里刨食，很难满足村民致富的迫切需求，于是准备从二产要效益。在时任村党支部书记原志诚的领导下，顺应当时国内外焦炭需求的趋势，借助煤炭资源与公路交通便利的优势，于1988年成立山西龙门科技集团有限公司，引进"红旗3号机焦炉"技术办焦化厂。该技术当时在国内领先，焦化厂第一年试水阶段，年产量2.5万吨。试水成功后，焦化厂不断扩大规模，并带动村民入股，全村共享收益。到1998年，龙门村已有

○ 龙门村村貌

6组"红旗3号机焦炉"，年产量达到70万吨，可实现年利润5000万元，村民收入也得到了明显的提高。

第二阶段：2001—2017年，二产转型升级、三产加大开发的综合发展阶段。随着时代的发展，生态环保理念成为高质量发展的重要组成因素，龙门村也逐渐意识到，老式设备对环境污染严重，不适合绿色发展理念，必须进行升级和改造。于是龙门村顺应时代发展和政府要求，关停了6组旧炉，并对各类设备进行改造升级，增加重要的消烟除尘设备，新建煤气回收净化车间，尽量减少生产中的焦炉污染排放。同时，龙门村还积极探索综合利用方法，利用煤气及煤矸石等废弃物生产电能，以实现循环生产、废物再利用。除了加快传统产业的转型升级之外，龙门村还大力发展旅游业，从三产上做文章。龙门村十几年来坚持植树造林，在黄河大堤旁修建了500多米宽、10000多米长的防风林带，并使村内千亩耕地实现了方田林网化，从而制止了风沙的肆虐。同时，每年投入一百余万元建设绿色乡村，通过义务植树，建成了绿化面积达10万平方米的环村林带、环厂林带与街心公园等人文和自然景观，林木覆盖率达47%，逐渐打造了一个园林化的生态美丽乡村。为了吸引外界的关注，龙门村采取了多种宣传方式，举办了多项活动。例如，于2016年举办了"龙门杯"全国场地汽车越野赛，吸引了200名车手和6万名观众，极大地促进了当地旅游业的发展。

第三阶段：2017年至今，生态与经济协同发展阶段。2017年，党的十九大报告首次提出乡村振兴战略，这为龙门村的进一步发展按下了快门键。龙门村基于多年来的自我积累，联结二产和三产，逐渐形成了洗煤—炼焦—用炼焦的煤气、煤矸石、中煤发电—电解铝—建材—运输—服务（旅游）循环经济的产业链条。村办集体企业——山西龙门科技集团有限公司经过多年的经营发展与不断更新换代循环生产设备与技术，到2020年，已形成60万吨煤焦化配套精细化工、100万吨水泥熟料、150万吨水泥、100万立方米商砼、15兆瓦煤气发电、4.5兆瓦余热发电、5万吨黑钰颜料、3万吨炭黑及运输、房地产、旅游等产业集群，构建起煤焦化—炭黑—黑钰颜料、焦化—煤气—燃气发电、建材—余热发电—商砼—房地产开发3个循环经济链条，生产经营业务横跨煤焦化、建材、电力、铁路发运等七大领域，实现销售收入32.8亿元，上缴利税8000万元，跻身山西省百强企业。集团还实施了占地面积516亩、总投资32亿元的焦化扩建项目，作为该村172万吨大焦化项目重要指标的年产10万吨LNG（液化天然气）、5万吨合成氨生产线于2022年7月底投产。在党的二十大召开前，40兆瓦干熄焦余热发电竣工运营。到2022年底，龙门集团总产值达80.5亿元。

此外，为了加快旅游业的发展步伐，龙门村于2017年承办中国楹联学会年会和艺术研讨会，荣获"中国小康楹联文化名村"称号。并于2017年6月1日与12月26日，分别创办了山西龙门古渡旅行社和龙门码头有限公司，打造了黄河大峡谷山水画廊，以加强黄河湿地公园的开发。其中，黄河龙门景区被国家评为AAA级景区，龙门村也先后荣获"全国旅游文化名村""中国十佳生态文明村""新时代·中国最美乡村""山西最美旅游村""山西省AAA级乡村旅游示范村""中国生态文化名村"等称号。各种称号的获得以及旅游正规机构的创建有助于龙门村旅游品牌的建立及其名气的传播，从而吸引全国各地的游客，为当地创收扩展了来源。目前，龙门村三次产业占比为：10%、75%和15%，产业结构升级进程较快，并且已基本实现较好生态环境下经济的可持续发展，生态旅游与循环产业链的两个经济增长引擎协同发力，共同促进集体经济长足发展。

（二）厘清成员利益关系，合理分配助力发展

龙门村全体适龄村民都可以在集体企业中就业，同时可以通过在企业参股得到分红以及享受村集体派发的平均分红。

龙门村每年上半年进行前一年的分红，共有两种类型的分红：一类是村集体赠股分红，发放分红款的日子固定在每年的1月10日，目的是让村民及早拿到钱款，方便生活。其中包括2种情况：一是针对2003年在册村民，每人赠送2股（每股恒定为3000元），每年进行分红，从2004年开始实行，这是在当时良好的经济效益状况下，经过民主讨论决定的；二是对村内现有的村民，每人赠送1股，每股价值与前1年效益挂钩。2009年每股价值1600元。另一类是股民分红：每年3月2日电厂、铝厂分红，2月23日焦化厂分红。近年来，龙门村每年准时兑现分红，且分红最低标准均保持在股金的20%，即使2009年受金融危机影响，企业经营基本持平，村集体仍然拿出积累，按这个比例分红。龙门村每年12月底也会召开股东大会，通报全年经营情况和分配情况。

2017年之后，龙门村的分红随乡村振兴战略的实施以及经济的发展不断提高，这几年，人均累计分红达5万余元。从2020年开始的连续两年，村民人均分红达5100元。2022年是山西河津龙门村第二十六年为村民分红，全村3800余名村民，加上超150名"荣誉村民"，共分得约2100万元的年终分红。除了直接的分红外，龙门村还建立起了相对健全的民生保障制度。在中央政策的指导下，村集体建立了全面的医疗、养老保障机制，全部费用由集体买单。60岁以上的老年人分年龄段每月可领取500元、550元、600元、650元的养老补贴，彻底解除了村民们的后顾之忧。

此外，龙门村在扶贫工作中增加了对贫困户的分红，在推动完成当地脱贫攻坚任务中发挥了较好作用。2019年与以往分红有所不同，按照村集体经济收益分配方

❶ 村书记原贵生听取村民意见

案，此年分红发放对象为当时全村所有104户建档立卡户（包含28户在册贫困户），平均每户领取分红355元。此次分红收益均来自龙门村"三变"（"资源变资产、资金变股金、农民变股东"）改革特色产业项目——村集体奶山羊养殖场，该项目按照"龙头企业+村集体经济合作社+贫困户"模式建设运营。截至2019年底，龙门村集体经济收入已经突破了20万元。该年度已向在册贫困户发放了村集体光伏产业、产业发展资金入股、村集体奶山羊养殖场等3次分红，28户贫困户平均每户每年分红1500元左右，"三变"改革特色产业项目大大增加了贫困户的收入。

（三）注重发掘文化内涵，讲好古今文化故事

龙门村秉持文化兴村理念，积极传播优秀的传统文化，始终致力将传统文化与新时代的社会主义核心价值观相结合，创造具有时代与地区特点的龙门文化品牌。

历史故事之积淀与革新。龙门村是"禹凿龙门""鱼跃龙门"故事的发生地，也以此闻名全国。1999年起，龙门村便大兴文化设施建设。龙门村投资了1600万元建造了占地面积1500平方米，建筑面积3000平方米，能容纳1100人的文化活动中心。文化活动中心设有大礼堂、会议室、电视台、农民夜校、老年活动室等，同时开辟多个主题文化展馆，因而成为龙门村的地标建筑之一。总面积1.5万平方米的龙门文化广场有大禹雕像、九鲤跃龙门不锈钢雕塑、国旗台等建筑，是群众健身、集会、室外会议的主阵地。此外，龙门村分别投资1000万元、3000万元以及4800万元来异地复建大禹庙，建设明清文化风情街以及建设新龙门客栈。其中，仅文化风情街的一期工程就占地300亩，共有仿古砖木建筑23座61间。村党委以文化活动中心、新龙门客栈、大禹庙为载体，先后打造了党建展览馆、龙门展览馆、民俗文化馆、泥石流灾害警示馆、大禹文化馆、警示教育馆、中国名村展览馆、图书馆、爱国主义教育基地等多个主题文化阵地。位于龙门村文化活动中心西侧的龙门村乡村文化记忆展览馆的展品彰显了黄河文明、晋南农耕文化、古龙门码头文化，以及乡俗礼仪、风土民情、民族精神的传承。所展实物的年代，主要为清朝中晚期至20世纪70年代，内容涉及黄河渡口船运文化、保家卫国踊跃支前的红色文化。

2018年乡村振兴战略开始实施后，龙门村对乡村文化建设越发重视，也加大了对传统文化的宣传力度，举办了规模更为庞大的文化活动，以期实现文化振兴的重要任务。2019年是新中国成立70周年，为共襄盛举，共筑"中国梦"，"鱼跃龙门·华耀河津"第十八届大禹文化旅游节于5月22日在龙门村清涧街道开幕。大禹文化旅游节先后举办锣鼓表演、广场舞大赛、大禹巡游、戏剧展出等丰富多彩的文化活动，不断丰富群众精神文化生活，传承大禹精神，促进旅游业发展，扩大河津对外影响力，共同谱写"鱼跃龙门·华耀河津"的精彩华章。这是一次弘扬大禹精神、助推文

● 幸福龙门村民

旅融合的盛举，更是积极践行"文化兴市"战略的生动实践。2021年8月，龙门村被国家文旅部授予"全国乡村旅游重点村"的称号，旅游产业在文化的赋能下已成为该村集体经济新的增长点。

新时代与传统文化之融合。为了让新时代的先进文化丰富与统领村民的精神文化生活，村里的主干道、广场等醒目位置都悬挂着社会主义核心价值观标语。随着近年来互联网技术的发展，文化的宣传载体逐渐由原来的纸质载体变为现在的数字化媒介，比如说通过微信群与朋友圈等平台宣传好人好事和社会主义道德新风尚。近五六年，村党委越发重视发挥文明实践站的作用，依托"道德大讲堂""乡村文化礼堂"等阵地，让百姓走上大讲堂，用身边发生的真人真事教育身边人，并且通过实践站宣传乡村振兴战略的相关政策与重要性，增强村民对政策含义的理解，从而促进政策的切实推进。坚持开展好媳妇、好婆婆、好妯娌以及五好文明家庭评选，弘扬社会正能量与中华民族的传统美德。每年重阳节、春节等重要传统节日前期，村"两委"都要走访并亲切慰问老年人、老党员和老干部及相对困难户，为他们送去党的关怀和温暖。每月八号发放老年人养老补助，保证老年人的生活补助及时到位，防止影响其基本生活，并且随着集体经济发展，养老补助也在逐年递增，从而使老年人的生活水平也不断提升，使其生活得有地位有尊严。

为促进乡村振兴战略与党史的有机结合，2022年6月29日，河津市关工委与龙门村党委共同举办首届"庆七一游基地学党史"活动，龙门村158名党员和部分村民，河津市实验中学300名师生参加了升国旗仪式，亲身感受了党员重温入党誓词时的虔诚和敬仰，共同唱响《义勇军进行曲》《没有共产党就没有新中国》，"老少同声颂党恩，携手共迎二十大"。学习党史活动有助于龙门村党员与村民了解党为促进乡村发展所做的努力，更加坚定其振兴乡村的理想信念，使其以建设美丽乡村为己任，树立为建设美好乡村而不懈努力的信心。

经过多年发展，如今龙门村已构建起七馆、三园、两门、一区、一节、一碑、一古镇、一中心的文化旅游基本格局。七馆即中国名村馆、爱国主义教育馆、龙门村史展览馆、警示教育馆、民俗博物馆、党建展览馆、大禹文化馆；三园即街心公园、禹门口公园和鱼跃龙门文化园；两门即世界最大村门彩虹门和仿古南城门；一区即黄河湿地景观区；一节即大禹文化节；一碑即抗日英雄纪念碑；一古镇即龙门古镇；一中心即具有综合接待能力的新龙门客栈。龙门村丰富的旅游文化资源，每年都会吸引大江南北的游客到此游览，龙门一日游已形成一条经典的旅游路线，让游客流连忘返。

"鲤鱼跃龙门"的美好传说、绚丽多彩的龙门传统文化以及新时代中国特色社会主义核心价值观，三者融合成为龙门村独特的文化风景，也凝结成村庄长足发展的坚实基石。

二、经验与启示

龙门村是集体经济发展实践中的先行者，龙门村村民由原先的贫困变为之后的基本满足温饱，再变为当前的共同富裕，这些重要转变都离不开集体经济的有力助推。龙门村的"龙门一跃"可为全国各地的乡村振兴以及乡村治理提供一定借鉴，希望相关经验能为其他村庄创造新的发展点。通过对龙门村集体经济发展历程的分析，可得出以下乡村振兴的启示：

（一）以集体经济促进多产业综合发展

从一开始的单一焦炭业发展，到后来的洗煤、炼焦、煤发电、电解铝等第二产业的链条发展，再到基于生态环境的旅游业，龙门村的集体经济都扮演着重要角色。个人所拥有的资源与风险分担能力都无法与集体相比，个人力量难以实现一村的第二产业与第三产业的发展。集体经济能够整合个人的有限资源，包括人力、物力与财力，然后顺应时代发展潮流，将整合的资源投入新兴产业，获得更大收益。此外，体量高于个体的集体经济能够分散投资，当可投资的产业较多时，可在其中选择较优的组合，不将鸡蛋放在一个篮子里，从而规避投资失误的风险。当产业处于转型期时，集体经济可尝试细化的转型方案，譬如从以二产为主变为以三产为主，或者更新二产生产所需设备，采纳新技术等，从而创造更多的盈利点以提高投资收入。

（二）以资源优势转化为区域经济优势

最初龙门村的经济发展是通过发挥焦炭资源的优势得以实现的，焦炭业是龙门村集体经济的支柱产业与传统产业。但是，随着乡村生态文明建设的不断推进，龙门村清醒地意识到资源的不可再生性，焦炭资源的枯竭将会给焦炭业带来灭顶之灾。而优越的地理位置、引人入胜的传说故事以及别具风格的自然风光是龙门村未被充分挖掘的资源优势，这给龙门村带来新的发展契机。于是，该村深入开发旅游的自然资源与挖掘文化故事背后的精神底蕴，将自然与人文相结合，赋予美景以新的文化内涵，并结合该村独特的发展历史，建设了一个又一个让游客流连忘返的自然与文化景点。中国幅员辽阔，各地自然条件与人文氛围千差万别，其他村庄可结合自身的自然禀赋与人文特点，设计具有自身特色的经典，通过乡村旅游业的建设促进乡村振兴的实现。

（三）以分配制度激活发展功能

龙门村的集体企业制定了较为完善的分红制度，即使在经济危机时期也依照事先承诺发放分红，二十多年来雷打不动。为村集体的老年人分发养老补贴，且补贴金额保持增加的趋势，这为"老有所养"的目标提供了一种可行的实现方式。作为集体各成员共同的经济基础合作组织，集体经济发展可增加集体各成员的收入，提高其生活水平。但是在建设集体经济的过程中，需要厘清集体成员对集体经济所取得收入的份额。哪些人能享有集体企业的收益？享有多少份额的集体收益？每位成员获得收益的份额是否相同？收益的具体分配原则是什么？这些关于集体经济收益分配的问题关乎集体经济是否能长存以及可持续发展。因此，发展集体经济前，需要在制度层面将生产关系、分配关系等明确规定下来，防患于未然，避免未来可能存在的问题。

村企共建助推集体经济发展壮大

——北京市房山区韩村河村调研

韩村河村位于北京市房山区西南部，占地总面积2.4平方千米，共有村民910户，2712人，被誉为"京郊建筑之乡"。改革开放前，韩村河村是有名的"穷村"，曾有一首歌谣形容它，"几条洪沟穿村过，墩台上面搭土窝，天灾人祸年年有，穷村破家常挨饿"。改革开放后，村党委书记田雄带领韩村河人在瞬息万变的市场竞争中抢抓机遇，经历了从"吃饱肚子"到"挣上工资"再到"住上小洋楼"这三大飞跃，把韩建集团发展成为国家特级资质大型企业，闯出了一条韩建地产、韩建建筑施工、韩建河山管业、韩村河旅游四大产业齐头并进的发展之路。作为全国社会主义新农村建设的示范点，以及北京美丽乡村联合会会员村，韩村河村于2020年获"第六届全国文明单位"，2021年3月获"北京市扶贫协作先进单位"，2021年5月获"北京市先进基层党组织"，以及先后获得"中国十大名村""美丽乡村十大创建模式""全国农业旅游示范点""国家AAA级旅游景区""全国文明村镇示范点""全国生态文化村"等荣誉称号。

一、韩村河村致富秘诀

韩村河村的发展，离不开原村党委书记田雄的远见和付出。田雄带领韩村河人走出了一条"以建筑业为龙头，集体经济全面发展，实现村民共同富裕"的适合韩村河村的致富之路，把村庄建设成了绿色生态新农村。

（一）从建筑公司向大型企业集团的转变

1978年，韩村河村在田雄的带领下成立了韩村河村建筑队，30多人的队伍白手起家，迈上了集体经济艰苦创业的征程。1984年，紫玉饭店工程使韩村河村建筑队一战成名、享誉北京；1988年该队加入房建集团，次年获二级资质。1994年，韩村河村建筑队从房建集团分离出来，独立组建了"韩村河村建筑集团总公司"（以下简称韩建集团），晋升为国家一级建筑企业，2002年获国家特级资质。前门烤鸭店、京瑞大

🔴 韩村河村村貌一角

厦、金伦大厦、甘露园小区、玉林小区等优质乃至国家级样板工程，都是韩建集团的杰作。韩建集团并没有只专注于建筑这一领域，而是形成了集建筑、市政、水利、公路、施工及设计、开发、建材、商贸等于一体的大型企业集团。

2002年，南水北调工程开始筹备。南水北调工程决策部门决定，北京应急段工程实行管道输水，管道全部采用内径4米的预应力钢筒混凝土管，英文简称PCCP。韩建集团投资3亿多元，组建了PCCP项目筹建小组，投资改造原韩村河村构件有限公司，并组建北京河山引水管业有限公司，承担南水北调北京段工程PCCP管材生产任务。2004年6月，第一根直径4米的双丝、双喷高工压PCCP试生产成功，韩建集团在国内率先生产出了全国首批符合南水北调工程设计要求的PCCP，标志着他们成功地拿下了这个科技含量甚高的项目，有了自己的知识产权和独有技术。2005年11月18日，韩建集团一举中标南水北调中线北京段。工程建成通水后，成功实现了北京应急供水的目标。2019年，为了全面消除工程运行以来的安全隐患，经水利部和北京市批准，决定从2019年11月1日至2020年6月30日对南水北调中线北京段进行排空检修。同年10月，韩建水利水电工程有限公司在激烈的竞标中脱颖而出，成功中标南水北调中线北京段停水检修项目第一标段。

进入新世纪以来，韩村河村党委结合韩建集团发展实际和市场发展形势，积极转变发展方式，不断优化企业结构，脚踏实地找出路，从发展高新企业、引进高新技术中找出路，有意识地转变经济发展方式，及时提出了科学发展新思路，调整了韩建集团的经营战略，转变了经济增长方式，进行了以房地产业为龙头、以建筑施工和河山管业（高科技企业）为龙身，带动其他各业共同发展的"二次创业"，取得了显著成效。目前已形成了韩建地产、韩建建筑施工、韩建河山管业、韩村河旅游四大产业，集餐饮旅游、特色农业等多种产业于一身，闯出了一条相辅相成、相互促进、可持续发展集体经济之路。其中，水利水电公司要抓住水电建设机遇期，加大市场开拓力度。2022年2月9日，水利水电公司中标北拒马河防洪加固项目，如期完成任务确保了南水北调中线干线工程安全、供水安全，以及2022年度汛期安全。目前，韩建集团下设22个下属分公司、11个直属公司、12个子公司，总资产达120亿元，最高年创产值60亿元，银行信用等级为AAA级，融资能力达30亿元，累计上缴税金50亿元。2021年初，韩建集团制定的五年规划是总收入达到100亿元，2035年总产能达到300亿元。

（二）从高科技农业到农业景观旅游

1997年，老书记田雄为让村民一年四季都能吃上绿色放心菜，韩建集团先后投资3000多万元，建成了韩村河高科技蔬菜园区，标志着韩村河村逐步摆脱传统的农业

❶ 老书记田雄（前排左一）在施工现场

种植模式，走上了一条发展高科技农业的道路。高科技蔬菜园区占地500多亩，生产以色列樱桃西红柿、荷兰无刺黄瓜、日本栗自曼南瓜、韩国黄香蕉西葫芦、美国加州牛角王菜椒、无土栽培泰国生菜等多种绿色蔬菜，1997年园区被命名为国家科研工厂化高效农业房山示范区。园区可常年周期性生产各种名、特、优、新、鲜蔬菜，有机蔬菜年产20万公斤，产值达300多万元。其中，80%供应北京市场，20%能够保证村民和村内企业会议中心食用。目前蔬菜园区已经成为韩村河村的一个景点，前来采摘观光的游客络绎不绝，年接待游客50万人次。

在发展新型旅游模式的同时，韩村河村继续扩大传统产业的规模，借助"太湖牌上方山香椿"品牌和"罗家峪红薯"传统种植经验，建设圣水绿洲万亩香椿种植园和薯香苑千亩红薯种植园。在实现种植和休闲旅游兼顾的农业模式之后，韩村河人继续对农业和旅游结合的模式进行探索，成功打造了以"花海—农业景观—山水景"和"寺庙—佛塔"为载体，将自然景观和人文景观融合的"上方花海"项目。该项目以万亩"天开花海"的建设作为主体，促成了上方山国家森林公园和"全国十大名村"韩村河村的完美结合，形成了探古、寻幽、赏花、览奇为特色的沟域产业带。同时通过反复考察论证和调研，利用两年时间，将房山区的废弃矿山改造成为旅游时尚热点产品翠溪谷儿童世界乐园，不仅保留了矿山遗存风貌，还延展了传统区位

⊙ 韩村河村美景

历史人文特色，成为践行绿水青山的点睛之笔。此外改造霞云岭石板台村清湖片的废旧房屋，将其打造成精品高端民宿项目，成为当地乡村振兴的典型之作，推动了区域经济的发展。

韩建文旅积极探索发展新路径，培育新业态、新特色、新模式，打造具有深厚底蕴、特色鲜明的文旅产业链，开发了农产品深加工、特色餐饮、休闲体验等相关产业，延长产业链条，提升农产品附加值。引入高端产业，积极引进社会资本参与沟域建设，改变过去单一产业结构，发展农业科普教育、农耕体验、拓展培训、休闲养老等高端业态。引入北京尚大沃联福生态农庄，通过电子商务、DIY活动、拓展训练项目等时尚销售方式，带动有机蔬菜产业发展；采取"QQ果场"经营模式，推出"游客亲手入园采摘，最好的果子论个儿卖"的新型营销模式，带动果品种植业发展；开发建设湿地养老公寓，引入龙门生态园、夕阳红小镇休闲养老产业等新型业态。

二、韩村河村的发展经验

（一）村企联动，壮大集体经济

在改革开放、集体经济发展壮大的过程中，韩村河村经受住了多重考验，坚定了集体经济的发展方向。1984年紫玉饭店完工，建筑队除了工人开工资和上缴税金、利润外，还剩下11万多元。这第一桶金的使用，奠定了韩村河村建筑队作为集体企业的收入分配模式。从此，随着韩建集团的发展壮大，韩建集团对村里的投入年年增加。2000年企业改制确立了韩村河村、韩建集团的集体所有制经济体制。韩建集团唯独集体经济性质这一条，永远也不能改。在企业的走向、企业的资产分配上，始终坚持企业是集体的，资产是集体的。

（二）以企养村、以企富村、以企富民

2011年10月，韩建集团党委换届选举，田广良全票当选党委书记。作为韩建集团的新一代掌舵人，他继承和发扬老一辈创业者吃苦耐劳、艰苦创业的优良传统，坚持以党建为引领，以创新为引擎，继续践行父辈发展集体经济、走共同富裕道路的理念，坚持以企养村、以企富村、以企富民，把韩村河村父老乡亲对美好生活的向往当作奋斗目标。田广良透露，每年韩建集团会拿出五六千万元反哺韩村河村，帮助村子建设、维护基础设施、为村民发放福利等。

韩建集团是韩村河村乡村振兴的坚强后盾。韩建集团提供村发展及村务管理所需要的资金，村委会负责这些资金的运作、管理及福利的分配。坚持共建、共赢、共享，筑就了乡村和谐的坚实基础。坚持共同富裕，让老百姓共享发展成果。2013年以来，韩建集团不断加大韩村河村生态文明建设力度，着力打造"生态宜居、生产

高效、生活美好、人文和谐"的美丽乡村,进一步延伸了韩村河村新农村建设的内涵。为了提高村民的福利水平,韩村河村年满60周岁老人的养老金水平提升至每人每月每岁10元(如:年满80周岁的老人可以每月领取80×10元即800元);出资建成云龙阁小区,以成本价出售给韩村河村全体村民,满足了村民居住的新需求;逐年退还村民新村建设时期购买别墅和多层住宅的房款,使村民不花一分钱就住上了宽敞舒适、不断增值的住宅,享受到了最大的住房福利;冬季村里实行"看天供暖"的模式,取暖费由村集体统一负担,村民不用交一分钱。如今的韩村河村,全体村民幼有所育、学有所教、劳有所得、病有所医、老有所养、弱有所扶,幸福感、获得感、安全感不断增强。

(三)党建引领,村企协同发展

"农村要想变,班子建设是关键。"多年来,韩村河村从实际出发,坚持村党委班子、企业班子、村政班子一班人马,一体化领导,形成了"党企(政)一肩挑""一竿子插到底"的组织工作机制,从而保证了村党组织、企业党组织目标一致、步调一致、行动一致,为韩村河村各项事业的发展起到了"保驾护航"的作用。在韩村河村,韩建集团与村委会共同管理行政权力,有健全的村行政规章制度与政策,村务工作流程明确,村务管理透明高效。韩村河人把韩建集团重团队、爱集体的企业文化建设与韩村河村的农村文化建设紧密结合在一起,形成了中国传统文化与现代企业文化、社会主义新农村文化相辅相成、相互促进的韩村河文化,为共建新农村提供了巨大的精神力量。

三、韩村河村发展启示

韩村河村坚持集体经济,走共同富裕的道路,通过二、三产业的发展,带动农业的现代化发展。在坚持科技创新和技术进步、做大做强经济建设的同时,推进生态文明建设,反哺"美丽乡村",走全面发展的道路。韩村河村履行共建共享的理念,从衣食住行等各个与村民日常生活密切相关的方面实现优化,提高村民的生活水平和各项保障制度,切实解决了各项民生问题。

(一)选好带头人,加强基层党组织建设,发挥党建在村庄发展中的引领作用

广大群众由于文化程度低、不懂科技、市场经济意识淡薄,苦于致富无门,他们热切盼望有一批种养、科技、市场能手,带领他们早日走上致富道路。在韩村河村,老书记田雄领导全村农民共同富裕是该村发展的重要原因。他作为带头人对机遇的把握,不畏困难、奋勇争先、直面挑战的精神让老一辈的韩村河人在建筑这一行业中站稳了脚跟,也让他们为今后更加长远的发展奠定了基础。党在农村的方针政策要靠农村基层党组织来贯彻落实,农民群众生活的改善要靠农村基层党组织来推动。加

⊙ 村书记田广良（左二）查看茶园长势

强农村基层党组织建设，就能为建设社会主义新农村奠定良好的组织基础。

（二）规划先行、科学谋划、创新驱动，助力产业做大做强

韩村河村的快速发展，关键在于有一个用科学发展观武装起来的领导班子。韩村河村始终把搞好规划作为一项主要工作去抓，通过规划将资金投入农业；又整合了土地资源，建设新村；还把节省下来的土地用于发展本村的其他事业。韩村河村在发展建筑业的过程中注重找准突破口，在发展过程中不断创新，重视科学技术的巨大作用，不断为企业赋能，紧跟市场的需要和发展潮流。在农业方面，以引进高新技术为首，辐射形成农业生态圈。结合旅游业，推动具有鲜明特色的农业——旅游产业。

韩村河村以建筑施工起家，但现在建筑业已不是唯一的经济支撑。经过多年的艰苦创业，韩村河人把一个村级建筑队逐步发展成为集建筑、市政、水利、公路、园林、房地产开发、建材和资产经营等于一体的韩建集团，形成了以房地产业为龙头，带动一、二、三产业连锁共振、协调发展的新格局。面对国内外市场的波动，韩村河村根据市场变化提出了"以房地产业为龙头、以建筑施工和工业项目为龙身、以三产为依托"的"二次创业"发展新思路和新型小城镇建设的新目标,逐步形成了韩建地产集团、韩建施工集团和韩建管业集团三大集团发展格局,加快了集体经济可持续发展的步伐。

(三)生态保护与生产发展协同,变绿水青山为金山银山

良好的生态环境既是农村发展的最大优势和宝贵财富,也是实现乡村振兴的重要支撑点。40余年来,韩村河村从生态建村、生态美村、生态护村方面不断丰富乡村振兴内涵,扮亮村庄幸福底色,逐步发展成为宜居宜业宜游的生态型花园式美丽乡村,村民的获得感、幸福感和安全感不断增强。在绿化方面,为了营造出不同的环境氛围,韩村河村根据不同的路段、街道栽种不同的树种和花卉。全村拥有松、柳、杨、银杏、元宝枫等近20个树种,总数达5万余株。种植了串红、金盏菊、石竹、孔雀草、三色堇等20多种花卉和总面积近3万平方米的草坪。如今,全村林木覆盖率达60%。为了维护好村庄的亮丽环境,韩村河专门成立花木公司和清洁队,采取了门前三包(包绿化、卫生、治安)措施,村里给予每户一定的报酬,使每个韩村河人都成为良好生态的建设者、保护者和维护者。

除了从基础设施、绿化等方面强化生态建设,韩村河还把生态理念贯穿于生活的方方面面。党的十八大以来,党委书记田广良带领村民把打造"生态韩村河"作为提高韩村河发展质量的一项重要内容。2021年,田广良制定了韩村河村五年发展规划,提出促进韩村河村经济社会发展全面绿色转型,建设人与自然和谐共生的现代化乡村,从加强村域空间布局统筹规划、打造效益显著的绿色生态产业集群、优化韩村河村基础设施和公共资源布局、积极拓展绿色生态空间等方面进行全面部署。美丽的生活环境为韩村河聚集了越来越多的人气,也为这里带来了更多繁华热闹的气息。每到周末,十里八乡甚至河北涿州等地的商贩纷纷前来摆摊设点,韩村河大集逐渐形成,规模日益扩大,高峰时达上万人。

能人带动谋发展 沧海桑田换新颜

——江苏省常熟市蒋巷村调研

一、蒋巷村发展历程

蒋巷村，江南水乡一颗璀璨明珠，位于常、昆、太三市交界的阳澄水网地区的沙家浜水乡，东濒上海、南临昆山、西接苏州、北依常熟，处于苏嘉杭、沿江、苏州绕城等高速公路的环抱之中。

40多年前，蒋巷村是一个"小雨白茫茫，大雨成汪洋"、穷山恶水、血吸虫流行且偏僻闭塞的苦地方，民谣唱："蒋巷泽坞锅底塘，十年九涝一旱荒，泥垛墙、茅草房，树皮草根拌青糠。"在常德盛当选村支书后，他带领全体党员和村民，让这片十年九涝的烂泥地，变成了"改革开放以来的现代化新农村、幸福生活新家园"。今天的蒋巷村一、二、三产业协调发展，每年村集体收入超过2000万元，其中旅游收入就超过了1000万元，集体总资产超过10亿元，村集体收入累计达到3.6亿元，村民人均收入6.05万元，人均社区股份制分红1万元。

（一）农业起家

1966年9月30日，常德盛当上了蒋巷村的大队长。面对饱受血吸虫病困扰、吃饭成难题、娶不到媳妇的村民，常德盛喊出了"穷不会生根，富不是天生！天不能改，地一定要换！"的口号，开始带领全体村民实施规模宏大、持之以恒的治水改土工程。在常德盛和大伙的不懈努力下，大家齐心挑担填土，把千亩低洼地硬生生地填高了一米，大伙儿逐渐吃上了饱饭。

（二）工业发家

无农不稳，无工不富。在解决温饱问题后，蒋巷村不再满足于农业"样板村"的现状，常德盛还想着让大伙的口袋鼓起来。蒋巷村在建设社会主义新农村的过程中，一手抓农业高产高效，一手抓工业繁荣发家，实现了工农业齐头并进、比翼双飞的良好态势。

20世纪80年代以来，正好赶上改革开放的春风，常德盛决定向富裕乡村学习，办企业。他们白手起家，自筹资金，自寻门路，发展建材加工业。1992年12月，常盛轻质建材厂成立，不仅填补了江苏省建材市场的空白，后来还成为华东地区最大钢结构生产基地之一。1993年至2003年的这十一年间，常盛集团实现了跨越式的发展，产值、销售、利润均以每年40%的速度递增，为蒋巷村之后的建设奠定了良好的基础。蒋巷村也走上了工业富民的"财富拐点"。

（三）旅游旺家

进入21世纪，村民的口袋鼓了起来，常德盛发现生态旅游成为新的经济增长点。蒋巷村党员干部创新开发农业旅游，将"农"字文章做得更大、更深、更优、更活、更加富有魅力。蒋巷村全面调整种植结构，依靠工业反哺，先后投资上亿元，开河挖渠、建桥铺路、造楼修亭，重点打造常盛工业园、农民新家园、村民蔬菜园、蒋巷生态园和千亩无公害粮油生产基地，即"四园一基地"的五大主要板块，以及江南农家民俗馆、农艺馆、综合科普馆、村史展览馆、中小学生体育锻炼基地等附属参观游览区域。借助沙家浜红色旅游及周边旅游风景区的辐射效应，推出新农村考察游、中小学社会实践游、农家乐趣游、田园风光游和休闲生态游等五大旅游项目，并建有蒋巷宾馆、度假村、医疗站等配套服务设施，受到了社会各界

❶ 蒋巷民居

的青睐，实现了经济效益、生态效益和社会效益三赢。2019年，蒋巷村投资约4000万元，建成常熟第一个省级特色田园乡村。引入专业团队打造"嘎嘎部落"亲子乐园，探索"党建+旅游"发展新模式，"旅游旺家"的路子越来越宽。2019年，蒋巷村旅游年收入达到了1000多万元，成功入选首批"全国乡村旅游重点村"，成为各地游客心中的诗与远方。

截至2020年蒋巷村60岁以上老人229人，占户籍人口的26.1%，是典型的中国经济发达地区农村老龄化社会。2020年，蒋巷村投资4000万元建成拥有260张床位、医养结合的养老护理院。为让村民的精神生活也"富"起来，村里建成图书馆、电影院、科普馆、远程教育中心，开展"读书学习先进家庭"评选，实现从农业起家、工业发家、旅游旺家到生态美家和精神传家的转变。

二、蒋巷村发展经验

纵观蒋巷村的发展历程，就是不断解放思想、创新发展的过程。特别是党的十八大以来，蒋巷村在产业发展过程中，根据自身特色，不断探索新路径，加大了调整结构的力度，为一、二、三产业协调发展注入了新的内容，实现了一、二、三产业协调发展，真正做到了高质量发展。在农业方面从追求产量到追求高效高质，实

❶ 蒋巷村湿地花园

现生态有机发展；工业领域，转换思想，通过加强服务推动企业转型升级；旅游产业上，从过去单纯以参观为主，到现在扩展到食宿等各个方面，推出了民宿服务，真正实现了旅游产业的提档升级。

农业一直是蒋巷村的根基。尽管这里的工业年产值已经超过10个亿，但在这里看不到连片的工业厂房蚕食农田的景象，蒋巷村的耕地不仅没有减少，反而在居民新村全部竣工后，新增了复垦土地200多亩。在科学发展观的指导下，蒋巷村在稻米产业链上集成了多项技术，实施"储粮于田"的沃土工程，通过拆除旧村巷、复垦复耕、配套建设现代化水利设施，对全村农田进行彻底改造，按生产需要调整了布局，建成了连片的近千亩优质生态粮食生产基地，分别由本村16户种粮大户承包，实现了集约化经营、标准化生产、机械化耕作、生态化种植。直到今天，蒋巷村仍然是全省人均向国家出售粮食较多的行政村之一，是苏州最好的"米袋子"和农业上一面不倒的旗帜。

村党委书记常德盛怀着"天不能改，地一定要换""穷不会生根，富不是天生"的信念，50多年如一日，扎根农村，致富为民，以坚韧不拔的毅力和全心全意为人民服务的宗旨，带领党员干部、村民员工，团结拼搏、务实创新、艰苦奋斗、敬业奉献。正是这种强大的精神动力，鼓舞和引领着穷山恶水的百姓一步步建起小康殷实之家，实现强村富民、共同富裕。在常德盛这名老党员的带动下，蒋巷村108名党员人人争先、个个向上，成为蒋巷发展的"主心骨"。2021年3月村"两委"换届后，蒋玉英成为新的当家人，老书记常德盛任党委第一书记。新老书记更替，赓续荣光，蒋巷村要奋力在新时代乡村振兴中走在前列。

蒋巷村党委书记常德盛和他的领导团队，善于将科学发展观的思想渗透到各个环节和各个领域。在农民劳力与人才的使用上，他们扬长避短、量材录用，坚持"宜工则工、宜农则农、宜商则商、宜副则副"的用人政策；在工、农业发展的关系处理上，做到发展以粮食为主的农业产业来"以农哺工"，然后又在工业发展的基础上"以工业反哺农业"，进而创新开拓农业生态旅游产业；在经营方式上，三大产业均由传统的、粗放的经营方式，变成现代的集约型经营方式，最终形成省级和国家级的工业园区、鳞次栉比的别墅楼群区以及优化的生态旅游区与绿化林带区，打造了一片如诗如画的现代农村新景观。

"农民最大的梦想是过上城里人的生活，蒋巷要圆这个梦。城里有的，村里都要有；城里没有的，村里也要有。"对于农民的梦想，常德盛有很深的情结，为了这

❶ 蒋巷村千亩良田机械化种植

⊕ 第一书记常德盛（右）查看田间水稻长势

个梦，他带着乡亲们奋斗了几十年。2020年1月，蒋巷村最新版《村规民约》出台，共六大块内容39项具体条款。全村营造和谐融洽的氛围，实现"绿色蒋巷，优美蒋巷，整洁蒋巷，和谐蒋巷，幸福蒋巷"。蒋巷村从2008年起发放股份分红，每股股值逐年增加。2021年度每股股金达1万元，村委会向945名村民发放共计762.3万元股金。从最初的300元增加至现在的1万元，村里刚出生的孩子也能拿到分红。

如今的蒋巷村，先后被评为全国十佳小康建设红旗村、全国文明村镇建设先进村、国家级农村现代化示范村。2022年蒋巷村凭借自身良好的生态成效与扎实的生态功底，入选首批省级生态文明建设典型及生态文化宣传示范点。村书记常德盛也当选为党的十八大代表，并被评为全国优秀共产党员、全国劳动模范、全国乡镇企业家、全国"创业之星"、江苏优秀基层党组织书记、江苏首批"百名示范"村书记。

2022年，蒋巷村结合常熟市农业农村重大项目规划，在发展清洁能源上下功夫，联合中国电力打造全省首个"零碳乡村"。为塑造"光伏+景观"新样板，助力实现"双碳"目标，未来，蒋巷村将继续推广"光伏+"融合项目，形成多元互补模式，实现发电收益和农林牧渔效益的共赢。 新时代的鱼米之乡，这是手捧黑土、脚踩沃土的正在奋斗的一代，这是沐浴在阳光下快乐成长的下一代，连缀起一代接着一代干的征程，新时代的蒋巷故事正在发生。

三、蒋巷村发展启示

无农不稳，无工不富，无商不活。蒋巷村以农业起家，工业发家，旅游旺家。蒋巷村振兴乡村的经验表明，在乡村振兴中以村为单位的集体经济将会起着越来越重要的作用。其中村集体，尤其是村党组织是乡村振兴的核心。担任了50多年村党委书记的常德盛同志，不仅是集体经济的带头人，也是乡村振兴的带头人。村书记常德盛提出，实施乡村振兴战略，要推动乡村组织振兴，要打造坚强有力的农村基层党组织，而且要培养优秀的农村基层党组织带头人。蒋巷经验显示，有了组织带动，乡村振兴大业就有了"顶梁柱"。另外，人才是乡村振兴的关键因素。开展乡村振兴工作，要培养、吸引、留住人才，解决农业人才断档问题，缓解农村"空心化"矛盾，夯实乡村振兴的人才基石。

首先，作为村庄带头人的村干部在村庄发展中发挥着至关重要的作用，他们具有冒险、探索、创新、奉献精神，具有突出的市场洞察力、组织领导力、感召力、亲和力、专业精神、市场意识、经营管理能力，还拥有丰富的社会资本与社会网络，能够突破传统发展路径，整合村庄分散资源，建立共同发展的意愿、推动集体行动达成，进而促进农村集体经济发展。

其次，在如何发展上，能人型村干部摒弃了传统分散经营发展路径，把村庄作为一个整体去"经营"。整合分散资源、培育产业是促进农民增收与农村集体经济发展的根本途径。在对村庄资源清产核资的基础上，探索农村集体经济的有效实现路径离不开对产业的培育。而产业的发展，一是需要企业化运作，二是发展要面向市场。只有在该过程中，村干部企业家才能在村庄发展中发挥独特作用，尤其针对品种选择、风险防范、市场进入、提升附加值等，普通农户很难具备解决这些问题的能力，村干部则可利用自身优势与资源化解。

最后，村庄发展需要坚持农民主体地位，村干部带动村庄发展发挥了村集体和农户的优势，实现了真正的统分结合。通过转变农户发展观念、引导参与产业促进集体行动意愿达成，集体经济发展与乡村有效治理相互促进。村庄发展也带动村庄人才回流、返乡创业，吸引更多资源进入村庄。

弘扬优良传统 打造村庄品牌

——山西省昔阳县大寨村调研

大寨村位于山西省昔阳县，是大寨精神的发源地。20世纪五六十年代以来，大寨进行治山治水，在七沟八梁的一面坡上开辟层层梯田，并通过引水浇地改变了靠天吃饭的状况。大寨以艰苦奋斗的作风、向天争路的气概，创造了"农业学大寨"的宝贵精神财富，在战胜三年自然灾害、解决国人吃饭问题上发挥过重要的作用。逐渐，"农业学大寨"的口号响彻全国，成为全国农业的一面旗帜，为几代人留下了不可磨灭的文化记忆。

一、村庄传承 大寨精神

"大寨精神"是20世纪五六十年代中国国情与时代发展锻造出的宝贵精神。周恩来总理1964年在《政府工作报告》中对大寨精神的总结尤为经典："政治挂帅，思想领先，自力更生，艰苦奋斗，爱国家、爱集体的共产主义风格"，再精简概括则为八个大字——"自力更生，艰苦奋斗"。纵观近现代中国乡村发展史，大寨是新中国成立以后中国农村发展变迁的一个缩影，承载着中国农民追求温饱和富

❶ "自力更生，艰苦奋斗"的大寨人

裕生活的梦想，对中国农业农村发展的贡献不可替代。

大寨党支部的有力领导、大寨人的强烈集体意识，以及积极向上、不畏艰辛的昂扬斗志，构筑了大寨人的自力更生、艰苦奋斗革命精神。大寨人通过艰苦奋斗、治山治水，立足农业生产、依靠集体力量，大力发展农田建设，制定出十年造地规划，解决温饱，改变了大寨的落后面貌。从1953年开始，大寨村民历经数十年时间，发挥愚公移山般的艰苦奋斗精神，在艰苦创业的实践中培育出了大寨精神。1963年，当大寨村民面临洪灾时，他们做到了"三不要"与"三不少"，战胜了自然灾害。在缺乏农业机械设备以及技术人才的情况下，大寨村民却创造出一系列农业生产方法，他们的粮食亩产，1952年为237斤，1962年增加到774斤，1963年虽然遭到很大的水灾，但仍然保持在700斤以上。此外，大寨人不仅敢干、能干、苦干，更讲方法、讲策略、讲效率。1960年起，大寨人逐步创立出一套"一心为公劳动、自报公议工分"制度，也就是大寨式评分记工办法。其指导思想是始终坚持"各尽所能，按劳分配"的社会主义原则。

大寨村作为新中国成立以后中国乡村发展变迁的缩影，承载了几代农民实现"国家富强、民族振兴、人民幸福"的中国梦。进入新时代，尤其是2017年党的十九大报告提出乡村振兴战略以来，大寨村在党的十九大精神指引下，更加团结一心，

❶ 大寨村内"农业学大寨"题字景观

奋力拼搏,以转型发展为主线,继续发扬自力更生、艰苦奋斗的精神,团结带领党员群众抓机遇、谋发展,逐渐探索出一条开放、文明、富裕、和谐的科学发展之路。先后被中组部评为"先进基层党组织",被国务院文明办评为"精神文明村",多次被山西省委省政府评为"新农村建设先进村",被全国"村长"论坛组委会评为"中国十大名村"。如今的大寨,小有教、老有养、考有奖,看病不出村、就业不出门、年年有分红、生活有补贴,群众获得感、幸福感、安全感进一步增强。大寨特色的乡村振兴实践路越走越宽阔。

二、与时俱进 开拓创新

在艰苦困难的时期,大寨村民团结一致,自力更生,改变了家乡落后的面貌,人们的生活也越来越好。新时期,大寨村民又秉承优良传统,抓住时代趋势,凭借发展经验,继续发扬艰苦奋斗的精神,推动大寨村在时代发展中焕发出了新的活力。

(一)加强党的建设,重视乡风文明教育

乡风文明是实现乡村振兴的精神支撑,为建设社会主义新农村奠定了文化基础、提供了人才保障。近年来,大寨村不断加强教育工作,修建小学、中学,解决村里学生上学难的问题;增加学习补助,缓解经济困难家庭的压力;鼓励学生考取大学,实行大学生奖学金制度。在移风易俗上,大寨村逐渐减少婚事丧事大操大办、盲目攀比、铺张浪费等现象,勤俭节约的新风尚蔚然成风。关于乡村振兴战略,大寨村党总支书记郭凤莲认为首先要转变思想,让乡村振兴的劲往一起使,"落后思想不转变是乡村振兴很大的阻碍。小农意识必须要转变,要通过教育让他们的思维踏着时代的节奏走,那样农村就能发展得更快"。

而加强党的建设则为"大寨"新发展提供了新动能。大寨人说:"我们这儿流行一句话叫'大寨人不误新闻',习近平总书记重要讲话、党中央方针政策,党员群众不用多久一定全部晓得。"积极主动关注和聆听党的声音是加强党的建设的第一环节,这充分体现了大寨村党组织增强"四个意识"、坚定"四个自信"、坚决做到"两个维护"的政治自觉,并推动形成了大寨人"听党话"的思想自觉,进而产生了大寨党员群众落实党中央决策部署的行动自觉。加强党的建设最根本的作用就是党的号召"一呼百应",党的要求不折不扣地落到实处。正是加强党的建设,为"大寨"新发展提供了新动能,让大寨人能完整准确把握新发展阶段、贯彻新发展理念、构建新发展格局,推动了大寨经济社会高质量发展。

(二)发展商品经济,打造大寨品牌

挖掘大寨精神内涵,要上升到文化层面来思考。大寨精神是大寨文化的集中体现,它所涵盖的内容是中华文化的重要组成,与之一脉相承。20世纪90年代,二次创

❶ 大寨河山

业的大寨村成立大寨集团，村集体经济打了翻身仗，"大寨"品牌也站住了脚。大寨新党支部确定"发展商品经济、非农兴村"的思路，并成立大寨经济开发总公司，大寨开始了顺应改革开放潮流的二次创业。2008年，大寨年产值达到3亿元，人均年收入1万多元，经济总收入比1980年增长1400多倍，人均收入增长54倍，上缴国家税金1791.4万元。大寨村党总支书记郭凤莲说："'大寨'品牌是大寨村发展的无形资产，这个无形资产来源于大寨几代人的自力更生，艰苦奋斗，是用汗水换来的；也来源于党中央对大寨的信任，对大寨人的关怀和期望。无论什么时候，'自力更生，艰苦奋斗'的精神都不能丢。"大寨羊毛衫厂是大寨经济开发总公司旗下的第一家企业，之后又建了大寨制衣公司、水泥厂、酒厂、农牧公司、旅游公司以及核桃露厂等，大寨的集体经济有了长足的发展。

与此同时，大寨村党组织不忘初心和使命，在发展壮大集体经济的同时，不断推动个体经济发展，"一花独放不是春，百花齐放春满园"，让更多的农村家庭共享发展成果，走上共同富裕道路。大寨村党总支与周边25个村党组织结成联帮联带对子，在昔阳县开富村带穷村的先河。村党总支书记郭凤莲强调："大寨的发展得益于党的改革开放政策，大寨不能致富后忘本，帮助更多农村、农民更好发展是我们的责任。"在大寨村的带动和帮助下，周边村向大寨看齐，大力发展特色优势产业，跟上了时代发展步伐。正是实现共同富裕，为"大寨"新发展锚定了新目标，让大寨人以新担当挑起了共同富裕的时代重任，推动了以大寨为中心的区域经济社会高质量发展。

乡村振兴战略提出之后，大寨村继续发挥厚积优势，奋勇争先。如今更是在继续传承大寨精神、传扬大寨文化的基础上，逐步形成建材制造、煤炭发运、旅游开发、饮品加工、新农业科技开发、服装、养殖等7个产业。在多年来的积累和积淀下，大寨村的集体经济进入了良性发展轨道。2020年村集体资产突破2.5亿元，集体经济收入达到2300万元，农民人均纯收入达到了2.4万元。

（三）改善人居环境，升级绿色产业

"绿水青山就是金山银山。"大寨经济社会的高质量发展同时不能少了绿水青山。党的十八大以来，经济转型升级、高质量发展成为主旋律，大寨村党组织积极响应习近平总书记提出的绿色发展理念，迅速推进退耕还林、关闭旧厂。大寨人摆脱了旧桎梏，依托生态优势，深挖绿水青山这座富矿，将梯田集体统一管理，坡地、梁地退耕还林，并以维修、养护、环境保洁等岗位解决了村民就业问题。同时形成了以大寨为龙头的"一点三线"文化旅游格局，集体经济再度壮大，加速了奔向共同富裕的进程。正是坚定绿色发展，为"大寨"新发展指明了新路径，让大寨村焕发出新的生机和活力，赢得了经济社会高质量发展。

生态宜居的核心要素包括乡村自然生态环境、生活类基础设施建设和运行维护、乡村特色文化传承。据调查，在乡村自然生态环境方面，大寨村进行水、路、田综合整治，实现退耕还林，在虎头山上复植几十公顷的山林，森林覆盖率达到67%。在生活类基础设施运行维护方面，大寨村着力进行旧村改造，推进新村建设。在乡村特色文化传承方面，大寨扩建文化展馆，修建文化广场，举办"申奥联会""激情广场"等大型演唱会。如今大寨已经成为一个优美的公园山村。层层梯田庄稼葱绿，池水波光旖旎，人造森林郁郁葱葱，处处果园硕果累累。大寨村窑洞整齐，街道干净、清洁，人民热情好客。

（四）挖掘当地特色风貌，打造乡村旅游产业

大寨以全域旅游为抓手，推动大寨二次崛起，重振农业大寨老精神，开创乡村振兴新路径，将农业文化遗产转化为新的动力引擎。大寨的交通、通信等基础条件已经大有改善，是一个成熟的农业旅游区。大寨相继开发了民族团结林、知青林、军民池、周恩来休息厅、支农池、联建池、老英雄墓地、郭沫若诗碑、孙谦纪念地、大寨展览馆、团结沟渡槽、大寨文化广场、大寨文化展示馆、大寨梯田（狼窝掌）、大寨生态园，开放了大柳树、火车皮式窑洞、大寨新居、周恩来住址等旅游景点。

新建的大寨农耕文化园和美好之家生态餐厅，是农业现代化的展现，农业与旅游业相结合，形成了绿色的发展方式，村民大部分都进入了农业和旅游业的行列之中。大寨村的这种精神文化并不是与生俱来的，而是通过人们的长期生产生活形成的，因此这种精神更容易激发当代人的热情，不断传承农业农耕文化的精髓，有利于积聚乡村振兴的精神源泉，扎实推进乡村振兴战略的实施。

2019年，大寨村入选第一批全国乡村旅游重点村名单。同年12月国家林业和草原局评价认定大寨镇大寨村为国家森林乡村。2020年，大寨镇入选晋中市五地一产入市改革的首批试点，确定了"一点二线三片"发展思路，其中的一点，就是要以大寨村为中心点，抓住狼窝掌体验园开工建设的有利契机，进一步擦亮大寨红色旅游名片。

（五）多维产业融合，行稳致远促发展

关注"三农"新变化、敢想敢干、开放合作是郭凤莲给新大寨奠定的发展基调。她说："村子自己发展产业是一方面，借助企业的带动作用，通过它们整合村里的优势资源，由企业带着农民干，也是打造村庄的一种方式。"实施乡村振兴战略，产业兴旺是重点。如今，大寨村由20世纪60年代单一的农业生产逐渐转向多元化的产业发展。例如，大寨村在农业种植上主要分为三部分，大寨产粮大户承包经营土地种植玉米、大寨大队承包经营土地试种果树、个人经营土地种植蔬菜。在工业发展

❶ 大寨村风景

❶ 今日大寨是郭凤莲（左三）书记和"两委"班子带领村民"干"出来的

方面，大寨村大力建设酒厂、水泥厂、制衣厂等。在旅游发展方面，大寨村兴建了大寨展览馆等旅游景点，村民因地制宜开设商铺进行分红。

大寨的二次创业与市场接轨，符合改革开放与社会主义市场经济发展的要求，不是单纯依靠农业，而是调整大寨经济结构，通过引进资金、引进人才、引进技术来实现农林牧副渔合理规划。这一调整推进第二产业蓬勃发展，推动以旅游业为主体的第三产业的兴起，实现单一农业经济走向产业融合发展道路，大寨品牌的资产价值与日俱增。大寨以旅游经济为重点，以市场需求为导向，积极谋求多元发展，再次实现了大寨村的腾飞，被山西省政府评为"新农村建设先进村"，被全国"村长"论坛组委会评为"中国十大名村"。

三、大寨村振兴启示与展望

大寨曾经是举世闻名、举国瞩目的响亮名字，如今在乡村振兴战略思想的引导下，大寨村在通往振兴之路上取得了初步成效，但仍面临着一些困境。为了实现全面振兴，大寨村应在产业发展、生态保护、基层党组织建设和乡风文明教育等方面寻求出路。比起没品牌或者白手起家创品牌，大寨村的方向更明确、条件更优越，这是大寨独具的宝贵财富。这笔精神财富不会因为时间的推移和环境的改变而失去其价值。在改革开放新的历史时期，大寨人丰富、发展了大寨精神，以与时俱进，开拓创新，立足当地优势，合理调整产业结构，强化大寨品牌优势，实现大寨发展的新飞跃。

未来，应进一步挖掘大寨精神内涵，从文化层面来思考大寨精神的意义。大寨精神是大寨文化的集中体现，它所涵盖的内容"自力更生，艰苦奋斗"是中华文化的重要组成。以大寨精神为核心原动力，以乡村振兴战略为突破口，以生态绿色为资源依托，突出精神凝聚为核心，复原大寨精神经典场景，文旅融合、全域联动，以培训教育、红色传承、生态休闲、乡村民俗、康体体验为特色，打造集培训互动、森林康养、红色基因、乡村休闲、户外体验、文化体验于一体的新大寨。

三次创业走向共同富裕的工贸强村

——江西省南昌市湖坊村调研

我国的改革是从农村开始的。1978年11月，安徽省凤阳县小岗村开始实行"农村家庭联产承包责任制"，拉开了我国农村改革的大幕。乘着浩荡春风，神州大地涌现出一批又一批亿元村，乃至十亿村、百亿村、千亿村，它们因改革而生，因创新而兴，为实现共同富裕贡献着一个又一个鲜活样板，成为中国村庄发展的时代先锋。江西省南昌市青山湖区湖坊村就是在这样的背景下，瞄准当时的市场需求，下定决心用仅有不足万元的集体资金大胆创立村办企业，历经三次创业，不断创新发展，由一个贫困落后的城郊村庄发展成为年产值近30亿元的工贸强村。

一、湖坊村基本情况

湖坊村地处南昌市上海路中段，隶属青山湖区湖坊镇，辖区面积0.86平方公里。全村下设8个村民小组，765户3521人，外来人口上万人，全村固定资产26亿元。2021年，湖坊村完成年总产值28.2亿元，上缴国家税金7382.6万元，实现村级收入4582.65万元，村民福利费用发放1306.69万元，人均年收入2.05万元。1984年起，湖坊村在老书记魏牛庚带领下，从开设造纸厂，到创办制药公司，再到建设湖坊工贸城，历经三次创业，走出了一条发展集体经济、村民共同致富的好路子，将一个远近闻名的穷苦落后村庄建设成为江西省名列前茅的工业强劲、商贸繁荣的经济强村，相继获评为"江西省文明村""全国百强村""中国十佳小康村"。

二、三次创业历程

20世纪80年代初的湖坊村，仍然挣扎在贫困线上。村民人居环境恶劣，只能困守土坯房，在每日一顿干饭、一顿稀饭两餐饭的艰苦条件下，梦想就是每餐都能吃饱。收入来源除了简单的种植业，就是剖竹篾、编棚席的传统手艺。村民农忙时播种收割，农闲时剖篾编席，以此养家糊口。因此，当地也一直流传着"湖坊穷又穷，到

❶ 湖坊村办公楼

处是茅棚""田上荡呀荡，一定要挣根冰棒"的顺口溜。村集体经济也在全镇24个行政村中倒数第一，没有任何社队企业和经济基础。大队书记无人敢当，一直由公社委派，书记换了一茬又一茬，无法形成稳定班子，群众缺少主心骨。

1980年冬，经时任大队书记胡年根同志推荐，湖坊公社任命魏牛庚为大队长，全面负责湖坊大队经济工作。几经思索，魏牛庚决定挑起这副担子，开启艰苦创业历程，带领当时有2800人的贫困村踏上发展之路。

湖坊村的发展历程基本可分为三个阶段：20世纪80年代，白手起家，艰苦创业，发展了一批村办企业，湖坊村由贫穷到温饱；20世纪90年代，高起点谋划发展，企业向高科技领域进军，湖坊村迈入富裕之门；进入21世纪，突破经济发展单一格局，工商并举，村级经济多元化发展，湖坊村逐步走向现代制造业和服务业并举的强村之路。

（一）创建村办企业，实现村民从贫穷到温饱

魏牛庚上任村党总支书记之初，村民人均年收入仅百元。他认识到没有村办企业、缺乏集体收入，是湖坊村的穷根所在，要斩断穷根过上好日子，创办村办企业是首要之举。通过多方考察和集体论证，湖坊村决定先创办一家造纸厂。针对从未面对过的设备、资金、技术、厂房等难题，村"两委"利用一切资源，逐一破解。

⊕ 湖坊村工贸城一隅

为节省建厂房运输材料的费用，魏牛庚带领党员干部从几十里外的梅岭脚下运来几百立方米石料；为了采购一套设备，魏牛庚8次去河南厂家做工作，最终预付2万元现金赊账8万元买来设备；为了聘请技术人才，他到山西技术员家多方做工作；为了节省成本，他甚至去江西造纸厂的废料里翻拣机器零件。在机器试车时，由于设备问题，魏牛庚的一条腿被皮带盘碾压成了粉碎性骨折。在克服重重困难后，江南造纸厂正式进入生产运营，湖坊村收获了出自土地之外的第一桶金，给土里刨食的湖坊村村民带来了希望。

造纸厂产品"白猫牌"高级卫生纸先后荣获江西省、南昌市科技进步奖及全国博览会银质奖。村集体有了资金的积累，又先后创办了赣江摩托车配件厂、时代印刷厂、味思饮料厂、华泰大酒店等10多家村办企业。

（二）进军高技术产业，湖坊村迈入富裕之门

完成了原始资本积累后，湖坊村开始进军高科技产业，投资2000万元筹建了江西东方制药厂。该厂1991年投产，年产值超亿元。其主导产品"东方牌"注射用氨苄青霉素钠被评为全国乡镇企业名牌产品和江西省首批名牌产品。1992年，湖坊村与港商合资，投资4500万元创办了年产值超亿元的江西东方力可生制药有限公司。这两家现代制药企业，带动了村集体经济的快速发展。1993年，湖坊村被列入江西省首批"亿元村"，村里固定资产增至1.9亿元，年产值3.2亿元，上缴国家税金600余万元，全村人均纯收入3850元。从此，湖坊村迈入了富裕之门。

（三）多元化发展，湖坊村踏上强村之路

进入21世纪以来，随着南昌市的工业化进程的推进，湖坊村突破制造业局限，利用城中村的集体建设用地的优势资源，建设湖坊工贸城，主动承接沿海发达地区产业的梯度转移，为湖坊村发展外向型经济搭建了平台。

湖坊工贸城占地面积300余亩，投资1.2亿元，共建有标准厂房76幢，总建筑面积18万多平方米。工贸城整体布局美观新颖，水、电、气、通信等设施完善，集生产生活、休闲娱乐、会议接待、餐饮购物于一体，银行、税务机构均入园为入驻企业提供优质服务。利用这一优势，工贸城先后引进企业70多家，安置就业1万多人，目前湖坊工贸城已形成了轻纺服装、印刷包装、化工医药等产业集群，成为全省村级规模最大、环境最美、服务最优、效益最高的产业基地，被列入全国十佳工业园——南昌民营科技园的园外园。

依托现有产业优势，湖坊村确立了"工业强村、商贸立村、招商兴村、生态美村"的战略目标，抓住机遇大力发展第三产业。南昌市在城市基础设施建设中，将湖坊村道路与城市贯通。"两委"一班人决定借势而上，出资4000多万元，在村域范围内的上海路上做文章，投资打造了上海路商贸休闲景观一条街，街道商铺达5万多平方米，吸引众多商家入驻，如南昌市著名商家洪城大厦、迪欧咖啡等众多餐饮服务企业，既繁华了街道，又拉动了消费，更聚集了人气。随后又投资800多万元，改造玉带河宾馆，使其达到三星级标准，让游客和市民不出村就能享受购物、休闲、住宿一条龙服务。

2012年，湖坊村先后共投资1.2亿元兴建了江西省村级首幢30层大楼和5栋小高层

❶ 湖坊村龙泉山庄

建筑的"幸福家园"农民公寓；投资1500万元兴建了村民度假休闲中心——梅岭龙泉山庄；投资1.1亿元兴建了四星级"南昌锦湖大酒店"项目，并开业经营。这些多元化的发展，促使湖坊村踏上强村富民之路。

三、股份制改造，发展成果村民共享

2018年7月，湖坊村为进一步优化村各类要素市场配置、盘活村集体资产、防止集体资产流失、培育和壮大村集体经济、增加村民财产性收入、实现发展成果村民共享，遵循《中共中央国务院关于稳步推进农村集体产权制度改革的意见》等相关文件，在上级政府以及相关部门的指导下，探索性地开展了村集体资产股份制改造。

首先，厘清家底。湖坊村成立湖坊村股份经济合作联合社，制定了章程，举行村民大会，以举手表决的方式通过了湖坊村股份经济合作联合社章程和社员人数，选举产生了组织架构成员，包括湖坊村股份经济合作联合社理事会、监事会候选人名单。在确保公平、公开、公正的原则下，厘清家底。经过多年的发展，湖坊村除流动资金外，固定资产包括：工业园区及厂房，配套商业服务区、娱乐休闲区；玉带河宾馆和锦湖大酒店；时尚街购物中心，解放路、上海路、顺外路商业店面；梅岭龙泉山庄

⊙ 村民住宅楼——锦湖花园小区

等。将家底向村民公开，让村民做到心中有数。

其次，规范制度。湖坊村股份经济合作联合社在厘清家底的基础上，进行清产核资、成员身份确认、资产量化、股权设置、章程制定、组织机构成立等工作。湖坊村依据有关规定，将符合成员资格的"出嫁女"纳入成员范畴，成功解决"出嫁女"股权争议问题，同时，通过股权固化，摸索出了一条村民股东化、农民市民化的农村城市化的新路子。

2021年11月，经湖坊村党委研究并通过村民代表大会一致同意后，实施了股份制改革经济合作联合社的第一次股份分红工作，村里给765户共2734名村民每人发放1000元，共计273.4万元。通过股权分红，村民凭持股额度享受到了集体资产的收益，让村民真正共享改革红利，让共同富裕惠及每一位村民股东。

四、强化福利保障，夯实共同富裕内涵

（一）"三个一"工程建设幸福湖坊

湖坊村经济发展取得了长足进步，也就有了提升村民幸福指数的条件。

现在，退休村民可以领取养老金，每年还被安排去梅岭村民度假休闲中心——龙泉山庄度假休养。在设立了和谐创建、助学奖金、困难党员救助、特困群众帮扶等专项基金的基础上，湖坊村又推出了保老育小助困的"三个一"的民生工程。对考入清华、北大等国内重点大学的村民子女重奖10万元，对百岁长寿的老人奖励10万元，设立了100万元的村民医疗二次报销基金，真正让村民享受到了老有所养、病有所医、学有所教的好生活。在建立居民退休养老、残疾人生活保障、医疗保险和教育助学等制度的基础上，提高保障待遇，村民退休金每人每月增长到300元，60岁以上老党员、退伍军人退休金每人每月另外增加50元；因公致残人员每人每月可享受100元至200元的生活补助，居民生活困难户可享受最低生活补助，困难居民因突发重病和意外事故均可享受救助待遇，以上项目每年总支出都在千万元以上。一系列补贴到位，让湖坊村村民老有所养、少有所乐、困有所助，过上了安居乐业有保障的幸福生活。

（二）"民声110"，打造和谐湖坊

为实现"民有所呼，我有所应"，湖坊村建立了"民声110"便民惠民服务站，让专职人员挂牌上岗并设立了党员服务岗，广泛及时收集群众诉求，随时随地为群众排忧解难，不断提高办事效率和服务水平。通过"民声110"，村民心声得以便捷上传，村民困难得以迅速解决，此举在全市广泛推广，并成为全区首创的一张响亮的民生名片。

同时，湖坊村还积极健全村级服务组织，使其成为和谐村居建设的重要支持和

❶ 清风小游园

参与力量。建立了湖坊村青年服务队、湖坊消防自救站、卫生清淘服务组、治安巡防队、法律咨询和村民创业指导等各类便民服务组织，定期组织和开展便民服务活动。

（三）加大投入，构建花园湖坊

为整治人居环境，推进生态宜居，湖坊村广泛开展了"做文明湖坊人、创花园湖坊村"活动，重点解决乱停乱放、乱搭乱建、乱扔乱倒、乱贴乱画等问题，重塑湖坊村形象。湖坊村先后投入1800多万元实施美化亮化绿化工程。全村新修了5条宽敞平坦的村级主干大道，并将道路硬化延伸到每家每户门口，新装了180多盏新颖豪华的路灯，修建了面积达1万多平方米的4个休闲草坪广场，重新规划铺设了全村排水系统、地下电缆和燃气管道，并与市政管道系统连接。拿出700万元的补助费，引导村民有效、有序地将民房整体改造。经过精心规划，用心打造，一个具有现代气息的文明新村展现在村民眼前：白天绿树环绕，花团锦簇；晚上华灯闪烁，流光溢彩，美不胜收。村民不仅享受了优美环境，房屋的租售价格也直线上升。

现在的湖坊村村民，虽然还是农民的身份，但生活却比城里人还要优越，家家都住上了30层的电梯房，每年还被安排度假休养。湖坊村还投资200余万元为8个自然村兴建了村民文化活动中心和图书室，购置了电视机、音响设备、棋类、乒乓球台、书籍等，丰富了村民和外来务工人员的文化生活。同时还积极支持开展文化和各项公益事业，全村书画笔会、电影晚会、文艺演出等文艺活动长年不断。

五、互助帮扶，拓展共同富裕的外延

党的二十大报告关于共同富裕有这样的具体描述："引导、支持有意愿有能力的企业、社会组织和个人积极参与公益慈善事业。"富裕起来的湖坊村和魏牛庚书记多年来一直参与慈善事业，推进社会公平与和谐发展。

针对灾区群众、失学儿童、特困家庭，魏牛庚经常不留姓名地慷慨解囊，如连续4年每年捐出9000元资助遂川县困难青年叶长水帮助其完成大学学业。

1997年，湖坊村为帮助省内偏远落后地区发展，出资20余万元，为全省上百个贫困村赠送全年的《人民日报》《江西日报》《农村百事通》等报纸杂志，并把省内100名贫困村的支书接来南昌参观学习，食住行一包到底。同年，因新建县猴子脑电排站溃堤，湖坊村心系灾民，先后两次共捐赠价值10余万元的药品。1998年，江西省遭遇百年一遇的洪灾，湖坊村又向灾区人民捐赠20余万元的药品和资金。2001年，资助全南县山区的八一垦殖场扶贫办学10万元。

2006年，当魏牛庚得知罗家镇霸桥村长期生活用水和行路难时，他立即提议，

❶ 湖坊村党委第一书记魏牛庚与村民在一起

🔴 湖坊村党委书记、村委会主任魏斌（右二）与班子成员在青创孵化基地工地现场

从村里拿出18万元帮助霸桥村实施了引水工程和修通了道路，使全村用上了清洁卫生的放心水、解决了行路难问题。

2021年，湖坊村与罗家镇秦坊村、新建县铁河乡结对帮扶，帮扶资金达20万元。与波阳县金源村结对帮扶，出资30万元帮助该村发展经济。在全省开展的"双百双千"活动中，湖坊村又出资43万元帮助南魏自然村整治村容村貌，主要用于全村路面硬化和排水系统改造。

六、经验与启示

（一）践行新发展理念，以实体经济为主攻方向

湖坊村在多年的发展过程中，始终将发展实体经济放在核心位置，致力打造现代制造业强村，做大做强园区经济，打造园区经济品牌。

以点带面，围绕实体经济这个重点，不断实现整体发展全面升级。结合不同时期的发展要求，从办实体入手，到扩展为商贸工业园区，再到优化服务业配套等一系列措施，发展思路清晰，目标明确。特别是在商贸园区发展过程中，着眼不同发展阶段，紧跟发展趋势，通盘谋划，坚持一手抓工业园区产业转型升级，一手抓战略性向外发展新兴产业，推动整体发展迈向数字化、智能化，不断做优做实，让产业整体发

展水平始终居于时代前沿。

招引结合，全链条推动园区企业高质量发展。在实践新发展理念过程中，村"两委"干部通过走出去、引进来的思路，多方面地学习研究，招商引资、腾笼换鸟，坚持把发展着力点放在实体经济上，着手引进更多层次高、竞争力强的工业企业，切实提升全产业链现代化水平，推进产业结构优化升级。在企业引入方面，依托省会城市发展要求，以科技含量高的企业为主要目标，引进电子商务、高科技智能设备、医药产业等新兴企业，不仅比传统企业有更高的经济效益，同时也大大减少对环境的污染。

着眼长远，超前规划，投资孵化面向未来的增长新动能，提升可持续发展水平。为提高区域创新能力，助力创新型试点区建设，推动全村收入实现翻番，不断优化湖坊村集体经济的发展，湖坊村投资建设青山湖区地标性建筑——湖坊青年创业孵化基地项目，吸引创新型企业入驻，全过程陪伴成长，旨在延伸园区产业链条，提高品牌价值，提升产业硬核实力，为湖坊村实体经济蓄势赋能，培育维持经济增长的后备力量。

（二）党政企一体化管理，"村产人"融合发展

近年来，湖坊村在村庄整体运营管理中，始终坚持党政企一体化，将全部人财物力和资源资产统一协调安排，实现高效运转。特别是在湖坊工贸城发展过程中，将村庄资源和工贸城的园区一体化管理。主要表现在，一是建立强有力的组织机构。把园区建设改造与村级发展战略相融合，做到领导到位、责任到人，形成以点带面、全面推进的工作格局。二是实现了管理和监督相融合。村级工业园区的资产清查、企业摸查、土地资源和建设现状调查等工作，全部纳入村级信息化平台管理，实行"一本台账一张图"，园区内的权属变动、合约变动、企业变动及改造提升进度等，在平台上公开，由监督部门全方位地跟踪督查。三是在党建过程中，坚持把园区企业的流动党员也纳入进来，创新党建形式，使党建和发展相互促进，不断增进党组织凝聚力和一体化管理内涵。

在村域建设和发展治理中，始终坚持产村人融合，同步提升，协调发展。在优化生产生活空间环境和布局方面，湖坊村依托良好的地理位置优势，打好建筑更新、功能完善、环境整治等"组合拳"，走好规划引领、综合改造、文化留存"三步棋"，不但改变了村庄面貌，而且提升了人居环境，让企业发展和职工工作生活的空间环境都得到了同步改善。通过村庄空间环境整治，湖坊村被打造成现代都市花园新村，发挥了名村效应，又吸引了更多优质企业入驻，两年时间引进企业56家，呈现出村庄和产业发展齐头并进的繁荣景象。同时，湖坊村还着力做好"村产人"经济利益协调发展，探索出区镇推动、村企协作、产村一体的"新路子"，推动形成城中村综合性改造、园区化运作的新模式，把"存量资源"变成"新兴资产"，不断壮大村集体经济，真正实现城中村改造的"村产人"共赢，立足做强存量、做优增量、做大总量、做高质量，建设现代化湖坊。

（三）融入城市规划，实现主动城镇化

城市快速发展导致城中村集体耕地消失和建设用地锐减，湖坊村也面临这样的现状。但这也是一个挑战、一次机遇。湖坊村一方面积极争取相关政策支持，另一方面不断地走出去学习一些发达城市的城中村改造经验。

第一，他们以村域规划为切入点，与城市整体规划有效对接，主动融入城市建设。投入资金修建村中道路使其与城市道路连接，再新建商贸休闲景观一条街，引入商贸经济，聚集人气，改造新建宾馆，留住外来人员，在村域范围内提供购物、休闲、住宿一条龙服务，为实现城镇化奠定基础。

第二，建设与村庄和城市配套项目，与城市发展同步推进。湖坊村通过路面硬化、休闲广场建设、村域环境美化、村级产业用房"面貌更新""腾笼换鸟"等措施，积极打造绿色生态空间，树立绿色发展理念，依托玉带河，营造"城中景，景中村"的城市生产生活新环境。维护绿色景观带，打造夜市新景观，形成与城市发展同步的新型商圈。

赋能乡村产业发展 服务乡村美好生活

——北京市昌平区郑各庄村调研

郑各庄村隶属北京市昌平区北七家镇，位于北京中轴线正北，南距天安门20公里，村域面积4332亩。1996年以来，郑各庄村在村办企业宏福集团的带动下，通过科学规划、产业引领，实现了城郊村的主动城市化，其由"村"到"城"的发展模式，被纳入哈佛大学肯尼迪政府学院课题案例。近年来，郑各庄村和宏福集团在乡村振兴战略的指引下，采取"走出去"经营策略，与很多地方开展农业、文旅、养老等多方面的合作，不断布局健康养老、现代农业、传统产业、科技孵化、文化旅游、金融投资等产业板块，积极为区域产业的发展赋智赋能，带动地方乡村产业高质量发展。

一、"主动城市化"：完成村庄原始积累，实现由"村"到"城"的转变

20世纪80年代，郑各庄村与许多农村一样"一穷二白"，生产条件比较落后，生活水平较为低下，村集体入不敷出。1986年，年仅20岁的黄福水，成为郑各庄村的村主任，为带领村民走出困境，他想尽办法带领大家创业致富。时值第11届亚运会的筹备阶段，各项场馆及基础设施建设纷纷上马，黄福水瞅准时机，带领同村的十几个小青年，凭借郑各庄村距离亚运村仅10公里的地理优势，加入轰轰烈烈的基建项目当中。他们购置了二手挖掘机等生产资料，组建了一支小型的土方施工队，从此，开启了郑各庄村艰苦创业的历程。1992年，乘着改革开放的东风，凭借着之前积攒的经验，郑各庄村从昌平区土石方市场起家，创建北京宏远机械施工公司，主动参与北京市的各个重大基建项目。1996年，宏远机械施工公司升级为北京宏福集团。风雨数十载，郑各庄村主动参与市场竞争，创新探索出了"村企分开，以企带村"的农村改革发展之路。

旧村改造有条不紊。基于前期工程项目的创业积累，郑各庄村具备了村庄改造

的物资条件。1995年,他们提出了"走工业化、城市化道路,实现共同富裕"的构想。郑各庄村依据北京市以及昌平区城市总体规划,结合本村所处的地理位置、资源状况、产业发展方向以及人文特征等要素编制了《郑各庄村21世纪生态庄园规划》,通过规划引领和确保村庄自主有序开发。彼时,宏福集团作为郑各庄村的经营实体,已经构建形成了一个以传统产业为支撑,以现代高科技产业为依托,以房地产开发、旅游、商业等为配套的经济体系。1998年起,郑各庄启动了旧村改造和产业园建设。由宏福集团主导郑各庄村的旧村改造,通过土地置换推动产业转型,完成了城市化改造的关键一步;村民土地流转后,宏福集团受村委会委托,负责集体建设用地的经营,在公司化运作的条件下,郑各庄村迅速地健全了产业结构,最终确定了郑各庄村的产业发展方向。

产业布局日趋完善。1998年至今,郑各庄村累计投资几十亿元,用于修路、改造中小学校及幼儿园、建配电站和污水处理厂;开发地热井,实现了温泉水、燃气联网入户;开通公交路线,配套商业服务设施以及绿化美化环境等。还建成一家三甲医院——北京新安贞医院。这些项目建设不仅满足了村民的基本需求,也为郑各庄村旅游、健康、养老提供了基本保障,在此基础上,温都水城、养老公寓、美丽乡村项目建设一步一个台阶,逐步构建起了郑各庄村优势产业集群。郑各庄村开创性地引进了北京邮电大学、中央戏剧学院、解放军艺术学院、北京电影学院等四所国内著名的高等院校,利用产学研模式,推动高校知识创新迅速转化为企业生产力,有力保障文旅项目、文创产品的整体创意水平。1999年,宏福集团成立了工业大院,通过开展招商引资,先后引进数百家企业,打造高科技自主创新基地。孵化基地建设不仅实现了产业集聚,也形成了人口集聚,除村民全部搬迁上楼外,入住住宅小区的还有本村企业员工、大中小学教师、周边农民,总人数达万余人。

新型社区逐渐建成。随着郑各庄村集体经济的发展壮大,农村社区的功能不断完善,社区和周边的环境不断优化。通过自主创建的高标准基础设施、文化活动载体,打造优良的教育环境和宜人的休闲场所,生产、居住、教育、休闲等功能区规划严整、布局合理、建设精致、景观幽雅、以水相隔、林荫覆盖,郑各庄村到处洋溢着现代城市的气息,实现了传统村庄向城市化的现代社区转型。村(居)民的生活方式从设施简陋的传统农村生活方式转变为设施完善、公共品提供充足的现代城市生活方式,村庄形态从以农业人口为主的传统村社转变为以非农业人口为主、城乡人口交融的城市型社区。

福利保障全面完善。宏福集团的发展带动了村民们的就业,全村居民都有稳定的工作、稳定的收入,到了退休年龄,都能领到退休金。村里70岁以上的老人,均可免费住进功能齐全的高档养老公寓,完全解决了农村老无所养的难题。为了解决人们看

○ 郑各庄村村貌

病难的问题，郑各庄村成功地把北七家镇社区服务站建在了身边，三甲医院的引入更是极大地方便了人们就医，让人民群众的生命健康得到了有效保障。郑各庄村加大教育投入，村民们的孩子从幼儿园到大学，学费一律由郑各庄村和宏福集团承担。为了鼓励孩子们努力学习，对学习出色的学生，村里还颁发奖学金，促使他们更加刻苦地学习知识，为国家和社会发展进步，以及郑各庄村的未来发展培养更多的人才。

二、"产业持续升级"：经营好村庄存量资源，实现"量"到"质"的提升

在由"村"到"城"的跨越式发展过程中，郑各庄村和宏福集团的产业经过多次升级，逐步形成了生活居住、教育科研、科技产业、旅游休闲产业四个功能板块，造就了宏福物业、文旅康养、宏福农业、宏福资本等四大产业集团。拥有温都水城、北京金手杖、宏福农业、宏福柿、戏剧之城等多个知名品牌，构筑起精品实力品牌矩阵。

（一）温都水城：聚焦特色水文化的京北休闲旅游度假区

温都水城是郑各庄村较早打造的品牌产品之一，其名称源自"温泉、郑家庄皇城、温榆河、城市梦"四位一体发展理念。品牌创立之初，郑各庄村聚焦发展特色水文化，围绕皇帝行宫旅游资源的开发，打造了蜿蜒全村七公里长的水系，四通八达，环绕万亩大社区。文旅康养的核心价值来源于得天独厚的地热资源，郑各庄村的

⬧ 温都水城

温泉井出水温度高达79℃，各种矿物质微量元素丰富，日可供温泉水上万方，围绕温泉水资源，配套发展了餐饮、酒店、会议、展览、娱乐等多种业务，形成了温都水城的旅游特色。2006年，温都水城获得了AAAA级景区驰名商标，成为北京市著名的休闲旅游度假区。

郑各庄村通过大型活动打响"温都水城"品牌的知名度，先后举办了红楼梦中人选秀、龙的传人、梦想合唱团等大型娱乐活动，成为京北一颗耀眼明珠。2020年初，为了更好地提升服务质量，提升游客的满意度与品牌美誉度，温都水城对原有项目进行全面的大型升级重建，引入了奥运级别的紫外线、臭氧净水设施，对全部场地做了专业化的防滑处理，进一步提高了水城的科技含量。2021年夏季，温都水城的水空间升级后重新开业，成为京北最受欢迎的"网红"旅游打卡地。

（二）养老公寓：打造专业化养老服务的"金手杖"

北京金手杖养老公寓是宏福集团旗下养老服务的专业品牌，养老公寓坐落于温都水城中心区，北京紫禁城以北龙脉的20公里处，北枕温榆河，南距北五环仅六公里，环境优美交通便利。2013年，金手杖养老公寓盛大开业，他们以大规模、全功能、候鸟旅居为特色，以活力养老、文化养老、健康养老、人性介护、科技养老为理念，满足老人社交、运动、美食、文化、健康和心灵的归属等多重核心需求。值得一提的是，经过郑各庄村和宏福集团的打造，温都水城已经成为一个开放式的大型社区，入住金手杖养老公寓可以尽享温都水城的诸多便利。在金手杖养老公寓，老人不但可以得到专业化养老服务，还可以尽享温都水城的水上娱乐、温泉理疗。老人住的公寓有连廊直接通到购物中心，去超市极其方便。此外，还可到旅游区观光，参加社区活动，享受自由、自在、自主的晚年生活。

金手杖养老公寓创立的全新养老生活方式开启了京城高品质养老的新篇章，其首创的"智慧型养老"模式，满足不同年龄段老人的养老需要，为了给老人提供更丰富多彩的业余生活，金手杖养老公寓根据会员兴趣爱好开设了多门精品课程，几乎每天都有不同内容的兴趣班，老年公寓还组建多个具有影响力的老年俱乐部，在每年的多个节假日都会举办各种主题文艺活动。日常还有美食节、生日会、化装舞会、趣味运动会等。在此基础上，金手杖养老公寓对接社会资源，将各类社会组织与社区衔接，增强老人在养老社区的外部联系，丰富老人的社交生活，排解孤独，这一系列人性化服务受到社会的广泛认可。

（三）宏福农业：打造现代设施农业的新标杆

2015年宏福集团开始布局现代农业，结合国内目前农业发展和食品安全的市场形势，在大兴区庞各庄村规划建立现代农业产业园，采用荷兰原种，欧盟品质，大力探索发展设施农业。面对国内市场的相对空白，宏福农业成立伊始，就准备好了在市场中"吃螃蟹""碰钉子"，从建设过程中的学习摸索，到育苗栽培管理的把关，都

❶ 宏福农业项目基地

❶ 村书记黄福水（右一）在哈佛讲话

一丝不苟地向发达国家学习。公司高薪聘请荷兰技术专家进行指导，招聘了一批农业院校的优秀人才，生产设备建设、生产工艺流程、温度湿度控制、水肥配比都严格按照欧盟标准，投入了巨大的人力物力。通过不断的攻关，掌握了欧盟农业的核心技术。

2016年，优质番茄率先在大兴区试种成功。2017年，香港亚洲果蔬博览会上，宏福农业生产的"宏福柿"得到与会者的关注，此前两届参展商基本都是欧美生产厂家，而此时，一样的品质，一样的标准认证，更丰富的口味口感的"中国欧盟标准"番茄得到了消费者的认可。"宏福柿"品牌推出后，宏福农业通过渠道铺设，商超展卖，让消费者通过品尝、参观互动，逐步建立了从认知到信任的消费纽带，如今，"宏福柿"进入华润、永旺、家乐福、大润发、盒马鲜生等全国数百家商超，并在京东、本来生活等线上平台取得了口碑和效应双丰收。

（四）科技孵化器：打造京北高新科技企业聚集地

1999年成立的郑各庄宏福工业大院，在多次升级后，2012年成为国家级孵化器。宏福孵化器建筑面积10万平方米，位于未来科学城绿色核心区，先后获得国家级孵化器、国家级众创空间、北京市级文化产业园区等荣誉称号，现已有近400家企业入驻。宏福孵化器现入驻企业多为互联网大数据、生物医药、文创类公司，品牌实力与生态圈层发展业内领先。2016年，宏福国家级孵化器挂牌新三板，成为国内首家以

"孵化+众创"为主营业务获准进入资本市场的孵化服务机构。

宏福孵化器现可为入驻企业提供工商税务代理、筹划等财务服务，优惠政策咨询等政务增值服务，投融资对接、信用评级、投担贷联动等金融服务，技术交流、知识产权代理、成果转化等技术服务，品牌策划、设计制作、媒体推广等宣传服务。建立宏福科技园引进百余家企业，被纳入中关村国家自主创新示范区，成为首个国家级社区型孵化器，推动各类产业由生产加工向智能制造转型，也为郑各庄村和宏福集团科技创新提供了力量源泉。

三、"产业模式输出"：赋能乡村产业振兴，实现由"点"及"面"的延伸

郑各庄村在宏福集团带领下，采取"走出去"的策略，不断强化与对口帮扶地区和优质产区的合作，不断加快在旅游、投资、农业、文创、海外等各板块领域的布局，极力促成村域内外的资源联动，各板块间相辅相成、相得益彰，形成了产业融合发展的新业态。

（一）"农业科技模式输出"：构建现代农业产业示范区

为了达到未来全方位、全季度的市场供应，宏福农业从起初"试水"市场，就确立了全天候"新鲜覆盖"的大目标。2017年，宏福农业在北京大兴园区建成5万平方米智能化玻璃温室和6000平方米技术区。随后在大兴基地试点成功的基础上，全面推进黑龙江大庆宏福现代科技产业园建设，在大庆林甸园区建成投产12万平方米智能温室。2019年又在大兴、大庆两地共17万平方米的基础上再建设20万平方米温室，并建设完善的配套设施，打造"四季番茄小镇"，力求建成集生产、观光、研发、培训、物流于一体的大型生态综合体，为大庆市乃至黑龙江省农业转型提供重要参考。

2017年至今，大庆林甸产区已开始向外源源不断供应优质番茄，并带动了当地经济发展。宏福农业打造线上

⊙ 宏福智慧农业项目

线下购销平台，利用互联网助推农业产业化发展，使扶贫更加精准化、数据化，从而产生更大的经济效益。2020年，宏福农业在乌兰察布市建立4000亩农业基地，建设乌兰察布·宏福现代农业产业园，项目将以智能温室设施农业为核心，打造服务首都的"中央厨房"及安全果蔬食品供应保障基地。产业园将在5年内分3期建设，首期建设的30万平方米智能温室及配套设施已动工，预计一期建成后年总产可达1.2万吨。全部建成后，每年可生产生鲜果蔬39370吨，年产值可达126300万元，可吸引游客10万人次，接待养老1万人次，带动周边大量农户就业。

（二）"智慧养老模式输出"：打造国内高品质养老典范

宏福集团旗下的金手杖养老公寓采用"短期养老+长期智慧型养老"的专业机构养老模式，在北京、海南博鳌、黑龙江五大连池、江西南昌及婺源、广西贺州、内蒙古乌兰察布，开拓了美丽乡村旅居康养连锁机构。金手杖养老公寓推出了"候鸟式养老"的理念，从2014年起，分别在黑龙江五大连池、海南博鳌等地设立连锁机构，入住金手杖养老公寓的"活力老人"冬住海南岛、夏住黑龙江、春秋住北京，一边旅游一边养老，享受高质量的晚年生活。不局限于国内养老市场的布局。金手杖养老公寓稳健拓展海外市场，在"旅居养老"方面逐渐走出国门，成为国内养老产业领域里第一个走向国际的机构。目前，在俄罗斯圣彼得堡兴建的"宏福新城"已经开业，

⊙ 郑各庄村金手杖养老公寓

在澳大利亚、新西兰等国的项目也正在规划中。这些项目采取"特色小镇+养老公寓+温泉+农业"的模式，为老人们提供境外的田园式养老环境。在多年的运营模式的摸索中，宏福集团金手杖养老公寓形成了中国本土的"CCRC养老模式"（"长期照顾退休社区"），加之其近年来倾力打造的"旅居养老"模式，金手杖养老公寓在"CCRC+旅居养老"模式上的探索与前行，推动了中国养老服务体系革新和标准升级。

（三）"文旅康养品牌输出"：形成产业协同的生态链条

由于郑各庄村温都水城项目在康养产业的探索，宏福集团成为国内较早布局康养产业的企业，早在2015年就开始了在五大连池的康养布局。通过多年来的深耕运营，五大连池温都水城已成为全世界游客旅游五大连池的首选下榻酒店，也成为五大连池地区康养旅游产业的一张名片。宏福集团五大连池温都水城占地24万平方米，构建形成了含五星级酒店、金手杖康养公寓、多层住宅在内的"五大连池金手杖国际康养基地"综合体。基于前期良好的运营效果，他们开始尝试推动"智慧农庄+旅居养老"的创新康养模式，通过对宏福集团的优势资源进行有效整合，不断丰富文旅康养的服务内容。同时，他们将温都水城这一休闲旅游品牌拓展到了青岛、沈阳、平遥等地，甚至还扩展延伸到了海外。近两年来，宏福集团与乌兰察布市、大理州政府开展合作，推广实践新型"智慧农业+新型文旅+高端康养+工业科技"农旅康养大型综合体项目，在推动国家"乡村振兴"战略落地、践行"共同富裕"共识方面成效明显。"温都水城"康养项目在各个领域的开拓与布局，增加了自身和所在区域的经济与社会效益，为推动地方结构调整、产业升级贡献了新的力量。

四、乡村产业振兴启示：整合城乡优势资源，实现由"表"及"里"的深度融合

郑各庄村改造与宏福集团壮大相得益彰，形成了宏福集团现有的资源格局和发展理念，成就了他们"走出去"发展的战略构想，从郑各庄村生长起来的乡村产业发展思路，以及原生于城中村改造中的发展经验，为畅通城乡循环，服务乡村产业提供了不可多得的借鉴经验。

（一）实现优势互补，推动现代农业创新发展

郑各庄村和宏福集团，通过资本的有效投入和科技创新带动促进了现代农业的发展，通过科技服务向地方要资源、要空间，推动合作双方的利益共享、发展共赢。目前，宏福农业技术、宏福农业销售、北京宏福农业、黑龙江宏福农业、乌兰察布宏福农业、大理宏福农业等主体，直辖全国数家达数十万平方米智慧温室基地，并指导数十家温室基地运营、签约上百家温室，构建起全国组网的宏福农业体系。为地方的乡村振兴注入了科技和资本力量，2022年，多地省、市政府代表到宏福农

业乌兰察布基地参观访问，对宏福农业现代农业发展模式给予了充分的肯定。实践证明，宏福农业推动科技创新之路充满了活力。据了解，宏福农业正在内蒙古、云南、陕西、河北、新疆等地投资建设现代智慧温室基地，加快推动现代农业全国发展布局。

（二）推动资源整合，丰富乡村文旅资源内涵

经过20多年的资本布局和产业探索，宏福集团积累了丰富的文旅资源和品牌效应，通过资源整合形成了差异化的竞争优势。其"乡村振兴产业模式"模块化的输出，为地方的乡村产业发展提供了有效的解决方案。细数郑各庄村的旅游康养资源，将会对文旅内涵有更深的理解。郑各庄村的文旅康养包含温都水城湖湾酒店、水城购物广场、北京金手杖康养、戏剧之城文创及水娱乐、嘉年华等宏福大社区著名文化旅游主体。坐落于理亲王府并举办过诸多文化节目，服务于北京奥运会和北京冬奥会的温都水城现已是京北著名旅游康养胜地。金手杖养老公寓也通过优质的公寓服务、专业的机构介护、国内外联动的候鸟布局等广受好评。北京、黑龙江五大连池、海南博鳌温都水城综合体以及未来基于内蒙古乌兰察布、云南现代农业产业园等项目的农业文旅康养综合体，将为现代化文旅康养组网探索模式作出新贡献。

（三）促成供需对接，引导社会资本有序投入农业

郑各庄和宏福农业与地方政府合作，为社会资本参与农业生产经营，提供了有益的借鉴。宏福集团在郑各庄村自身发展中积累了大量的发展经验。在对外投资过程中，选择了企业最为擅长的康养、旅游和科技创新类项目，成为各地政府综合考虑的代表性招商企业样本。对于社会资本进入农业产业而言，参与农业企业应该拥有全产业链开发和一体化经营能力，可以聚焦优势比较突出的产业链条，补齐产业链条中的发展短板，有助于推进产业链生产、加工、销售各环节有机衔接，推进种养业与农产品加工、流通和服务业等渗透交叉，可有效推动农村一、二、三产业融合发展，更好发挥农业产业化龙头企业的示范带动作用。无疑，宏福集团的发展模式契合了乡村产业振兴的需求，成为乡村振兴战略实施的优秀案例。

乡村振兴中的村庄文化兴村

——山东省济南市莱芜区官场村调研

一、基本情况

官场村地处济南市莱芜区城市南部，隶属莱芜区鹏泉街道办事处，占地3.6平方公里，全村居民572户，户籍人口3051人。村内下设物业、房地产企业，共有职工100多人，固定资产总值4000万元，村民人均收入2万元。近年来，官场村相继荣获"中华优秀传统文化示范村""中国特色村""山东省级卫生村""山东省文化之乡""山东省民间文化艺术之乡""山东十大富美村居""山东省文明村""中国村庄2019幸福村""山东省社会科学普及示范村"等称号，并被确定为"全国孝爱

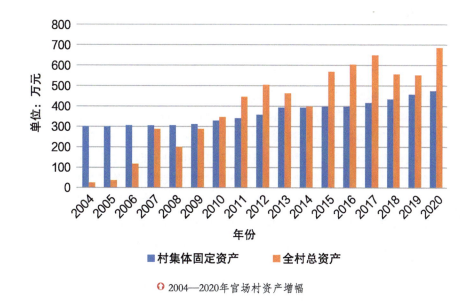

2004—2020年官场村资产增幅

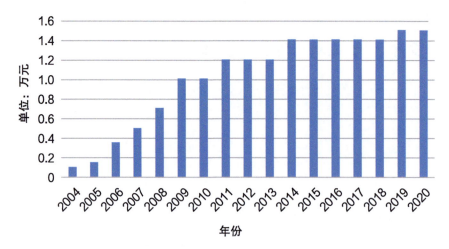

🔹 2004—2020年官场村人均可支配收入

文化养生养老科研示范基地""山东省戏剧家协会采风基地""中华传统文化研究基地""山东省家庭文化研究基地""山东儒学文化产业基地""中国生态小湿地保护区"等。

二、文化振兴的路径

（一）文化的传承

官场村是一个有着深厚历史文化积淀的村落，村庄始建于明朝洪武二年（公元1369年），地处牟汶河和孝义河交汇处，其地形如船，故有"船形福地"之称。因三面环水，水草丰茂，是春秋战国时期鲁军操练屯兵、储粮、放马之场地，故称之"官马场"，后逐渐演化为"官场"之名。《曹刿论战》中"长勺之战"的古战场发生在莱芜，成语"一鼓作气"正是典出于此，这里也是长勺鼓乐文化的发源地。另外，儒家圣人孔子一生中曾两次来到莱芜，使孝道文化在此代代传承。但是，随着儒家思想的淡化，城乡变迁的冲击，官场村曾经一度礼崩乐坏，人心涣散，上访成风，村庄的传统文化更是遭到摒弃。若要跟上时代发展的步伐，推进乡村振兴，重整秩序，传承优秀传统文化将成为不可或缺的有力举措。

（二）文化的兴起

2006年，官场村新一届领导班子上任后，官场村党支部带领党员坚持"走出去、引进来"相结合的策略，带着问题上路，不断探索、总结、创新，通过一次次学习、一次次反思，把优秀的经验和方法引入官场村。以学习为基本立足点，以"党员带头参与、人人跟进力行"为落脚点，最终确立了以打造中华孝德文化标杆基地为使命，立志将官场村打造为中华优秀传统文化示范村，引领全国优秀传统文化的学习与践行新风尚。在具体工作中，为更好地推动当地传统文化发展，充分发挥传统文化的生命力、凝聚力和感召力，增强本地文化软实力，官场村以党建为引领，与传统文化相融合，用积分制抓落地的方式，探索实践了农村基层党组织建设，特别是后进村变先进村的新时期农村党建新模式，以实际行动弘扬和笃行中华优秀传统文化，推进村庄全面发展，走出了一条乡村振兴的新道路，形成了文化传承"四个一"的特色。

一种"长勺鼓乐"文化。据了解，长勺鼓乐是山东省古老的民间艺术。以春秋战国时期的著名战役"长勺之战"为历史起源，由军用战鼓演变为民间鼓乐，历经上千年的时间。"长勺鼓乐"自"曹刿论战"之后，历代传承，以自娱自乐、祭祀、庙会、庆典、社火为主，参与人员之多数不胜数，阶层之泛不可估量。官场村在发扬"长勺鼓乐"传统文化的基础上，专门成立农民鼓乐队进行传承演奏，实现创造性转化，创新性发展，形成独具特色的文化产业。

一个敬老文化节日。官场村以打造中华孝德文化标杆基地为使命，从2016年开始，每年在九九重阳节举办一届孝德文化节活动，向全村和周边的2000多位老人行跪拜礼，为老人洗脚，倡导全社会树立"尊老、敬老、爱老、助老、知恩、感恩"的良好风尚，激发全社会弘扬"尊孝礼德、知恩感恩"的传统美德的热情。与此同时，建设中华万姓祠堂，在重阳节举办一年一度的祭祖大典。通过活动，让大家能够不忘历代祖先们的谆谆教导，祭奠先祖，不忘初心，为中华民族伟大复兴而奋斗。同时，也为周边村民增加了沟通、交流的机会，互通信息，共享资源，进一步巩固了村民之间的关系，增强凝聚力。

一所道德银行。为加强村民管理，官场村引进农村积分制管理系统，成立"道德银行"，让"吃亏是福""老实人不吃亏"的俗话看得见摸得着，为良好村风的形成建立了长效机制。积分终身有效，并与发放福利和评选先进挂钩。广大村民在积分排名上你追我赶，激发了村民的爱心和善举，形成人人争做好人好事的和谐氛围。

一座党建展示馆。2019年，官场村党建展示馆正式开馆。该党建馆共有上下两层，一层重点反映官场村围绕"出彩党建"品牌，打造"聚力党建""阳光党建""智慧党建""民心党建""全息党建"的做法；二层是村史馆，通过文字、图片、老物件儿等，集中展示官场村发展历程。党建馆是集中展示官场村党建实践成果的重要窗口，是全村党员干部"不忘初心、牢记使命"的能量补给站，是群众坚定不移"听党话、跟党走"的教育大本营，对于提升村庄治理水平、助推全村党建工作再上新台阶具有重要意义。

（三）文化的繁荣

通过几年的不懈努力，官场村"四个一"的文化建设迈上了一个新台阶，好评如潮，形成乡村文化大繁荣的新局面。长勺鼓乐队多次参加本地和外地省市级各类大型文化庆典活动，并取得优异成绩。其中包括第二届中国鼓乐大赛银奖、全省广场文化展演金奖，以及参加淄博陶瓷琉璃艺术节、中国（招远）黄金艺术节、山东省第十三届广告节、第十一届全国"村长"论坛、第十届中国艺术节（济南）倒计时两周年等大型活动表演，还在第十一届全运会上亮相。2010年，参加上海世博会开幕式表演，官场村可谓"鼓动世界"，得到各级领导和各地观众认可。

三、文化兴村的主要做法

（一）文化振兴助力村庄产业兴旺

乡村振兴，产业兴旺是重点。乡村振兴能否实现，取决于乡村的经济基础和生产力的发展好坏，取决于乡村一、二、三产业是否兴旺发达。文化的发展振兴可以提高农民的科技文化水平和生产技能，培养造就有文化、懂技术、会经营的新型农民，为产业兴旺提供智力支持。具有鲜明区域特点的"官场文化"本身就是重要的文化资源，是官场村乡村振兴的文化生产力，通过对乡村独特文化资源的开发和市场运作，形成独具特色的村域产业和特色文化产业，构建城乡融合发展体系，为实现产业兴旺提供重要支撑。

1. 鼓文化产业

2007年，官场村设立长勺鼓乐文化保护领导小组。2008年11月，官场村成立了仁和文化传播有限公司，投资70万元购置鼓乐器100多件，成立了一支由本村男女老少120人组成的鼓乐队，目前已发展到160人。鼓乐队名字叫"仁和鼓乐队"，意思是求仁义、讲和谐。在这里仿古打击乐器应有尽有，最具特色的是：一鼓，直径是3.4米，人称"亚洲第一鼓"；一锣，直径是1.5米，被称为"中华第一锣"。目前鼓乐队年收入几十万元，威风凛凛的"长勺鼓"一响，大家伙儿精神振奋，心里也敞亮起来。"长勺战鼓""一鼓作气"点燃了创新与发展的血性，乡亲们在"鼓"声中凝心聚力谋发展，家家户户争奔致富路，日子一天比一天好，"长勺战鼓"也成为官场村的一张闪亮名片。

从最初的传承文化，到文化产业走向市场，官场村尝到了文化创业的甜头。目前，每年全国演出40多场，来自省内外的演出邀请不断，慕名而来学习鼓乐的人络

❶ 官场村鼓文化

绎不绝，年接待来自全国各地学员超过6000人。

2. 康养产业

2012年，村委会筹资900余万元建立了曜阳托老所，占地面积600平方米，有50张床位，属于公益性养老院，为全村老年人提供免费住宿用餐，目前已有部分老人入住。老人就餐的地方，环境幽雅怡人，可视性食堂，整洁干净，管理规范。目的在于让"老人住得安心，吃得放心，玩得舒心"。在此基础上，官场村还将以高超中医技术和优美生态环境为依托，深度发展健康疗养产业。

3. 住宅区提升项目

官场村地处采空区，虽然位于城乡接合部，但房屋建筑均受到高度的限制。2011年，村里利用废弃旧砖厂和采空区荒地，投资2亿元建设月泊湖庄园，把江南田园风光和深厚的历史文化底蕴融合在一起，不仅美化了居民的生活环境，也无形中把优秀的传统文化根植于人们的内心深处。

4. 传统文化培训项目

官场村里设有可容纳300人的"儒学大讲堂"，以儒家思想为核心，弘扬孝道文化，讲公德、讲奉献，免费面向社会定期举办公益道德讲座。自成立以来，中心邀请全国各地国学专家前来授课，将优秀传统文化精髓带入学校、家庭、社区、企业。近年

月泊湖庄园项目

🔴 鸟瞰官场村

来，官场村以春节、重阳节等重要时间节点为契机，开展感恩父母、传统礼仪学习、国学培训等各类活动50余次，受益群众2万余人。

5. 生态农业项目

虽然地处城乡接合部，农业产业仍然是官场村主导产业之一。本着绿色生态农业产业发展宗旨，官场村流转全村土地，有针对性地出租给农业企业，促使其推行自然农法和酵素种植，倡导以生命为中心的物质循环法则，在实现农业良性发展、农民增收的同时，也培养了村民知足而心富、神清而气爽的精神内涵。

（二）文化振兴助力村庄生态宜居

乡村振兴，生态宜居是关键。良好的生态环境和整洁的村容村貌，既能直观反映乡村的文明程度，也是美丽乡村的外在表现。在我国乡村千百年的发展过程中，各地独特的文化已经与村落布局、族群地标、建筑形式融为一体，文化是村落、地标、建筑的灵魂，村落、地标、建筑是文化的外在展现。

2019年1月，官场村依托近郊临城的区位优势，通过资源整合与市场化手段，积极推进旧村改造，村民搬进了宽敞明亮的舒适新居。整个新村区颇具江南水乡韵味，整齐有序的院落、干净敞亮的街道、徽派的村居小舍，曾经脏乱差的"上访专业村"，如今充满江南小桥流水人家的诗情画意。

（三）文化振兴助力村庄乡风文明

乡村振兴，乡风文明是保障。官场村通过不断实行"走出去、引进来"相结合的策略，把好经验和好方法引入官场村，以优秀传统文化为切入点，加强党风和民风建设。通过一系列活动，村风村貌焕然一新，邻里和睦、尊老爱幼、拾金不昧、乐于奉献的现象蔚然成风。

（四）文化振兴助力村庄治理有效

乡村振兴，治理有效是基础。为进一步保障中华优秀传统文化教育与笃行工作的切实落地执行，2016年初，官场村在市委、市政府推广的"四德工程"，即社会公德、职业道德、家庭美德、个人品德的基础上，引入积分制管理，通过相应的制度框架及加扣分标准，在"我积分，我快乐"理念的引导下，依托管理软件，可以详细记录和细化管理村民道德积分情况。用积分的形式来激发人们的善心、爱心、孝心，弘扬正能量，鼓励人人争先进、做好人好事，从而实现村庄善治新局面。

（五）文化振兴助力村庄生活富裕

乡村振兴，生活富裕是根本。通过多年的发展，虽然官场村经济与其他经济强村相比有一定的差距，但发展的成果与村民共享，特别是让老年人共享发展成果，大大地提升了全体村民的幸福感。

官场村倡导厚养薄葬理念，高度重视养老工作，兴建了集吃饭、住宿、健身、娱乐于一体的曜阳托老所，70岁以上老人可以免费入住就餐，现已有30多位老人入住，不想入住的老人可以免费在餐厅就餐，现已有60多位老人在此就餐。此外，还采取一系列措施提高老人待遇，每年九九重阳节给60岁以上的老人发放生活补助，60、70、80、90岁以上的老人分别可以拿到400、600、1000、1600元的生活补助，80岁以上老人每逢生日，村干部会送去价值200元左右的蛋糕和400元现金的祝寿礼，每逢春节村里还会给老人们置办一些年货。

四、经验与启示

（一）能人带动

能人带动村庄发展在全国名村范围内是普遍现象，如华西村的吴仁宝、花园村的邵钦祥、航民村的朱重庆、进顺村的罗玉英等。早些年，大多数村庄一无资源，二无资金，三无人才，想发展除政策支持外，带头人和村"两委"班子是核心，更是发展的关键。有些村庄在村"两委"班子能力不足的情况下，请能人回村带领村庄发展，如五星村的杜一宝、后岱山村的王国洋等。

官场村党支部书记张珂就是2006年临危受命回村的。在此之前他有自己的公司，收入也很可观，而当时村里管理混乱，负债300多万元。张珂回村之后，与新的村"两委"班子一起，因地制宜，审时度势，运筹谋划，确定了打造"中华优秀传统文化示范村"的总体思路，以党建为引领，弘扬优秀传统文化，促进村域经济实体快

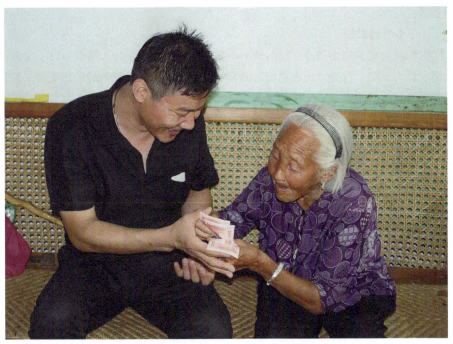

❶ 村书记张珂（左）看望村里老人

速发展。10余年的时间，村民就业率达到了100%，实现了70岁以上老人全部集体供养，一举跻身文化名村、经济特色村、美丽乡村行列。张珂先后获评"第十四届山东省五四青年奖章""山东省五一劳动奖章""莱芜第九届十大杰出青年""莱芜十大民间艺术大师""中国第十一届全运会开幕式文艺演出编导奖""2019十大杰出村官"等，多次被上级党委评为优秀共产党员和优秀党支部书记。

（二）多方助力

村庄资源有限，借助外力是发展的关键，特别是资源严重匮乏的官场村，充分借助政府政策资源、社会资本和外围的人文资源，为我所用。

借助莱芜区政府投资20亿元，打造全长62公里的美丽大汶河工程，在工程范围内的官场村享受到河道治理红利，青山绿水不但美化了生态环境，还让村民实现了家门口逛公园的愿望。

利用社会资本改造和提升村庄整治水平与居住环境，借助全国"村长"论坛交流平台宣传和自荐，邀请全国各地文化行业专家指导官场文化品牌的创立与产业推进。

（三）党建引领

官场村党支部始终坚持党建引领不动摇，文化创新不止步，精细治村不松懈，取得了骄人成绩。打造"民心党建"的官场品牌，夯实党建统领的思想基础，是官场村始终坚持的刚性原则。村党支部重点实施了"聚力党建""阳光党建""智慧党建""民心党建""全息党建"行动：围绕"聚力党建"，扎实开展主题教育、开好主题党课，凝聚思想共识，汇聚党心民心；围绕"阳光党建"，坚持制度上墙、责任到人、清单公开、承诺亮相；围绕"智慧党建"，在完成好"规定动作"的同时，创造性探索"自选动作"，搭建起集宣传、教育、服务、监督于一体的信息共享平台，建立了"党员e家""党群e家"，通过官方微信、日行一善等微信群，在凝聚党员和密切党群关系方面取得了良好效果；围绕"民心党建"，官场村党支部通过征集"微心愿"、建立"回音壁"、实行"1+6"等行动，大力实施"全息党建"工程。比如在包户"1+6"行动中，61名党员志愿者对全村居民实行了全要素、全过程、全方位、全效能包户，实现了"党建兴村"全覆盖。

（四）制度细化与本土化

村庄管理，制度落实到位是关键。引入积分制管理后，官场村根据"四德工程"要求的社会公德、职业道德、家庭美德、个人品德制定了严格的积分考核标准，形成《村民道德积分管理规范》，拟定赋分标准、累计个人积分、实行动态公示、定期公开奖惩，借以弘扬社会美德，传递正能量。村民的各种行为表现都被纳入了积分制管理范畴。比如在固定积分标准方面，区级劳模、镇级先进、村级优秀村民每年加6分；在公共道德行为方面，公共场所好人好事每次奖2~5分，每参加一次公共卫生义务清扫活动奖5分；在职业道德方面，私营企业为村里每提供一个就业岗位奖10分，每接收村里一位残疾人就业奖20~50分；在个人品德方面，村民守法出行全年驾照每少扣1分奖2分，做养老院、学校等集体活动义工每天奖10分；还有周末回家陪老人，奖5分/周次；给60岁以上老人过生日拍全家福，奖20分/次；移风易俗节俭办婚事的奖父母、子媳各10分；节俭办丧事的，奖家长20分/户；自愿义务参加丧事执事、助忙的奖2分/天；父母告子女不孝，扣相关子女100分……共计140多个评价项，几乎涵盖村民行为的所有方面，实现了村居治理从概念向量化、从单一向多维、从应急向常规、从他律向自律的实质性转变。

每一位居民的积分终身有效，使用后不清零、不作废，成为老百姓终身的"道德银行"。积分制管理是先用奖分和扣分对村民的行为表现进行量化考核，再用软件记录，定期开展积分制管理"快乐会议"，在"快乐会议"上按照积分的名次发放福利，并与评选先进挂钩。

根据积分制管理制度，对表现突出的加分，给予适当的物质、荣誉奖励；对行为消极或违法犯罪的扣分。具体评价指标有如下几个方面：一是践行法律道德规范；二是自觉履行赡养义务，改善父母生活条件；三是家庭生活温馨和谐；四是生活方式文明健康；五是热心社会公益事业。

村里还完善了组织机构和规章制度，成立了红白理事会，制定了丧事简办、婚事新办规章制度，并将这些制度写入村规民约，纳入积分制管理体系，将移风易俗工作变成村民都遵守、都乐意去做的事情。据了解，现在官场村一场丧事花费在2000元左右，比以往大操大办之时平均能节省1万多元，赢得百姓好评。以红白理事会和村规民约为抓手，官场村引导群众自我教育、自我管理、自我服务，大力推进以孝德工程、丧事简办、婚事新办为主要内容的移风易俗活动。

民族村寨乡村振兴战略实施推进情况调查报告

民族村为我国农村基层行政区划单位之一，指少数民族分布比较集中的村级行政区划单位，设置"民族村"的条件由省级地方政府规定，县级地方政府批准设立。民族村依照少数民族人口占总人口比例设定，设定的条件各省级行政区不尽相同。如《浙江省少数民族权益保障条例》第九条规定："少数民族人口占全村总人口30%以上的村，可以经村民会议讨论通过，并经所在乡（镇）人民政府同意后，报县（市、区）人民政府认定为民族村，并报省、市民族事务行政主管部门备案。"《湖北省散居少数民族工作条例》第十条规定："散居少数民族人口占总人口50%以上的村，可以建立民族村。"

民族村寨主要分布在广西、内蒙古、新疆、西藏、宁夏等省区，许多民族地区村民居住在山林、高原、草原等边陲地区。2020年以前，许多民族村是国家级贫困村。目前，村集体经济薄弱的仍然占比较大。

党的十八大以来，习近平总书记多次强调"一个民族也不能少"，各民族同胞要"手足相亲、守望相助""像石榴籽一样紧紧抱在一起"。经过十年的努力，民族村寨的乡村振兴推进情况如何？中国村社发展促进会民族村寨调研组从2021年底至2022年初，针对全国9个省（区）的19个少数民族124个行政村进行问卷调查和部分实地调研，调研的9个省（区）分别是，黑龙江省、云南省、四川省、贵州省、西藏自治区、甘肃省、河北省、新疆维吾尔自治区和青海省。19个少数民族分别是赫哲族、白族、回族、壮族、羌族、布依族、藏族、珞巴族、纳西族、彝族、东乡族、塔塔尔族、柯尔克孜族、乌孜别克族、维吾尔族、塔吉克族、锡伯族、哈萨克族和撒拉族。调研内容分五个方面，以中国村社发展促进会多年培训的村寨，以及对接帮扶的民族村寨为主要调查对象，现将调研结果报告如下。

一、民族村寨的基本情况

（一）村"两委"班子配备情况

从调查情况来看，村书记任职年限与年龄呈正相关，平均年龄相对偏大，受教育程度一般。村"两委"班子人数根据村庄发展需要，配备有一定差异，但差异不大，其中年轻人相对较多，有利于村庄发展。各地均有驻村干部，多以本地相关单位为主。

1. 从村"两委"班子的年龄结构来看，村支书基本处于中年，平均年龄44.3岁，年龄范围27~57岁，50岁以上占37.50%，属于正常偏大。村支书的任职年限与年龄呈正相关，年龄较大的，任职年限较长。最长的是四川羌族村寨，为35年，年轻村支书基本是换届刚上任的。村"两委"班子成员平均年龄37岁，年轻人相对多一些。依据各地区农村的政策不同，村干部的任职年龄要求也各不相同。目前全国范围内的村寨，有的乡村村干部年龄偏大，55~65岁的人依然没有退休，有的乡村村干部年龄偏小，也有些地方要求村干部到了55~58岁就开始退休。按照工作需求，原则上村支书的年龄应在30~45岁，村主任的年龄应在28~45岁，因为在这个年龄段的人精力充沛，学习能力强，有利于村寨发展。但是，村庄发展是一个持续的过程，需要一张蓝图绘到底，如果更换太勤，也会影响村庄的整体工作推进。

2. 据调查，村支书受教育程度相对较高。其中，本科及以上学历占比10.30%，大专和高中学历占比63.50%，中专和初中学历占比25.40%，小学文化水平0.80%。

3. 在调研的村寨中村"两委"班子配备也有一定差异，成员4~10人，一般在7人左右，最多的是黑龙江八岔村（赫哲族）10人。根据《中华人民共和国村民委员会组

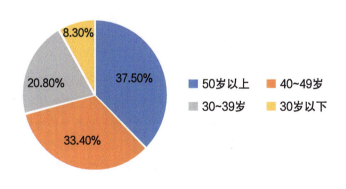

民族村寨支部书记年龄结构

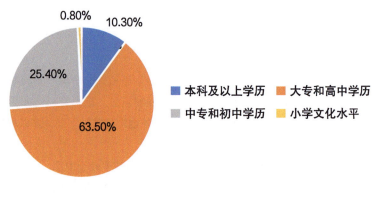

⭕ 民族村寨支部书记受教育情况

织法》等相关要求，村"两委"班子成员一般为3~7人，村党组织为党委的可适当增加，最多不超过9人。调查结果基本符合法律要求，个别村因产业发展和管理需要，班子人数相对较多。

4. 在调研的村寨中，第一书记入驻比例较高，占比75%，派驻单位多是县、乡两级机关单位；企业和跨级别单位较少，也有很少的对接帮扶对象挂职的情况。

（二）民族村寨地域分布

总体情况来看，民族村所处地域相对较偏僻，山区居多。

1. 所调查村寨均地处农村地区，离县城相对较远，最远的新疆扎库齐牛录村（锡伯族），离县城220公里。村寨距县城100公里以上的占比16.7%，30公里以上的占比41.7%，10公里以下的占比20.8%。我们了解到，一般发达地区经济发展较好的村寨，距离县城多在20公里以内，民族村与县城的距离相对较远。

2. 民族村寨多处于山区。据调查显示，地处山区和丘陵的村寨占比56.30%，平原地带村寨占比33.70%，林区村寨占比5.50%，草原村寨占比4.50%。

（三）产业分布与经济现状

所调查村庄有50%过去是国家级贫困村，由于地理位置较偏僻，村域面积相对较大，多以农业种植为主，牧业和旅游业占有少量比例。劳动力人数占比不到50%，多以外出务工为主要收入；有50%以上的村寨有集体经营的土地，且集体经济收入在10万元以上。

1. 脱贫情况。所调研村寨50%以前是国家级贫困村，脱贫时间均在2016—2019年，只有青海新建村是2021年脱贫，相对较晚。

2. 村寨类型。村域面积相对较大，10万亩以上的占比37.5%，在普通农耕区少

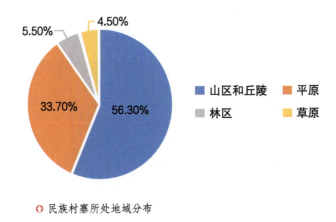

○ 民族村寨所处地域分布

见；下辖村民小组较少，10个以上的占比8.3%，最少的2个；大多数为农区，占比75.00%，纯牧区占比4.50%。少数有农区与牧区混合，也有少数涉及混合型乡村旅游村。

3. 人口结构。调查村寨的户数为42~1469个，平均482.4户；村人口数192~5963人，平均1862.4人。45.8%的村寨没有外来人口；村寨内少数民族人数占比52.6%~100%，平均89.13%，有34.8%的村100%的村民均为少数民族；村寨劳动力有100~3800人，平均每村998人。12.5%的村寨没有外出务工人员，主要是两种原因：一种是本村产业发展较好，不需要外出务工；另一种是地域相对较偏，没有外出务工的渠道和习惯。外出务工占本村劳动力比例较高的在云南、贵州和四川省，最高的是云南陡坡社区（白族），有76.04%的劳动力外出务工。没有外出务工的和较少出去务工的是青海、西藏和新疆的部分村寨。

4. 产业及收入。在村寨产业方面，绝大多数村以种植和养殖业为主，辅助以少量的旅游业。2020年，村民年平均收入16638.67元，最高为西藏珞巴民俗村2.6万元，以特色种植和旅游业为主；最低为西藏措表村（藏族）9300元，以传统种植业和少量的牧业为主。65%的村集体有超过10万元的年收入，如西藏波玛村2020年达到1178万元，较2010年的8万元增长了近150倍，主要是由村级产业园区和民俗文化发展旅游业带来的收入。

5. 种植类型及经营管理。村寨旱地农业占比较大，有45.8%的村主要种植小麦、玉米等农作物，少数村寨种植土豆、水稻、大豆、青稞、瓜类、蔬菜、水果、中药材等特色农产品和油料作物。土地多以农户经营为主，有54.2%的村留有集体经营的土地。

❶ 云南陡坡社区（白族）西游洞景区

❶ 青海新建村的线辣椒种植基地

二、民族地区村寨产业发展情况

调查显示，村域产业发展主体多样化，有村企、合作组织，也有私营企业。所涉及的产业也体现在各个方面，除传统的种植与养殖业外，还有旅游业、电商产业等，民族特色产业突出，品牌影响力日益显现。

（一）传统产业及产业链逐步延伸

以种植业为主的村寨占79.7%，以养殖业为主的村寨占12%，以旅游业为主的村寨占8.3%，同时辅助产业有捕鱼业和渔业养殖。50%的村寨产业链正逐步形成，多集生产、加工、销售于一体。如新疆兰城村（维吾尔族）以种植甜瓜为主，生产、包装和销售一条龙，形成产业的常态化。云南黑尔村（壮族）种植大米，全村统一种植、统一品种、统一包装、统一品牌、统一销售，形成了标准化的品牌运营。

（二）村寨电商产业日臻完善

涉及开展电商服务的村寨占50%，从业人数近2000人，主要销售本村和本民族的特色产品。如黑龙江八岔村（赫哲族）的鱼产品和鱼皮制品、桦树皮画，甘肃龙甫村（东乡族）的牛羊肉，彝族腊肉，乌孜别克族的奶制品等。云南尾乍黑村（彝族）年销售苹果、人参、腊肉高达500万元。

电商发展情况与村寨地理位置关联度较大，有电商的村寨一般距离县城相对不

黑龙江八岔村（赫哲族）村民王海珠直播传授鱼皮制作工艺

⬆ 云南尾乍黑村（彝族）村民采摘苹果

太远，交通便利的村寨占电商发展村寨的51.2%。

（三）乡村旅游产业稳步增长

村寨资源比较丰富，亟待开发的资源尚有很多。主要体现在民俗、特色种植养殖、温泉、农产品和水资源方面。有旅游资源的村寨占51.3%，50%的村寨有外地游客前来旅游，29.2%的村寨有旅游收入。2019年收入最高的是新疆大泉湖村，达到324万元；2020年收入最高的是西藏波玛村，为400万元。旅游人数2019年、2020年最高的云南陡坡社区分别为100万人和80万人。

（四）村企和合作经济组织发展情况

59.3%的村寨有企业，其中50%是私营企业。最多一个村有4个企业，如新疆扎库齐牛录村（锡伯族），4个全是私营企业；70.8%的村寨有合作经济组织，多以本村特色产业为主要经营项目，如旅游、织布、养殖等。

（五）村寨产业发展要素多元化

12.5%的村寨有外来企业引进，4.1%的村寨有产业园区，12.5%的村寨有产业技术支撑，41.7%的村寨土地充足，50%的村寨产业发展过程中有政策支持，41.7%的村寨在产业发展过程中得到政府资金扶持，58.3%的村寨在产业发展方面是农民自身努

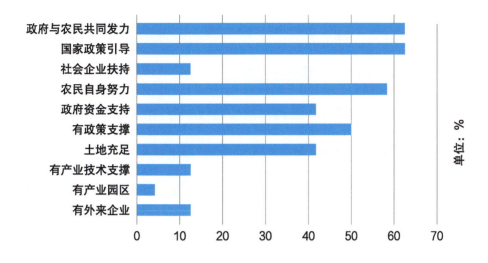

政府与农民共同发力

国家政策引导

社会企业扶持

农民自身努力

政府资金支持

有政策支撑

土地充足

有产业技术支撑

有产业园区

有外来企业

单位：%

○ 民族村寨产业发展要素构成（占村寨百分比）

力的结果，社会企业扶持的占12.5%，国家正确政策引导的占62.5%，政府与农民共同发力的占62.5%。

近年来，外界帮扶主要体现在以下几个方面：驻村干部占66.7%，名村对接占8.3%，企业对接占16.7%，政策资金支持62.5%。在调查过程中，认为最有效的帮扶形式有：驻村干部占37.5%，名村对接占29.1%，企业对接帮扶占41.7%，政策资金支持占70.8%。两者匹配度较高，另外，也有些有产业基础的村寨认为人才重要，还有的则认为应加大农业基础设施投入。

（六）村寨在产业发展过程中，存在着明显的不足

如在众多产业中村寨的主导产业不明晰、缺乏特色品牌的村寨占41.7%；有少数村寨在产业基地建设方面，重数量轻质量，盲目跟风，产业无特色；有37.5%的村寨自身产业整合能力弱，不能有效推动村寨产业发展；有45.8%的村寨产业链短，农产品附加值低，不能体现优质优价；20.8%的村寨还存在产业发展与环境保护不统一；54.2%的村寨龙头企业少，对产业带动能力弱。

村寨发展存在明显的困难体现在：人才缺乏占50%，资金短缺占83.3%，技术落后占45.8%，缺少项目占54.2%，土地资源缺乏占8.3%。也有个别村寨地处国家资源保护区，无法开发其他项目。

（七）村书记对村寨未来发展方向上的想法

有17.0%的村寨认为应该引进投资，开设工厂；20.8%的村寨认为应该发展规模

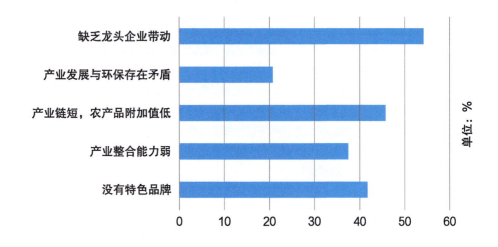

缺乏龙头企业带动

产业发展与环保存在矛盾

产业链短，农产品附加值低

产业整合能力弱

没有特色品牌

单位：%

○ 民族村寨产业发展方面的困难（占村寨百分比）

化、机械化和现代化农业；45.8%的村寨建议发展生态观光农业，70.8%的村寨认为自身村寨资源条件好，适合发展乡村旅游业；45.8%的村寨希望发展养殖业，41.7%的村寨认为有条件发展农产品加工业，37.5%的村寨认为本村美食有特色，适合发展餐饮业；50.0%的村寨希望可以发展乡村民俗文化体验项目，37.5%的村寨希望发展电商产业，为民族特色产品增加销售途径。针对乡村产业发展和农村改革建议方面，有的认为应从打造龙头产业，融合资源，引进人才，调整产业结构等方面入手；也有结合自身资源，建议加快发展旅游业和乡村物流；等等。

三、村寨建设与生态状况

民族村寨多位于偏远地区，生态环境较好，传统村落因发展旅游需要，保留有一定的特色建筑。调查显示，村寨基础设施相对完善，交通便利，生活与生产水平普遍较高。

（一）村寨的基础设施建设比较完善，交通、居住、教育、医疗和购物场所等**保障程度较高**。调研村寨均住上钢筋混凝土、砖混、砖石、砖木房屋，个别村寨为了发展旅游业，还保留有地方特色的房屋，如西藏的春堆村藏族，保留有土房，云南积德村回族和西藏的腊麦村藏族保留有土木结构房屋，主要是为发展旅游服务的。村村公路硬化，村域公路最长的新疆克孜布拉克村哈萨克族因地理位置，达到8646公里。37.5%的村寨公共设施非常完善，62.5%的村寨设施一般；4.2%的村寨没有具体办

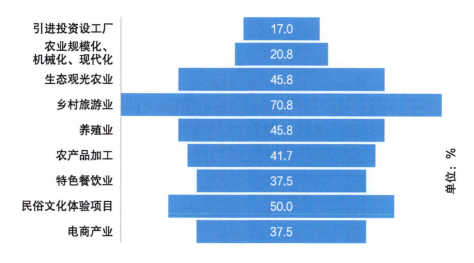

○ 民族村庄未来发展方向（占村庄百分比）

公场所，有办公场所的场地面积在40~5100平方米，平均1208.9平方米；83.3%的村寨有医务室，占地面积30~800平方米，平均186.8平方米，医务人员1~16人，平均每人3.4人，床位数0~10张，平均每人2.78张；62.5%的村寨有小学，学生人数8~520人；83.3%的村寨有幼儿园，人数12~276人；33.3%的村寨有各种类型的市场。

（二）**被调研的村寨里均用上自来水，水源丰富，垃圾无害化处理较完善。**自来水来源中有12.5%来自井水，25%来自江河湖水，其余均是经过净化处理的饮用水。除极个别村寨外，均能满足村寨饮水需要。在污水处理方面，下水道收集统一净化的占33.3%，有专门下水道排放的占20.8%，露天排水沟排放的占33.2%，但仍存在个别随意排放的情况。87.5%的村寨有生活垃圾箱，由村里统一建设，统一收集清运，50%的村寨实现垃圾分类。91.6%的村寨的畜禽粪污采取肥料化处理，用于种植农作物。有5.3%的村寨采取饲料化，作为饲料资源，另有3.1%的村寨采取能源化。

（三）**田间管理无害化程度较高。**在农业病虫害防治方面，所调研村寨均没有使用高毒高残留农药。有37.5%使用生物农药，37.5%使用高效低毒农药，8.3%利用生物技术和基因技术，33.3%利用耕作、栽培和育种等物理防治技术。在化肥使用方面，83.5%农家肥和化肥混合使用，有16.7%使用有机肥。

（四）**村民对生态环境保护的态度。**50%的村寨非常重视，33.6%的村寨比较重视。当地政府对生态环境的宣传力度到位的占79.2%。

四、村寨文化与治理情况

民族村寨富有民族文化的积淀，是传承民族文化的有效载体。民族村寨立足村寨独特禀赋、历史传统和特色文化，结合美丽乡村建设，充分挖掘民族地区历史文化、红色文化资源，做足"特"字文章，推动传统村落和特色村寨在保护中得到更好的开发利用。据调研结果来看，民族村寨文化特色的多样性，不仅体现在民族的多样性，也体现在一个民族呈现多样性文化，且对文化的宣传、保护与传承也体现出独特的一面。

（一）村域宣传渠道多元化

在推荐宣传村寨方面，54.2%利用自身网络平台和借助各类媒体，25%通过电商推荐，75%通过举办特色节庆活动提升村寨的知名度。

（二）彰显文化特色多样性

70.8%的村寨有特色村寨文化、民俗文化和民间艺术，如赫哲族的依玛堪，白族

🔴 贵州乐运村（布依族）特色节庆活动

❶ 云南积德村（回族）村民自编自演节目

文化，壮族的根寿节、三月三节、碗舞、金钱舞、布衣摩经，珞巴族婚俗、葬俗、编织，藏族的望果节、民族手工艺，回族的剪纸、秸秆画、滕氏布糊、棉花画等。有古建筑的村寨占比不多，仅为20.8%，如西藏的象雄遗址、杰雄特、罗杂寺等。37.5%的村寨有古树名木，如羌族的崖柏树，彝族的桃树、栗树和黄连树，回族的唐朝松树，柯尔克孜族的千年柳树王等。对于这些独特的民族文化，各村寨通过不同的形式宣传推荐，为进一步传承、保护和发展奠定了基础。

（三）文化教育形式多样化，村民多喜爱自己参与的活动

98%的村寨有专门的文化活动场地，能读书看报的占87.5%，能跳舞健身的占89.7%，不定期组织文艺演出的占67.8%，81.7%的村寨参加过培训，认为培训有效的占36.1%。84.5%的村寨最喜爱村民自编自演的文艺演出，其中50%的喜欢自己亲自参与的活动。政府组织的乡镇文艺会演、送文艺下乡、送电影下乡、送图书下乡和文化工作者下乡服务活动的受欢迎程度分别为29.2%、45.8%、25.1%、41.7%和44.5%。

（四）在村党组织领导下，村内组织形式多元化，宗教信仰突出

由于民族村寨的特殊性，村"两委"在管理工作中除严格遵守《中华人民共和

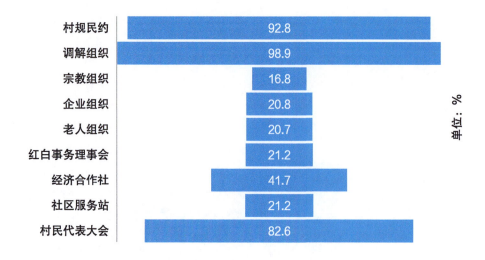

村规民约　　　　　　　　　92.8
调解组织　　　　　　　　　98.9
宗教组织　　　　　　　　　16.8
企业组织　　　　　　　　　20.8
老人组织　　　　　　　　　20.7
红白事务理事会　　　　　　21.2
经济合作社　　　　　　　　41.7
社区服务站　　　　　　　　21.2
村民代表大会　　　　　　　82.6

单位：%

🔾 村域组织多样化存在（占村寨百分比）

国村民委员会组织法》之外，还有村规民约的特殊管理制度，更有不同民族宗教组织的并存。据调研，92.8%的村寨有村规民约，98.9%的村寨成立了专门调解村民分歧的组织和机构。村里除村委会和党支部外，16.8%的村寨有宗教组织，主要在回族、东乡族、塔塔尔族和撒拉族。其他村寨依托于不同事务，管理组织也存在多样化。20.8%的村寨有企业组织，20.7%的村寨有老人组织，21.2%的村寨有红白事务理事会，41.7%的村寨有经济类合作社，21.1%的村寨有社区服务站，82.6%的村寨有村民代表大会。

（五）民族村寨亟须改善的问题较为突出

主要体现在自然环境、基础设施建设、邻里关系、互联网平台和法治建设，需求度分别是42.7%、58.3%、25.3%、57.7%和37.6%。有个别村寨希望加快推进村集体经济组织建设步伐。

五、村民福利与生活水平提升情况

随着民族村寨经济发展水平的提高，村民收入日益增多，脱贫后的村寨"两不愁三保障"全面落实到位。

（一）福利保障到位，幸福指数提升

调查显示，51.7%的村寨有村民福利制度。村民福利中，新农合占41.7%，农村养老保险占58.3%，个别村寨还有企业分红收入。有条件的村寨涉及村民福利资金4万~80万元不等，平均29.8万元，占村集体收入的2%~90%，平均27%。村里绝大多数村民收入主要是外出务工、农产品、养殖业，占比分别为66.8%、58.3%、50.1%，家庭副业收入、村民自己办企业和村民在本地乡村企业务工的情况占比较少。

（二）村民居住条件改善较大，精神需要满足度高

近年来村民居住面积、质量和环境有大幅度改善的村寨占91.7%，村民生活水平明显提高的村寨占70.8%，主要体现在饮食、服饰、交通、教育、旅游、娱乐、医疗等方面，所占村寨比例分别为75.1%、75.2%、83.4%、75.1%、51.2%、50.1%、91.7%。77.9%的村寨村民经常网购，且收发快递方便。

有75.1%的村寨村民自发外出旅游，旅游人数占本村村民总数5%~70%，平均16.3%。70.9%的村寨有村民在城里购房，购房量在6~137户，平均户数在45.1户，购房目的体现在孩子上学、改善生活现状、在城里工作、方便与子女共同生活、在城里有生意需要，分别占58.3%、45.8%、33.3%、20.8%、37.5%。也有个别的就是想进城生活，不是因特殊需求而购房。

六、问题与建议

调研中发现，民族村寨发展中仍然存在一些突出问题。一是村"两委"开展工作的难点较集中，主要体现在村干部人心不太齐、综合素质相对较低、村里事务村民参与度不高、村集体经济太薄弱、上级乡镇下派的任务较多、上级乡镇对工作干预较多、青壮年劳动力较少，这些问题分别占所调查村寨的8.4%、16.8%、25.3%、50.5%、33.5%、8.7%、29.2%，综合因素导致工作推进力度不大，发展缓慢。二是制约村寨发展的因素也多方面存在。如有7.1%的村寨有随意占用耕地现象，12.3%的村寨反映农村教育滞后，23.9%的村寨自然资源相对匮乏，51.3%的村寨农业技术普及不到位，农业生产技术相对滞后，54.3%的村寨认为人才流失严重，缺乏人才流入，51.4%的村寨农产品市场缺乏资金流入，导致活力不足。另外，虽然民族地区环境资源好，但农产品不能实现优质优价；小产区特色产品没有品牌，批量小，仅仅依靠村寨自身的力量推向市场的难度较大，导致供需市场的不对等。

调研中，针对存在的问题，村"两委"班子从自身发展的角度，提出了村寨治理的建设性思考和未来打算。

一是抓党建，强化党对基层治理的绝对领导。民族地区治理离不开中国共产党这个"领路人"，必须坚持党的领导，创新治理，推动民族村寨高质量发展。民族村寨宗教、文化等方面存在其特殊性，党建工作则应该从其特殊性入手，在维护村民利益的基础上，促进多方面的认同与融合，多维度发展产业，才能树立党的威信，才能

❶ 云南陡坡社区全体工作人员学党史、悟思想

更好地带领全村发展。

二是充分发挥村民的主体作用，让村民参与到村寨治理工作中来，培养主人翁意识，从而调动村民的积极性。习近平总书记指出，实施乡村振兴战略，要"尊重广大农民意愿，激发广大农民积极性、主动性、创造性，激活乡村振兴内生动力，让广大农民在乡村振兴中有更多获得感、幸福感、安全感"。乡村振兴战略实施的过程中，应着力提升农民在乡村振兴中的自主意识，发挥农民作为主体的积极性。

三是坚持特色村寨的有序发展。村寨发展不是一哄而上，也不是一成不变，而应是有序推进，量力而行，这才是民族村寨发展的原则。村寨发展要有中长期规划，坚持一张蓝图绘到底。

四是加强民族村寨人才的培养，拓展创新创业能力。民族村寨人才短缺主要表现在村里人才缺乏，有能力的人多外出打工或创业，外面人才引进困难，村寨没有吸引力，除挂职书记外，基本没有外来人员。村寨要振兴，人才是关键。首先要壮大返乡创业队伍，这其中包括本村大学生返乡、外出创业或务工人员返乡，退伍军人返乡，乡贤回归等。他们中有见识、有项目、有经验、有资金、有资源的大有人在，对家乡有感情，有热情投入乡村建设的，村里也将提供一切优惠政策，鼓励他们返乡回乡，投资创业，振兴家乡。其次要聚贤充实人才队伍，利用村寨资源禀赋，吸引城市的专业人才下乡创业，这些人才包括医疗、教育、农业技术、公职人员等，将技术与村寨资源有机结合起来，采取多种合作与分配方式，各取所需。

五是提高技能培训水平，培育新型职业农民。近十年来，民族村寨全民受教育程度普遍提高，但认知和交流仍然相对偏少，对现代化生产技能的掌握和对国家乡村振兴战略的认识仍不太充分。为提高他们文化水平和技能，要分类别、分层次地对村民进行有针对性的培训，最好是结合本村实际开展培训，让村民便于学习、掌握和运用。

需要说明的是，此次调研主要针对中国村社发展促进会会员单位和全国部分长期帮扶对接与接受培训村寨，没有涵盖全部的民族村寨，因此有一定的局限性和区域性，但涉及的范围相对较广，具备一定的代表性。

编 后 记

本书收录了26篇调研报告，其中有24篇独立村庄的调研，1篇是4个村的综合调研，另有1篇是124个民族村庄调研，一共涉及152个村庄。

调研的村庄大多是中国村社发展促进会的会员单位，是本书编者长期跟踪调研联系点，更是十多年来多次实地交流与沟通、推介与宣传的示范点。除少数民族村寨因地域因素，实地调研较少之外，其他村庄均一年至少1~2次进行走访。调研的村庄既有经济强村，如东岭村、花园村、航民村等，也有经济薄弱村，如刚脱贫的民族村寨。这些村庄虽然是我国全域发展中的最小单元，但它们各自挖掘自身资源禀赋，在改革开放的洪流中，不断探索，锐意进取，砥砺前行。特别是近十年来，在乡村振兴发展战略的推进实施过程中，许多村庄发生了巨大的历史性变迁，从原来的贫困村发展成了强村富村，真正践行了"产业兴旺、生态宜居、乡风文明、治理有效、生活富裕"的乡村振兴战略方针。它们是我们讲好村庄故事的第一手资料，更是乡村巨变的实证。

本书编者从不同角度剖析村庄发展历程和改革实践，让更多的人了解到当前中国乡村发生的变革和未来的发展方向，从而对我国农业农村现代化充满期望，这是编著此书的期许与宗旨。在此感谢参与调研与报告撰写的同志，感谢华西村、航民村、花园村、东岭村、永联村等参与报告撰写，感谢董献华、赵梓成、任旭东同志对该项工作的付出，特别感谢振兴村、皇城村和后石村对调研工作的大力支持。